网站运营直通车——7天精通SEO（白金版）

吴伟定 姚金刚 周振兴 吕令建◎编著

清華大學出版社
北京

内容简介

本书包含了系统学习SEO的完整过程，全书共分为8章，分别是基础篇、站内篇、站外篇、高级篇、策略篇、专题篇、百度篇和案例篇，各知识点的内容由浅至深，既包括理论的讲解，又包括网站运营案例的剖析；既包括正常的运营手段，也包括如何逃避网络营销的陷阱域误区。

本书既适合初学者阅读，帮助其顺利迈进SEO的从业大门，也可以帮助SEO从业人员系统、专业地学习SEO领域的最新知识。

图书在版编目(CIP)数据

网站运营直通车：7天精通SEO：白金版 / 吴伟定等编著. —北京：清华大学出版社，2020.1

ISBN 978-7-302-54207-0

Ⅰ.①网… Ⅱ.①吴… Ⅲ.①网络营销 Ⅳ.①F713.365.2

中国版本图书馆CIP数据核字（2019）第256051号

责任编辑： 袁金敏
封面设计： 刘新新
版式设计： 方加青
责任校对： 徐俊伟
责任印制： 丛怀宇

出版发行： 清华大学出版社
网　址： http://www.tup.com.cn，http://www.wqbook.com
地　址： 北京清华大学学研大厦A座　　**邮　编：** 100084
社 总 机： 010-62770175　　**邮　购：** 010-62786544
投稿与读者服务： 010-62776969，c-service@tup.tsinghua.edu.cn
质 量 反 馈： 010-62772015，zhiliang@tup.tsinghua.edu.cn

印 装 者： 涿州市京南印刷厂
经　销： 全国新华书店
开　本： 170mm×240mm　　**印　张：** 17.5　　**字　数：** 285千字
版　次： 2020年1月第1版　　**印　次：** 2020年1月第1次印刷
定　价： 69.00元

产品编号：068777-01

推荐序

我曾经说过一个关于互联网的观点：互联网对整个世界产生了巨大改变，其本质上是改变了两个量：一个是信息的总量；另一个是信息的流动速率。

现在，互联网的信息量每天仍在以海量的速度持续产生，这些新产生的数以亿计的信息和数据，构成了互联网越来越丰富的内容生态，信息的总量持续增加，信息流动速率越来越快。

在这个背景下，用户对搜索引擎的要求越来越高。

对搜索引擎来说，希望互联网每天所生产的内容都要有价值，并且给予搜索引擎足够便利的抓取入口和符合搜索引擎规范的承载页面，这样有利于搜索引擎不断丰富自己的有效内容库，从而给用户提供更加优质的内容。

本书是基于搜索引擎的一本营销书籍，非常适合那些自身拥有优质内容的网站负责人或管理者阅读，有助于提升网站的蜘蛛爬行效率，从而获取到更多精准的客户，实现用户、搜索引擎与网站的三方共赢。当然，我不仅推荐给搜索营销的专业人员，也推荐给其他营销人员、设计师、前后端工程师、公司运营或企业管理者等，熟悉甚至掌握这门技术，对你的工作会大有裨益。

这本书的本质是帮企业提供一个非常好的精准营销方法，专业术语称之为SEO，同时也帮助搜索引擎更好地获取到优质的内容，所以是一门多方共赢的策略技术。

虽然SEO这门技术已经有20年左右的历史，但现在读完这本书，会有不一样的体会和收获。

首先，本书在专业基础方面，构建了一个简单清晰、通俗易懂的知识结构，即便是非专业人士，也很容易快速理解，甚至快速掌握它的精髓，形成一套完善的SEO知识体系。

其次，通过大量的实际案例，不仅能帮助读者巩固专业知识，还让本书具有很强的SEO实战指导意义。

互联网每天都在变化，用户行为也在随着互联网的变化而不断变化，但好的方法、好的思维不会轻易发生改变。我想，这也正是本书想要带给各位读者的核心思想之一。

汪东风　云游控股董事长兼 CEO

推荐语

接地气，超实战，拿来就能用。书中的SEO方法是几位作者十多年一线的实战经验、心得总结，都是接地气的干货，极具标准性和模板性，完全可以拿来就用，减少您宝贵的学习时间和成本！

——星辉娱乐董事长　黄挺

几位作者都是国内最早钻研和研究SEO的从业者。本书第一次出版时，我就给公司营销部每人买了一本，对公司营销团队帮助很大，解决了很多让人非常困惑的难题。本次更新增加了很多移动端SEO内容，推荐大家更新一下自己的知识。

——银基集团高级副总裁　杨敬科

我在Google、Bing、百度做过十几年的搜索算法和广告引擎，看完此书才知道，SEO也可以如此有趣、有用、有料。本书用浅显易懂的语言阐述了非常深奥实用的知识，建议准备学习SEO的朋友尽快入手。

——Kavout CEO　吕晴

假如你想用更小的预算获得更好的效果，请不要错过此书，它会告诉你零成本推广产品的方法。

——小米科技金融科技总经理　姜永强

这是一本你不想让竞争对手看到的书！本书把只有少数SEO精英才掌握的顶尖知识公布于众，谁能快速学习并掌握书中本质，谁就能在SEO行业渠道站稳。

——玩物得志联合创始人　唐金尚

一直非常期待新版书，拿到后，发现比上版添加了更多实用性知识，案例也更新了。除了对作者的专业能力有着充分的信心，同样对书里完整揭秘的一个个 SEO 案例表示赞赏，可以帮助读者更快地从理论到实践。如果你正打算学习 SEO，一定不能错过本书。

——天秀娱乐董事长　陈文彪

这本书非常值得一看，它应该是 SEO 领域最全面的一本。里面不仅有实用 SEO 技巧，还有 SEO 的策略规划和项目管理的相关内容，能够迅速提升你的 SEO 视野。

——薪传文化董事长　陈镜顺

本书不论是对刚入门的新手还是 SEO 资深人士，都极具实际指导意义，理论与实践都具备极高的造诣。这是一本能能让你开启 SEO 之窗的枕边书。

——拼闹新商业总裁　林喜德

本书对 SEO 行业做出了巨大的贡献。内容由浅入深，循序渐进，可以让你快速掌握 SEO 本质。可以称得上是 SEO 的百科全书，值得互联网从业者及不同层次的 SEO 人员反复阅读。

——云谷投资总裁　李子木

看到这本书就一直爱不释手，它就是一本教科书。即便是你从未接触过 SEO，也可以在较短的时间内了解 SEO 精髓，并应用于网站优化中。

——品快科技合伙人　李武泽

搜索引擎优化是网络营销中最常用、性价比最高的方法之一。本书详细地讲解 SEO 操作手法，可以帮你快速通过 SEO 用极低的成本获客。对创业初期的人来说，简直是如获至宝。

——点击网络董事长　蔡立文

这是一本讲解 SEO 的教科书。不仅全面、具体，而且深入浅出，所有层次的读者都可以轻松上手。

——小豆社保总裁　赵玉新

恭贺此书再出新版！我所处的行业 SEO 竞争极为激烈，SEO 流量多年未见起色，给 SEO 团队配备本书后，战斗力有了较大提升，SEO 流量也上升了很大一个档次。

——金斧子合伙人　叶子昂

我是抱着学习的心态拜读此书的。深入了解后发现，SEO 需要掌握的细节如此之多，非常庆幸第一时间拿到此书，对我本人及公司业务都有较大帮助。

——药妆网董事长　苏海峥

内容超级丰富，几乎把 SEO 相关的所有细节都讲到了，非常适合 SEO 入行的新人看，我推荐把此书当作 SEO 启蒙的唯一读物。

——广州超链信息技术有限公司 CEO　王亮

掌握搜索引擎算法，很大程度上能够帮助网站进行低成本的精准营销。移动互联网给行业带来了巨大变化，但 SEO 仍然是网站非常重要的获客渠道，推荐大家通过此书快速了解 SEO。

——安宏（北京）资产管理董事长　陈靖驰

SEO 技术入门容易，精通很难，本书可以带你快速入门，短时间内成为 SEO 高手。

——大侠商贸 CEO　王华

前言

SEO是网络营销不可或缺的营销手段，从各种营销方法来看，SEO是性价比较高的营销方法之一，因此掌握此门技术已经成为众多网络营销人员的必修课。

中国的SEO行业是从2002年才真正开始的，那时候百度以及谷歌等搜索引擎已经开始流行，发展到现在，这个行业已经日趋成熟，且搜索引擎的算法也越来越稳定。因此，掌握好正规的、科学的SEO技术，对每一个营销人士都是非常有必要的。

本书包含了系统学习SEO的完整过程，全书共分为8章，分别是基础篇、站内篇、站外篇、高级篇、策略篇、专题篇、百度篇和案例篇，内容循序渐进，难度由浅至深，对于初学者，通过本书可以顺利迈进SEO的大门，并通过案例的详解进一步掌握SEO的精髓。

第1章是基础篇，主要讲解SEO的发展和现状，SEO的作用、什么是SEO等基本的SEO知识，同时还包括常用的搜索引擎指令和常见的SEO术语，让读者对搜索引擎有一个初步的了解。

第2章是站内篇，主要从网站内部讲解优化技巧与设计，包括首页优化、单页面优化等。

第3章是站外篇，主要讲解如何在网站之外进行优化，如何获取外链，如何进行口碑的提升等。

第4章是高级篇，主要讲解对SEO的流量分析与调控，以及如何处理常见的被惩罚问题。

第5章是策略篇，主要讲解各种SEO策略。策略是SEO很重要的内容，不管是对团队还是个人，各种SEO策略都有利于高效率和高质量地完成任务。

第6章是专题篇，主要讲解各种新的搜索引擎技术，如个性化搜索、整合搜索、地域性搜索等。

第 7 章是百度篇，围绕百度搜索向读者介绍百度特有的一些算法和机制，便于读者更好地利用百度搜索来创造价值。

第 8 章是案例篇，讲解比较典型的几个 SEO 案例，让读者对网站分析和诊断有一个全面的了解。其中，电影网案例由高世鹏（具备多年的大型网站 CEO 经验，在多家巨无霸上市公司做过 SEO，操盘的 SEO 项目多为大型公司网站）编写；去哪儿网案例由吕令建编写，环球网校案例由赵彦刚（时泽学院创始人，曾在中公网校、智联招聘、环球网校负责 SEO 及网站运营、品牌舆情、App 推广等相关流量、运营工作，百度站长学院、A5 站长网专栏作家）编写。

本书系统地讲解最新的 SEO 技术，这些技术都是未来搜索引擎的发展趋势，因此值得大家去关注、研究。

目　　录

第 1 章 基础篇

对于任何一门学科，基础知识都是非常重要的，只有在掌握了大量的基础知识之后，我们才能在实践中应用。

本章主要介绍 SEO 的一些基础知识，包括 SEO 的定义、主要搜索引擎介绍、搜索引擎的工作原理、SEO 与网络营销的关系，以及与 SEO 有关的常见术语和指令。通过阅读本章，读者可以对 SEO 有一个大致的了解。当然，如果读者已经对这方面比较熟悉，可以跳过本章，直接进入第 2 章站内篇的阅读，进一步了解 SEO 技术在一个网站中是如何应用的。

1.1 什么是 SEO

SEO 是英文 Search Engine Optimization 的缩写，中文译为“搜索引擎优化”。简单地说，SEO 就是从搜索引擎上获得流量的技术。

SEO 的主要工作包括：通过详细了解搜索引擎的工作原理（如何在浩瀚的

网页流中爬取网页、如何进行索引以及如何确定某一关键词排名位置），从而对网页内容进行科学的优化，使其符合用户浏览习惯；在不损害用户体验的情况下提高搜索引擎排名，从而提高网站访问量，最终提升网站的销售能力或宣传能力的技术。

所谓“针对搜索引擎优化处理”，是为了要让网站更容易被搜索引擎认可。搜索引擎会对网站彼此间的内容进行相关性的分析对比，然后再由浏览器将这些内容以最快速且近乎完整的方式，呈现给搜索者。

经过大量研究发现，搜索引擎的用户往往只会留意搜索结果最靠前的几个页面，所以很多商业网站都希望通过各种方式来干扰搜索引擎的排序结果，以期排名靠前，这其中以依靠广告为生的网站居多。目前 SEO 技术被很多目光短浅的人，用一些 SEO 作弊的不正当手段，以牺牲用户体验，一味地利用搜索引擎缺陷来提高排名，这种 SEO 方法是不可取的，最终也会受到用户的唾弃。

网站的优化可以分为站内优化和站外优化两部分。站内优化指的是站长能控制网站本身所有细节的调整，如网站结构、页面 HTML 代码、服务器设置、文章优化等。站外优化指的是外部链接建设及行业社群的参与互动，这些活动不是在网站本身进行的。外部的优化可以有效提升网站的 SEO 权重，从而进一步促进排名的提升。

获得和提高关键词自然排名是 SEO 的目标之一，但最终目的是获得搜索流量，没有流量的排名是没有意义的。进一步说，SEO 追求的是目标流量，是最终能带来商业价值的流量。建设网站的最终目的是完成流量转化，切记要做科学的 SEO，而不可为 SEO 而 SEO。

1.2 SEO 的作用

SEO 在今天看来已是一个非常热门的细分营销方向，尤其是电子商务的兴起，对 SEO 的需求越来越大。每个经营性网站需要大流量的支撑才有转化为商业价值的可能，因此搜索流量就显得十分重要。

SEO 的作用主要有以下五类。

（1）通过搜索引擎吸引大量精准的流量，进一步扩大品牌的知名度，使其得到高性价比的投资回报。例如中国移动、京东商城、阿里云等网站，都通过搜索引擎获取了不少的精准流量，从而获得了不错的投资回报。

（2）通过搜索引擎给网站带来超高的流量，以使网站的业绩指标攀升，吸引投资者或者收购者等。当年 58 同城和赶集网，在早期时通过 SEO 给网站带来了巨大的流量，从而使网站的业绩迅速攀升，更进一步提升了这两家公司的估值。

（3）吸引在搜索引擎上搜索某一需求的精准客户，使他们了解并购买搜索的目标产品，如网店、销售型企业网站等，比较常见的是一些工业类的企业网站。

（4）依靠搜索引擎流量，换取广告商的青睐使其投放一定程度的广告，如百度联盟。

（5）希望获得来自搜索引擎的大流量，向浏览者推介某一产品，而不是当场购买，如生产型品牌企业网站、交友网站、会员模式站点等。

1.3 常用搜索引擎简介

本节主要列举国内使用频率相对较高的五个搜索引擎，分别是：百度搜索、神马搜索、谷歌搜索、360 搜索、搜狗搜索，通过对这五个搜索引擎的简单介绍，让读者对搜索引擎有一个简单的了解。

1.3.1 百度搜索

百度（www.baidu.com），全球最大的中文搜索引擎，最大的中文网站，于 2000 年 1 月创立于北京中关村，它的 Logo 如图 1-1 所示。

图 1-1 百度网站的 Logo

从创立之初，百度便将“让人们最便捷地获取信息，找到所求”作为自己的使命，十几年来，秉承“以用户为导向”的理念，坚持如一地响应广大网民的需求，不断地为网民提供基于搜索引擎的各种产品，其中包括以网络搜索为主的功能性搜索，以贴吧为主的社区搜索，针对各区域、行业所需的垂直搜索，其余如新闻、地图、视频、学术等，全面覆盖了中文网络世界所有的搜索需求。根据第三方权威数据，百度在中国的搜索份额超过70%。

百度的中文搜索优势如下：

（1）百度中文数据库不仅最全，也是质量最好的。

（2）全球第一的数据挖掘、分布式索引和检索技术与处理速度，以及大规模的工业级系统的开发，支持百度以最快的速度呈现搜索目标内容相关的一切。

（3）首页不到4KB，是最干净、最简洁的页面，随区域合理密布的多组服务器机群，架构于强大的网通及电信的骨干网上，可以在瞬间呈现搜索结果。

（4）拥有全球第一的网页分析技术、世界上独一无二的“中文分词”技术及全球最完善的反垃圾网页技术与流程，可以说，百度对搜索结果的显示最为准确。

百度在中国的地位已经举足轻重，尤其是谷歌退出之后，其在中文搜索市场更占领导地位。在中国要做SEO优化，首先要研究的就是百度的搜索。

1.3.2 神马搜索

神马搜索（m.sm.cn）是UC公司和阿里巴巴集团于2013年推出的移动搜索引擎，到目前为止，神马只在移动端提供服务，其Logo如图1-2所示。神马具有显著的移动搜索特征，聚焦在解决手机用户的需求和痛点，如从内容上有App搜索、小说搜索、周边搜索等；从输入形式上有语音搜索、图片搜索等。

图1-2 神马网站的Logo

1.3.3 谷歌搜索

谷歌搜索（www.google.com）的使命是整合全球信息，使人人皆可访问并从中受益，它拥有全世界最先进的搜索技术。虽然谷歌已经退出中国大陆市场，但它还是学习SEO的好对象，推荐大家多去关注谷歌的站长管理员指南，所谓“知己知彼，百战不殆”。从网址 http://www.google.com/support/webmasters/ 可以获得很多 SEO 入门材料。图 1-3 所示为谷歌网站的 Logo。

图 1-3　谷歌网站的 Logo

1.3.4 360 搜索

360 搜索（www.so.com）是奇虎 360 公司旗下的搜索引擎。360 搜索本身提供了很多比较实用的工具，如 360 指数工具就可以查询某个关键词的搜索次数，对于 SEO 而言有非常重要的作用。360 搜索的 Logo 如图 1-4 所示。

图 1-4　360 搜索的 Logo

1.3.5 搜狗搜索

搜狗搜索（www.sogou.com）是搜狐公司旗下的搜索引擎，现为淘宝合作项目，如果您是从事电子商务行业的，完全可以在这里开拓市场。搜狗搜索的 Logo 如图 1-5 所示。

搜狗拼音是搜狐于 2006 年推出的一款汉字拼音输入法，凭着易用、灵活、全面等特点，再加上推广得当很快就在网络上广泛应用起来。

搜狗输入法最显著的特点是基于搜狗搜索引擎，很多在搜狗搜索引擎中所查询的热门关键词会同步到搜狗输入法当中，如图 1-6 所示。

图 1-5　搜狗网站的 Logo

图 1-6　搜狗拼音输入法自动更新

搜狗输入法有一个特有的搜狗细胞词库，里面有网友创建的关键词，基本上都是日常所用到的，还有很多是最新最热门的关键词。词库的首页还有一个热词指数，对 SEO 人员很有参考价值。搜狗与搜狗拼音整合之后最大的好处就是方便 SEO 人员查询当下热门关键词，以备工作之需。搜狗拼音细胞库的网址为 http://pinyin.sogou.com/dict/。

1.4 站长平台

站长平台是搜索引擎与网站互动的平台。搜索引擎通过站长平台传递网站优化的官方指导意见，公布搜索引擎算法的最新动向。SEO 人员可以通过利用站长平台各项功能提升网站在搜索引擎中的表现。以百度为例，百度站长平台提供的功能有：

数据引用功能：链接提交、原创保护、移动适配、死链提交。

数据监控功能：索引量、流量与关键词、抓取频次、抓取诊断、robots。

搜索展示：HTTPS 认证、站点熟悉、站点子链、品牌词保护。

优化与维护功能：链接分析、网站体检、网站改版、闭站保护、移动落地页检测。

常用功能举例说明：

1）链接提交

链接提交是指把网站产生的内容通过 sitemap 的形式提交给搜索引擎，这对于提升网站收录量和收录速度有很大的意义。sitemap 的工作原理是站长把网站产生的 URL 地址通过固定的格式存储在文本文件中，搜索引擎通过抓取这个文本文件提升抓取效率。

2）调节抓取频次

如果搜索引擎对网站抓取频次过高，可能会造成网站瘫痪；反之，如果抓取频次过低，可能会造成网站收录缓慢，影响网站 SEO 流量。百度站长平台提供调节抓取频次的功能，站长可以根据自己网站的情况调节每日抓取量。

3）流量与关键词

此功能提供的是网站每天在搜索引擎上的展示量、点击量，以及对应的关键词。站长可以通过此功能监控网站在搜索引擎上的表现。大部分站长平台提供网站的索引量、搜索引擎给与网站的流量、关键词排名以及抓取异常的数据。SEO 人员可以根据这些数据对网站进行相应的调整。

各大搜索引擎站长平台的地址：

百度搜索：https://ziyuan.baidu.com/dashboard/index。

神马搜索：http://zhanzhang.sm.cn/。

谷歌搜索：http://www.google.cn/webmasters/。

360 搜索：http://zhanzhang.so.com/。

搜狗搜索：http://zhanzhang.sogou.com/。

1.5 搜索引擎工作原理

从事 SEO 工作的人可以比喻成搜索引擎的贴身管家，而作为一名称职的管家必须了解所服务对象的习性、爱好、健康程度等信息。

SEO 服务的对象就是搜索引擎，必须把它的运行规律、工作原理、习性、优缺点等铭记在心，多实践操作。平时实践得越多，经验也就越丰富。

搜索引擎是由人创造出来的，所以它的工作原理也是有章可循的。搜索引擎的工作过程主要有三段，即爬行抓取、预处理及服务输出。

1.5.1 爬行抓取

爬行抓取是搜索引擎工作最重要的一步，它把所有需要抓取的网页抓取回来进行处理分析。因此如果在抓取这步出了错，后面的工作就完全瘫痪了。

每当我们用搜索引擎进行搜索时，会立刻出现数以万计的网页信息，这个过程是以秒来计时的。这时我们可以想一想，搜索引擎是在1秒钟之内把所查询的关键词从广大的互联网中逐一抓取一遍，还是事先已经处理好了这部分数据来显示呢？

平时我们上网随便打开一个网页的时间也要1秒，而这仅仅是打开一个网页的时间，由此可知搜索引擎在以秒计时的时间内是不可能把互联网上的信息都查询一遍的，这不仅耗时也耗钱。因此搜索引擎都是事先处理好了所抓取的网页。其搜集信息工作是按照一定的方式来进行的，基本上有如下两种。

- 批量收集：对互联网上只要存在链接的网页都收集一遍，耗时约几周。其缺点在于增加了额外的带宽消耗，时效性也不高。
- 增量收集：是批量收集的一个技术升级，完美弥补了批量收集的缺点。它是在原有的基础上搜集新增加的网页，变更上次收集之后有改变的页面，并删除重复收集和不存在的网页。

还有一种比较简单的方法，即站长主动向搜索引擎提交网站，等到一定时间由搜索引擎来爬取。不过现在采用这种方式获取信息的速度越来越慢了，因此最理想的办法还是顺着自然链接来收集比较好。这就需要站长在前期做好搜索引擎蜘蛛爬行的入口，一定要找一个和网站自身相关的入口。下面将详细介绍搜索引擎蜘蛛的情况。

1. 搜索引擎蜘蛛

搜索引擎蜘蛛是搜索引擎的一个自动程序。它的作用是访问互联网上的网页、图片、视频等内容，建立索引数据库，使用户能在搜索引擎中搜索到网站的网页、图片、视频等内容。其一般用法为 spider+URL，其中 URL（网址）是搜索引擎的痕迹。如果要查看某搜索引擎是否爬取过您的网站，可查看服务器的日志里是否有该 URL，同时还能查看来的时间、频率等。

（1）百度蜘蛛。百度蜘蛛可以根据服务器的负载能力调节访问密度，大大降低服务器的服务压力。根据以往的经验百度蜘蛛通常会过度重复地抓取同样的页面，导致其他页面无法被抓取到而不能被收录。这种情况可以采取 robots 协议的方法来调节。百度蜘蛛的用法如下：

Mozilla/5.0（compatible/2.0；Baiduspider+（+http://www.baidu.com/search/spider.htm）

（2）谷歌蜘蛛。谷歌蜘蛛属于比较活跃的网站扫描工具，间隔 28 天左右就派出蜘蛛检索有更新或者有修改的网页。与百度蜘蛛最大的不同点是谷歌蜘蛛的爬取深度要比百度蜘蛛多一些。其用法如下：

Mozilla/5.0（compatible；Googlebot/2.1；+http://www.google.com/bot.html）

（3）雅虎中国蜘蛛。如果某个网站在谷歌网站下没有被很好地收录，在雅虎下也不会被很好地收录和爬行。雅虎蜘蛛的数量庞大，但平均效率不是很高，相应的搜索结果质量也不高，其用法如下：

Mozilla/5.0 （compatible；Yahoo! SLurp China；http://misc.yahoo.com.cn/help.html）

（4）雅虎英文蜘蛛。雅虎英文蜘蛛的用法与中文蜘蛛不同，其用法如下：

Mozilla/5.0 （compatible；Yahoo! SLurp/3.0；http://help.yahoo.com/help/us/ysearch/slurp）

（5）微软必应蜘蛛。必应与雅虎有着深度的合作关系，所以基本运行模式和雅虎蜘蛛差不多，其用法如下：

msnbot/1.1（+http://search.msn.com/msnbot.htm）

（6）搜狗蜘蛛。搜狗蜘蛛的爬取速度比较快，抓取的数量相对于速度来说稍微少点，其用法如下：

Sogou+web+robot+（+http://www.sogou.com/docs/help/webmasters.htm#07）

2. 链接布局

搜索蜘蛛（以下简称蜘蛛）主要通过爬取页面上的链接来发现新的页面，以此类推不停地十字交叉爬行下去便形成一张蜘蛛网。

爬行主要按两种策略来执行：一是深度优先，二是广度优先。

- 深度优先：如图 1-7 所示，蜘蛛从 A 网页顺序到 A1、A2、A3、A4，爬行到 A4 页面之后发现没有页面了，于是又重新返回到了 A 页面，以此类推爬行到 B1、B2、B3、B4 页面。深度爬行的主要特点是蜘蛛会一直沿着一条线抓取下去，直到最后，然后再返回到另一条线。

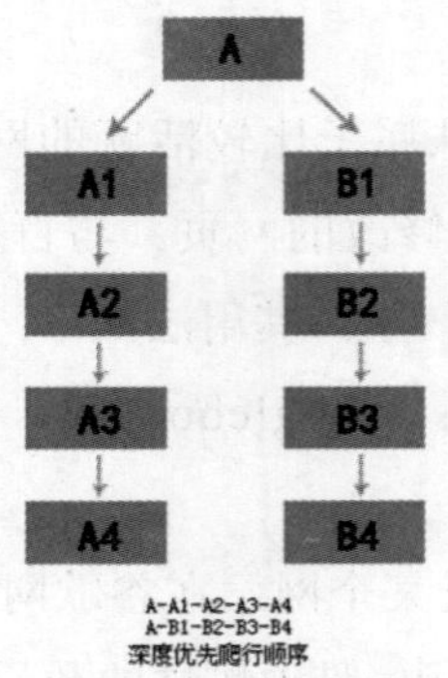

图 1-7　深度优先爬行示意图

- 广度优先：指蜘蛛在一个页面上发现多个连接的情况下，首先把所有第一层的链接抓取一遍，然后再沿着第二层的链接向第三层链接爬行，如图 1-8 所示。

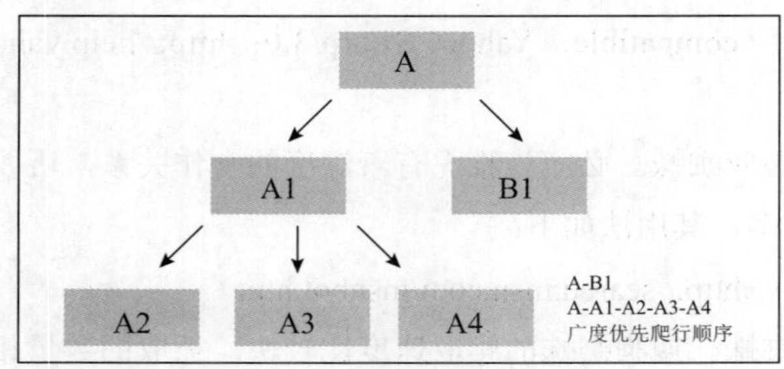

图 1-8　广度优先爬行示意图

归根到底，只要给蜘蛛足够的时间，无论是广度爬行还是深度爬行都能爬完整个网站。我们做 SEO 就要给蜘蛛节省宽带和资源，毕竟蜘蛛的资源不是无限的，也有满负载时。我们所要做的工作就是为蜘蛛指明一条正确的道路，尽量减少蜘蛛的工作。

3. 避免网页重复收集

重复收集，从字面意思可以理解为第一次收集过之后，又进行了第二次收集，不但没有提高效率，反而增加了服务器带宽的额外开销。对于搜索引擎而言，重复做事情相当消耗资源，也就做不到时效性地更新，而且有可能降低秒级的输出服务。

造成重复收集的原因在于蜘蛛没有记录访问过的页面的URL，也有可能是有多个域名指向一个页面。

因此搜索引擎在这方面采用了一项技术，分别定义两个不同类型的表，即“已访问表”和“未访问表”。依靠这项技术很简单地就解决了重复收集的难题。

蜘蛛抓取到一个链接之后，从这两个表中判断该链接是否已经被访问过，如果没有访问过，抓取回来添加到未访问表中去。

如图 1-9 所示，蜘蛛从开始依次爬行到网页 D、网页 A、网页 C 或者从网页 F 顺着链接爬行到网页 G、网页 D、网页 A，会调用两边中的数据，以此来判断爬取网页的重复度。

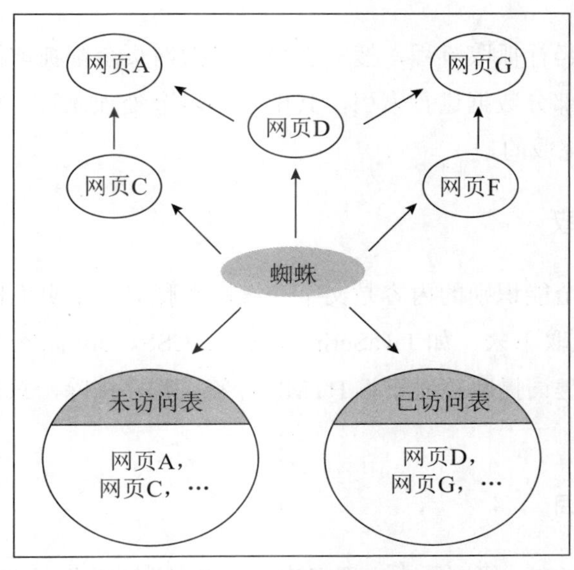

图 1-9 蜘蛛解决重复抓取的过程

4. 收集重要的网页

由于互联网中的信息实在太多太杂，随着时间的推移不可能将其中所有的信息都收集起来，所以要尽可能地收集重要的网页，而网页信息的重要性是根据信息本身来决定的，因此收集的方式也采用了不同的策略。

整个网站页面的质量权重度，并非是网站首页权重越高越好，往往需结合全局来分配。

判断一个页面的重要程度可从以下四点来检验：

（1）网页目录层次越少越好。这一方面利于用户体验，另一方面也会节省蜘蛛爬行的时间。

（2）高质量相关链接导入。从外部导入和自身相关度大的链接，可以增加页面权重。

（3）信息的新鲜度。一个有价值的网站每天都会更新内容，用户天天来看，蜘蛛也会天天来光顾。

（4）网页内容的原创性。原创性越高的网页重要性越高。

1.5.2 预处理

通过前面的爬行抓取流程，搜索引擎已经把网页全都抓取回来了，接下来的工作就是对这部分数据进行索引，其中包括多个处理流程。和爬行一样，预处理也是在后台完成的。

1. 关键词提取

搜索引擎完全能识别的内容是文字。蜘蛛在爬取一个页面的同时也把大量的 HTML 代码抓取下来，如 JavaScript（JS）、CSS、div 标签等，这些对排名都毫无意义。关键词提取首先要将 HTML 标签、程序去除，只提取用于排名的文字。

2. 去除停用词

同一个词可能在一篇网页中出现多次，如“得”“的”“地”“啊”“阿”

“呀”“却”“再”“从而”之类，反复出现就没什么价值了，我们称这类词为停用词。这类词也需要去除。

3. 分词技术

分词是中文搜索引擎特有的技术。中文信息和英文信息的差别在于：英文单词与单词之间是用空格分隔的，这对中文就行不通了。搜索引擎必须将整个中文句子切割成小单元词，如“我的兄弟姐妹”拆分出来的形态是“我”“的”“兄弟”“姐妹”。分词技术的效率直接影响到整个系统的效率。

分词的方法基本上有两种：基于字符串匹配的分词和基于统计的分词。

1）基于字符串匹配的分词方法

按匹配方向的不同，分词方法可分为正向匹配、逆向匹配和最少切词。可将这三种方法混合起来使用，即正向最大匹配、逆向最大匹配、正向最小匹配、逆向最小匹配。

正向最大匹配：假设字典中最长的词的字数为 m，先根据汉语标点符号及特征词把汉语句子切分为短语，然后取短语的前 m 个字，在字库里面查找是否存在这个词，如果存在，短语就去掉这个词；如果不存在，就去掉这 m 个字的最后一个字。接下来检查剩下的词是否是单字，若是则输出此字并将此字从短语中去掉，若不是则继续判断字库中是否存在这个词，如此反复，直到输出一个词。此后继续取剩余短语的前 m 个字，如此循环，这样就可以将一个短语分成词的组合了。

以“我是一个好人”为例，假设字典中最长词的字数为 3，正向最大匹配顺序为：

（1）取出短语“我是一”，检查“我是一”是否在字典中存在或是一个单字，处理结果是去掉最后面的“一”字；

（2）检查短语“我是”是否在字典中存在或是一个单字，处理结果是去掉“是”字；

（3）检查“我”字是否在字典中存在或是一个单字，“我”是一个单字，将“我”字输出；

（4）继续取出短语“是一个”，检查“是一个”是否在字典中存在或是一个单字，处理结果是去掉最后面的“个”字；

（5）检查短语“是一”是否在字典中存在或是一个单字，处理结果是去掉“一”字；

（6）检查“是”字是否在字典中存在或是一个单字，“是”是一个单字，将“是”字输出；

（7）取出短语“一个好”，检查“一个好”是否在字典中存在或是一个单字，处理结果是去掉最后面的“好”字；

（8）检查短语“一个”，发现是字典中的一个词，直接输出；

（9）检查短语“好人”，发现是字典中的一个词，直接输出；

（10）最后输出结果为：我、是、一个、好人。

逆向最大匹配：由句子结尾处起进行分词的方法。逆向最大匹配技术最大的一个作用是用来消歧。如“姚金刚周末去了汤河口镇钓鱼”，按照正向最大匹配结果为：姚/金刚/去/了/汤/河口镇/钓鱼，很明显这当中产生了歧义。汤河口镇是一个地名，没有被正确切分。采用逆向最大匹配技术可以修正这个错误。例如设定一个分词节点大小为8，那么“去了汤河口镇钓鱼”中“去了”就被分出来了，剩下“汤河口镇钓鱼”，这样一来歧义就消除了。

正向最小匹配/逆向最小匹配：一般很少使用到，实际使用中逆向匹配的精准度要高于正向匹配度。

2）基于统计的分词方法

基于统计的分词方法是直接调用分词词典中的若干词进行匹配，同时也使用统计技术来识别一些新的词，将所有的统计结果匹配起来以发挥切词的最高效率。

分词词典是搜索引擎判断词语的依据，基本上收录了汉语词典当中所有的词。例如我们在搜索引擎中输入“我要减肥了”，“减肥”两字就会被判定为一个词。现在网络上经常会出现一些新造的网络流行词，如“神马”“犀利哥”等，这样的词也都会慢慢地被收录。分词词典只有不断更新才能满足我们日常搜索判断的需求。

4. 消除噪声

网页上有形形色色的广告文字、广告图片、登录框、版权信息等内容，为了某些目的不得不放上去，这些对搜索引擎来说没有什么用处，可以直接去掉。

图 1-10 所示是去哪儿网的版权信息模块，对于搜索引擎而言属于噪声。

关于Qunar.com ∨ | 业务合作 | 加入我们 | "严重违规失信"专项整治举报 | 安全中心 | 骆驼公益 | About Us

Copyright ©2019 Qunar.com 京公网安备110108901530 京ICP备05021087号 营业执照信息 保险经纪资质 (京)-非经营性-2016-0110 去哪儿网客服电话95117

违法和不良信息举报电话：010-69194277 违法和不良信息举报邮箱：tousu@qunar.com

图 1-10　去哪儿网噪声元素

5. 分析网页，建立倒排文件

（1）正向索引。经过前面几步之后就可以提取关键词了。把页面内容转换为一个关键词组合，同时记录每一个关键词在页面上的出现频率、出现次数、格式、位置，如图 1-11 所示。

文件ID	内容
文件1	关键词1，关键词2，关键词8，…，关键词X
文件2	关键词1，关键词80，关键词9，…，关键词X
文件3	关键词3，关键词4，关键词68，…，关键词X
文件X	关键词3，关键词5，关键词80，…，关键词X

图 1-11　简化的索引词表结构

（2）倒排索引。正向索引还不能直接用于排名。假如用户要搜索关键词 3，如果只用正向索引，排名程序需要扫描所有索引中的文件，找出包含关键词 3 的文件，再进行相关计算。这样一来就无法实时返回排名结果。所以搜索引擎会将正向索引数据库重新构造为倒排索引，倒排索引以关键词为索引，如图 1-12 所示。

关键词ID	内容
关键词1	文件1，文件2，文件8，…，文件X
关键词2	文件1，文件80，文件9，…，文件X
关键词3	文件3，文件4，文件68，…，文件X
关键词X	文件3，文件5，文件80，…，文件X

图 1-12　倒排索引词表结构

6. 链接关系计算

链接关系计算是预处理中重要的一步。主流搜索引擎排名因素都包含网页之间的链接流信息，事先必须进行页面有哪些链接指向哪些页面，每个页面有哪些导入链接，链接使用了什么锚文本等种种链接计算。Google PR 是这种链接关系计算的重要代表之一。

7. 特殊文件处理

搜索引擎可以抓取和索引以文字为基础的多种文件类型，但对 Flash、视频、PPT、XLS、图片等非文字内容则不能执行脚本和程序。搜索引擎目前还无法获取 Flash 文件和图片中的文字信息。图片一般推荐使用 ALT 标签来向搜索引擎传达图片信息。

1.5.3 服务输出

经过前面的爬行抓取和预处理之后在搜索引擎中已经存储了一定的数据，并且记录了重要关键词的集合，即正向索引和倒排索引中的关键词集合。每个关键词被赋予特殊的编码形成了一个倒排文件，这样输入一个关键词就能马上从相关文件中找到所需信息了。

当用户输入某个关键词如“减肥”时，查找的出发点还是比较模糊的：究竟是要找寻减肥方法，还是减肥教练？而这正是大部分用户的习惯。搜索引擎的处理方法是尽量把出现减肥二字的词都调出来，可能有几百页之多。排名靠前的，用户点击得也就越多。

为了提升客户体验，搜索引擎搜索结果的展示形式也在不断演变。从以前单一的列表式，演变出图文式、全站链接式、卡片式，以及右侧的知识图谱式，如图 1-13 ～图 1-17 所示。SEO 的工作内容除了创造具有吸引力的标题，还需要提供精美的图片，为多样的展示形式提供条件。

西安3天2夜实用攻略_西安旅游攻略_自助游攻略_去哪儿攻略社区
西安3天2夜实用攻略,旅游攻略/自助游攻略.去哪儿攻略社区提供旅游攻略制作、分享、下载,攻略包含景点、美食、酒店、购物、交通等信息,亲身体验过的旅游线路,当地实用...
https://travel.qunar.com/youji... - 百度快照

图 1-13　列表式结果

从北京到上海 只属于两个人的自由行_上海旅游攻略_自助游攻略_去...

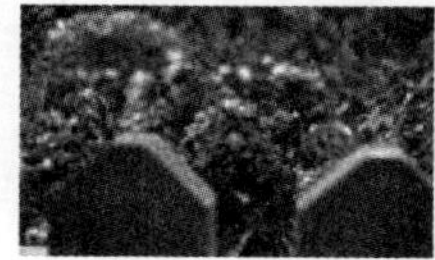

从北京到上海 只属于两个人的自由行,上海旅游攻略/自助游攻略.去哪儿攻略社区提供旅游攻略制作、分享、下载,...

https://travel.qunar.com/youji... - 百度快照

图 1-14 图文式结果

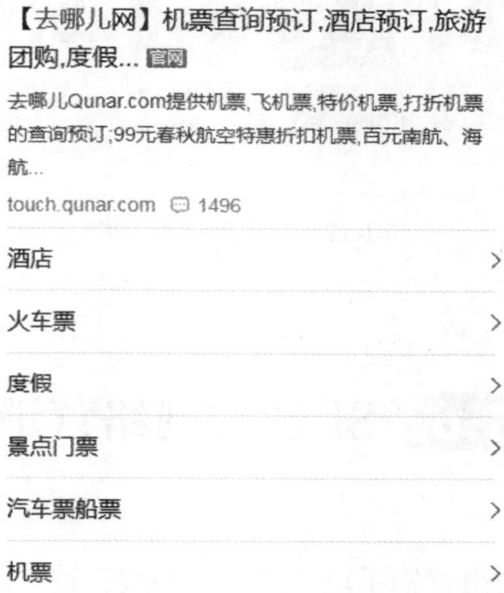

【去哪儿网】机票查询预订,酒店预订,旅游团购,度假... 官网

去哪儿Qunar.com提供机票,飞机票,特价机票,打折机票的查询预订;99元春秋航空特惠折扣机票,百元南航、海航...

touch.qunar.com 1496

酒店 >

火车票 >

度假 >

景点门票 >

汽车票船票 >

机票 >

图 1-15 移动端全站链接式结果

北京天气预报_一周天气预报_中国天气网

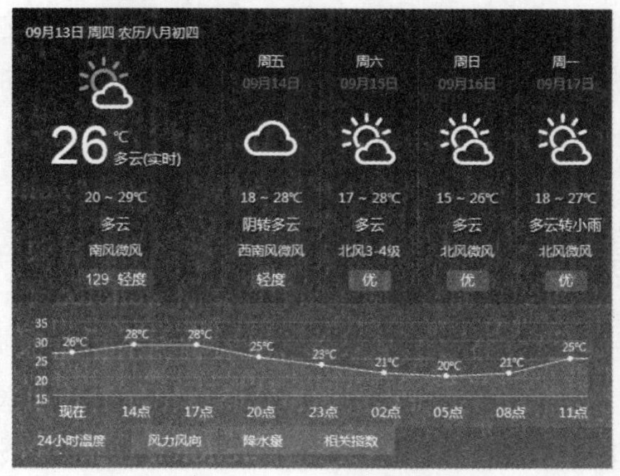

中国气象局2018年09月13日11时发布 7天预报 8-15天预报 周边景点天气

www.weather.com.cn/ - 给百度提建议

图 1-16 卡片式结果

图 1-17　知识图谱式结果

1.6 SEO 与网络营销

网络营销是一种网上营销手段，又称为在线营销、网络事件营销、互联网营销等。网络营销以互联网为载体，通过制定详细的网络营销策划方案，预测和掌控每一环节，从而更有效地发挥策划的最大功效。

SEO 是隶属于网络营销范畴内的，是它的一个细小的分支。但是 SEO 又是网络营销不可或缺的营销方式，它的低投入、高回报让诸多营销人士心动不已，这也是它所具有的独特魅力。

1.6.1　网络营销的前景

随着信息技术的不断发展，网民的数量也在不断增加。据 CNNIC 在 2018 年发布的报告称，中国网民规模已达 7.72 亿。巨大数量的网民，带来了海量的互联网商机。同时，也有很多的商家通过建立自己的网站来吸引目标客户群体，通过各种线上推广方案去逐步实施，以获取商业利益。

其中最热门的就要数电子商务了，在近几年可谓风生水起，代表性的有天猫、京东等，他们均制定了周密的网络营销方案，每一个推广、每一个活动、每一个细节，都不断为这些电商平台创造着价值。因此，这些平台对网络营销人才的需求也在不断加大。

SEO 从 2006 年开始慢慢在国内流行起来，是一种低廉而且非常有效果的推广手段，非常适合中小型站长。对于企业来说，SEO 既降低了推广成本，又大大提高了推广效果。

SEO 在电子商务中发挥了巨大的作用，京东商城在这方面做得尤为出色。SEO 和网络营销是相辅相成的，正确有效地把这两点结合起来，会让整个网络营销工作的产出变得更加有效率。

搜索引擎营销最大的特点是把产品自身的优点信息，以最简单的方式告知最有需求的用户。一般做搜索引擎营销的工作人员营销前会做一些调查，针对这些调查情况来展开营销活动。

1.6.2 网络营销的优势

网络营销之所以会成为互联网不可或缺的热门行业之一，是因为营销的本质决定了绝大多数公司或者团队都不能离开它。同时，网络营销又有诸多优势。

（1）能直接进行在线销售，减轻库存压力。

（2）网络营销可以用少部分的资金发挥最大的功效，具有范围广、速度快、无时间限制、能快速得到回应等特点，有利于提高品牌的推广，在降低成本方面作用比较明显。

（3）营销范围广，可进行任何一个国家的营销操作。

（4）市场信息更加的透明。

（5）能制定各种营销活动，吸引潜在客户。

（6）布局长尾，不落下每一个潜在客户。

（7）更加有效地宣传自己的品牌。

1.6.3 网络营销的劣势

当然，由于互联网的制度还有待完善，目前网络营销行业也存在许多不正

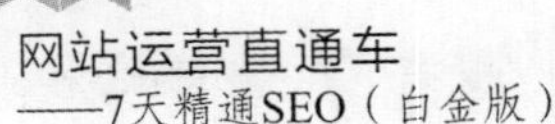

当的竞争手段，例如欺诈、产品质量无法控制等。这里笔者列举三点网络营销的劣势，供读者参考。

（1）无法当面看到实物，通过图片和文字信息无法获取客户100%的信任。

（2）市面上价格差异比较大，同质商品常常打价格战。

（3）支付方面存在风险。

1.7 常见SEO术语

本节介绍的术语对普通用户来说，基本上用不到，但对于SEO人员来讲，熟悉SEO术语会有助于帮助我们更好地理解SEO。下面是笔者列举的17个最为常见的SEO术语。

1.7.1 网站分类目录

网站分类目录是人为编辑的搜索结果，即将互联网上较为优秀的网站收集整理在一起，按照不同的分类或者主题放在相应的目录中。大多数目录依靠的是人为提交而不是蜘蛛。

网站分类目录在互联网早期应用得非常广泛，随着搜索引擎的发展，目前该应用发展迟缓。但这种网站分类模式在国内还是很受用户喜爱，只是这种网站模式被称为网址导航，如hao123、360导航等。

1.7.2 关键词

关键字、关键词和关键短语是Web站点在搜索引擎结果页面（Search Engine Results Page， SERP）上排序所依据的词。根据站点受众的不同，可以选择一个词、多个词的组合或整个短语。为简化起见，本书将使用关键词这个术语来表示这三种类型。

1.7.3 链接场

在 SEO 术语中，链接场是指一个充满链接的页面，这些链接其实没有实际作用，它们只作为链接存在，而没有任何实际的上下文。

那些采用黑帽 SEO 方法的人利用链接场，在一个页面中增加大量链接，希望能通过这种方式使搜索引擎误认为这个页面很有链接价值。一个好的页面链接场，页面中充实的是和本页面最相关的链接页面。

链接场的另一个作用是加快目标网站的收录速度。新网站成立之初，搜索引擎抓取频率较低，网站收录缓慢。通过链接场大量导入链接，可以提升搜索引擎的抓取频率。

由于传统的链接场引入大量无用链接容易受到处罚，因此擅长黑帽 SEO 的人便将其利用到站群手法中。而黑帽 SEO 在搜索引擎越来越智能的今天，效果已经大不如以前了，真正掌握黑帽 SEO 技术的人也越来越少了。

1.7.4 自然结果

自然结果是 SERP 中的免费列表， SEO 人员通过对网站内部的结构优化、内容优化以及相关的外部操作来提升网页在该列表中的位置。

对于用户来讲，最为关注和信任的也是自然结果中所展示的内容，如图 1-18 所示。

图 1-18　百度的搜索结果页面免费列表

1.7.5 PageRank

PageRank 是谷歌搜索引擎用来衡量网页重要性的一种方法，也是谷歌用来判断一个网站好坏的重要标准之一。

虽然 PageRank 已经被停止服务了，但 PageRank 的计算机制和思维依然可以帮助 SEO 人员进行技术上的优化。

1.7.6 SEM

SEM，全称为搜索引擎营销，在行业内，一般说到这个词主要是指搜索引擎关键词竞价广告。顾名思义，竞价广告就是只有在付费后才能列入搜索引擎的服务。根据搜索引擎的不同，每次点击（PPC）、赞助商链接（Sponsored Link）或者在搜索目标关键词和短语时竞价广告网站出现的位置也不尽相同。

图 1-19 所示为百度付费推广页面。凡是出现“广告”字样的，均为百度竞价广告推广。

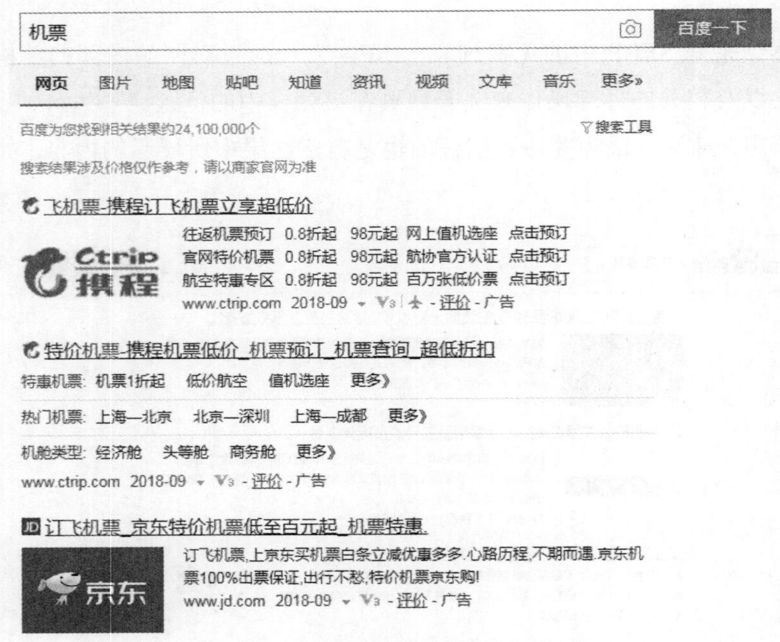

图 1-19 百度付费推广页面

1.7.7 排名

排名是指页面在目标关键词的搜索引擎结果页面中列出的位置，这里说的排名一般是指自然搜索排名，即不包含付费推广内容的排名结果。SEO 的目标是提高网页所包含目标关键词的排名。

1.7.8 排名算法

排名算法是搜索引擎用来对其索引中的列表进行评估和排名的规则。排名算法决定哪些结果是与特定查询相关的。大多数搜索引擎决定关键词排名的因素都超过 100 种以上，但最为重要的一些算法在各大搜索引擎都是通用的，例如标题是否包含关键词、关键词密度是否合理、内容质量以及站外链接（外链）质量是否较好等。

正因为涉及到排名算法，所以并没有任何一个 SEO 人员能够全部知道这些搜索引擎的排名规则，即使是现有的一些算法，也是广大的 SEO 人员的经验总结，只在一定时期具有一定的参考性。

1.7.9 SEO

SEO 就是根据对搜索引擎的算法规则来优化自身内容，从而使页面能够被搜索引擎信任，并获得较好的排名。

对于任何一家网站来说，要想在网站推广中取得成功，SOE 是最为关键的一项任务。同时，随着搜索引擎不断变换它们的排名算法规则，每次算法上的改变都可能会让一些排名很好的网站在一夜之间名落孙山。失去排名的直接后果就是失去了网站固有的可观访问量。所以每次搜索引擎算法的改变，都会在网站中引起不小的骚动和焦虑。

因此可以说，SOE 也成了一项越来越复杂的任务。

1.7.10 搜索引擎结果页面

搜索引擎结果页面是为特定搜索显示的列表或结果，有时定义为搜索引擎结果的安排（placement）。本书中笔者将其称为页面而不是安排。在SEO领域中，在搜索引擎结果页面中取得良好的表现就是一切。

1.7.11 黑帽SEO

黑帽SEO指用垃圾技术欺骗搜索引擎，一般叫做SEO作弊。黑帽SEO以伪装、欺诈和窃取的方式骗取在SERP中的高排名，例如群发留言、增加外链、关键词叠加、域名轰炸、转向新窗口链接等。

随着搜索引擎技术的发展，黑帽SEO的做法越来越容易被搜索引擎所识别，从而受到严厉的惩罚。虽然黑帽SEO见效较快，但一般不能持续多久，因为它有违搜索引擎以用户为中心的初衷。

1.7.12 白帽SEO

白帽SEO是以正当方式优化站点，使它更好地为用户服务并吸引蜘蛛（爬行器）的注意。在白帽SEO中，能够带来好的用户体验的任何东西也都被视为对SEO有益。通常好的SEO人员会对网站的各个细节进行优化和设计，来展示出一个良好的被用户所喜欢的网站，因此也会被搜索引擎所喜爱。

1.7.13 搜索引擎蜘蛛

搜索引擎蜘蛛在Web中漫游，寻找要添加进搜索引擎索引列表中的信息。蜘蛛有时也称为爬行器或者机器人。针对有机列表优化页面的目的就是为了吸引蜘蛛的注意。

蜘蛛，也称为蜘蛛程序（spider）。网络蜘蛛是一个自动提取网页的程序，是搜索引擎的重要组成部分，其任务就是尽可能多和快地给搜索引擎输送网页，实现强大的数据支持。

网络蜘蛛通过网页的链接地址来寻找网页，从网站某一个页面（通常是首页）开始，读取网页的内容，找到在网页中的其他链接地址，然后通过这些链接地址寻找下一个网页，这样一直循环下去，直到把这个网站所有的网页都抓取完为止。

1.7.14 服务器日志

服务器日志（server log）是网页被访问时，服务器记录的交互信息。服务器日志一般包含访问时间、访问地址、来访者的身份标识（UA）、IP 地址及浏览器信息、HTTP 状态码等信息。服务器日志对于分析访客行为有重要意义。

服务器日志内容举例：

201.158.69.116--[03/Jan/2013:21:17:20-0600] fwf[-] tip[-] 127.0.0.1:9000 0.007 0.007 MX www.qunar.com GET /html/test.html HTTP/1.1 "200" 2426 "http://a.com" "es-ES,es; q=0.8" "Mozilla/5.0（Windows NT 6.1）AppleWebKit/537.11（KHTML, like Gecko） Chrome/23.0.1271.97 Safari/537.11"

1.7.15 HTTP 状态码

HTTP 状态码是表示网页服务器 HTTP 响应状态的 3 位数字代码。SEO 需要了解的常用状态码如下：

200：请求已成功，出现此状态码是表示正常状态。

404：请求失败，出现这个错误的最有可能的原因是服务器端没有这个页面。

301：永久跳转，网址被永久性跳转到另外一个网页。

302：临时跳转，网址暂时跳转到另外一个网页。

503：临时关闭，页面暂时不可访问，请过段时间重试。

1.7.16 权重

网站权重是指网站与网站在搜索引擎眼中的分级制“待遇”表现，是搜索引擎中的一个综合表现指标。

例如同一篇文章，在很多网站上都会列出，此时对于搜索引擎来说它不能单独地去考虑把哪个网站的文章排在搜索的第一位或者是前几条，而是要根据网站的权重来排名，哪个网站的权重高，搜索引擎就会把它放在搜索第一位或者是前几条。

网站权重不是排名，因为排名是以单页面为单位，而网站权重是一个整体的考量。

网站权重决定了网站排名的说法有些片面，因为网站排名需要综合考虑很多因素，网站权重只占其中一部分，不代表全部。提升网站权重是一个长期积累的过程，其中包括优质的外部链接导入、稳定的高质量内容和结构清晰的网站结构等。

1.8 常用搜索引擎指令

本书笔者列举了6个SEO人员日常所用频率较高的指令，这些指令对普通用户来讲，大多数没有什么用处，但是对专业人士来说，有助于精确查询到需要的信息。

1.8.1 site指令

site指令用于查询某特定网站的收录情况，如果结果有返回数据，则表明该网站已被收录，如果返回数据为空，则该网站未被收录。如果是以前已被收录的，现在发现没有数据则说明被搜索引擎从索引中删除了，大家经常称呼为“被K”了。

还有一种情况是site出结果，而首页没有排在第一位的话，有可能是首页被K了，需要注意一下。

用法：site: 网站地址

图1-20所示为返回的结果为某网站（此外为www.lingseo.com）的收录页面。

图 1-20 使用 site 指令的返回页面

1.8.2 related 指令

related 指令为查询相关网页指令，可以用它来查询和某网站内容相关的网站。利用 related 指令还可以很轻松地找到和你最相关的对手。该指令只支持谷歌搜索引擎。

用法：related: 网站网址

1.8.3 inurl 指令

inurl 指令用于查找包含特定关键词的特定网页。该指令既可单独使用，又可与其他指令组合来查找特定网页的内容。该指令只支持谷歌搜索引擎。

用法：site: 网站网址 inurl: 关键词

图 1-21 所示为在指定网站（此处为 www.sina.com.cn）中查找包含指定关键词（nba）网页的返回结果。

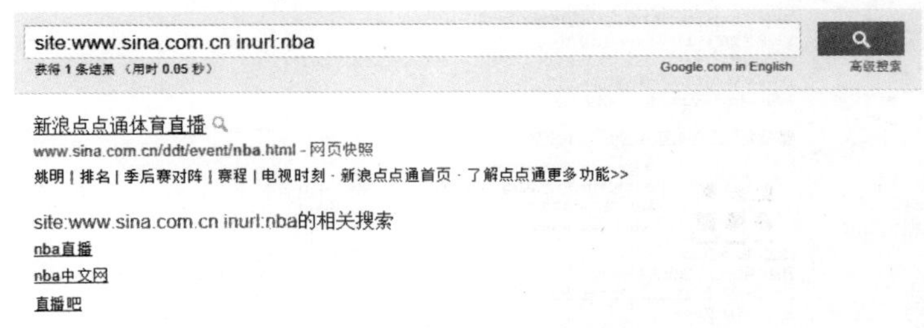

图 1-21 使用 inurl 指令的返回页面

1.8.4 inanchor 指令

inanchor 指令的用途可以理解为查找特定关键词的锚文本链接。这有点像查找外链的情况，所不同的是输入的是文本。该指令只支持谷歌搜索引擎。

用法： inanchor: 关键词

图 1-22 所示为使用 inanchor 指令返回的搜索结果。返回的结果页面中可能不包含关键词（如点击这里），但是指向这个页面的锚文本中包含了关键词。

图 1-22 使用 inanchor 指令的返回页面

1.8.5 filetype 指令

filetype 指令用于搜索特定后缀的文件，如 pdf、doc 等。

用法：filetype: 文件后缀

图 1-23 所示为在百度中输入此指令的返回页面，此外返回的均是各大文库网站的 pdf 文件。

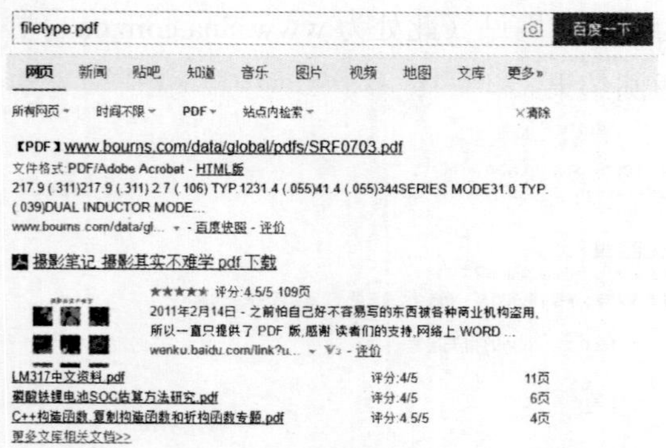

图 1-23 使用 filetype 指令的返回页面

1.8.6 intitle 指令

intitle 指令用来查询特定论文或者文章标题中出现特定关键词的网页。

用法：intitle: 关键词

图 1-24 所示为查询关键词“SEO 技术”的返回结果，所有网页标题中均包含“SEO 技术”。

图 1-24 使用 intitle 指令的返回页面

第 2 章 站内篇

站内优化是 SEO 人员的工作重点，站内优化不仅对搜索排名起着非常重要的作用，更对用户体验有着直接的影响。设计良好的网站，能提高用户的黏性，同时也有利于提高用户的转化率。

通常，网站内部优化主要包括元标签的设计、关键词设计、页面优化等。本章笔者主要列举了常用的站内优化原则，并加入了最新的移动端优化技术，读者可以根据自己的网站实际情况加以对比和分析，看看是否还有能提升的地方。

2.1 域名与服务器

域名是用户对网站的第一印象，能否让用户迅速记住域名对网站非常重要。注册一个简短易记、和品牌相关的域名有利于提升回访率。.com、.cn、.net 等常见域名后缀有利于用户记忆和产生信任感，不常见的域名后缀会增加用户的判断成本。

好记的域名：京东（jd.com）、猎河（liehe.com）、淘宝（taobao.com）。

不好记的域名：东方财富（eastmoney.com）、太平洋亲子网（pcbaby.com）。

服务器速度和空间的稳定性会直接影响用户体验，也会影响搜索引擎对网站的抓取，因此建议选择服务器稳定、速度快的服务商，还要保证服务器和网站程序不屏蔽搜索引擎的抓取行为。

2.2 机器可读

搜索引擎暂时只能抓取HTML中的文本内容，对于JS、Flash、Ajax、iframe及图片上的文字内容无法处理。如果网站主体内容是由这些技术方案实现的，对搜索引擎来说就是一个空白页面，没有任何内容，很难参与排名。然而现实情况是，很多网站的程序员非常乐于使用这类技术。

JS用来给HTML网页增加动态功能，对提升访问速度有促进作用。JS被很多网站广泛使用，特别是对于时效性要求较高网站应用更加普及，例如机票、酒店预订等。

Ajax是一种在无需重新加载整个网页的情况下，能够更新部分网页的技术。Ajax让网站程序更小、更快、更友好，但也影响了搜索引擎的抓取，此时搜索引擎往往只能抓到网页的一小部分。

iframe是一个框架，里面嵌套了另外一个页面的内容。使用iframe技术可方便地对网页内容进行更新，但搜索引擎无法抓取iframe的内容。

图片和Flash可以增强网站的视觉效果，但搜索引擎对于图片和Flash的内容无法理解，因此网站的重要内容应当尽量使用文字来表达。

上述技术造成了用户体验与搜索引擎体验的矛盾。SEO人员应当在保证用户体验的同时，不断优化搜索引擎体验。在不影响客户体验的情况下，上述技术应当少用，或用其他方案代替。如果必须使用时，可以提供一个搜索引擎版本的页面供蜘蛛抓取。

2.3 网站结构

树形结构是最利于SEO的网站结构类型。树形结构通常分为三个层次：首页、频道页、文章页。像一棵大树一样，首先有一个树干（首页），然后再是树枝（频道页），最后是树叶（内容页），如图2-1所示。树形结构扩展性强，当网站内容变多时，可以通过细分树枝来轻松应对。理想的树形结构应该尽量扁平，从首页到内容页层级尽量地少，方便搜索引擎抓取。网站链接应该是网状结构，网站上的每个页面都应该有指向上下级以及相关内容的链接，这样既有利于搜索引擎分析网页关系，也有利于权重互相传递。

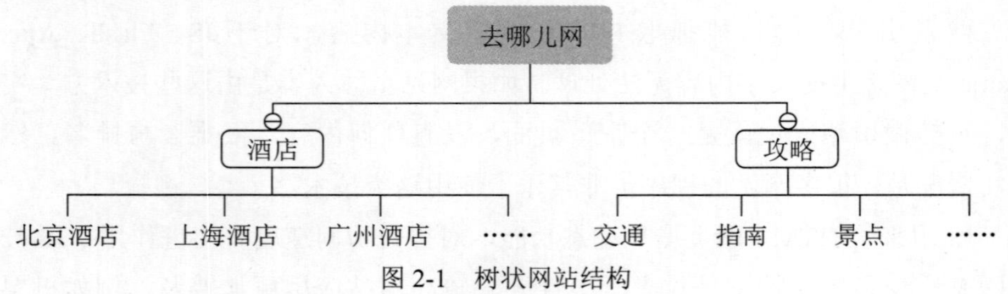

图2-1　树状网站结构

2.4 网站速度优化

较快的访问速度既可以提升用户体验，又可以提升搜索引擎的抓取效率。SEO从业人员需要让技术通过以下方法提升网站访问速度。

1. 资源加载

- 将同类型资源在服务器端压缩合并，减少网络请求次数和资源体积。
- 引用通用资源，充分利用浏览器缓存。
- 使用CDN加速，将用户的请求定向到最合适的缓存服务器上。
- 非首屏图片类加载，将网络带宽留给首屏请求。

2. 页面渲染

- 将 CSS 样式写在头部样式表中，减少由 CSS 文件网络请求造成的渲染阻塞。
- 将 JavaScript 放到文档末尾，或使用异步方式加载，避免 JS 执行阻塞渲染。
- 对非文字元素（如图片、视频）指定宽高，避免浏览器重排重绘。

2.5 元标签的设计

元标签主要包括标题标签、关键词标签、描述标签等，良好的元标签设计会促进该网页在搜索引擎的表现。

2.5.1 元标签概念

元标签出现在网页 HTML 源代码的 head 标签中，和其他 HTML 代码唯一的区别是不会直接在显示器上显示。元标签对网页有各种作用，有介绍该网页版本的，也有介绍写该篇网页的作者的。keywords 就是元标签里的一种，keywords 代表着一个网页的定位。销售产品需要定位，网页更需要定位。

2.5.2 元标签设计原则

对 SEO 而言最重要的三个元标签是 title（标题）、description（描述）和 keywords（关键词），这三个标签是搜索引擎判断网页内容的重要依据，对网站排名具有重要意义。其中，title 和 description 有较大的概率显示在搜索引擎检索结果中。因此，设计一个关键词精准且吸引点击的元标签是 SEO 的重要工作。

- 每个网页应该有独一无二的标题，切记所有页面全部使用默认标题。
- 标题要主题明确，能概括网页主要内容。
- 重要的内容放在前面。

- 使用用户熟悉的语言描述。
- 标题要吸引点击，并产生信任感。

元标签展示案例：

去哪儿网 title：<title>【去哪儿网】机票查询预订，酒店预订，旅游团购，度假搜索，门票预订 - 去哪儿网 Qunar.com</title>

去哪儿网 description <meta name="description"content="去哪儿 Qunar.com 提供机票，飞机票，特价机票，打折机票的查询预订；99 元春秋航空特惠折扣机票，百元南航、海航惊喜特价机票任您挑选，国航、深航 1 折特价机票和折扣机票一网打尽，更多打折机票尽在 Qunar.com。" />

图 2-2 所示为上述案例在搜索引擎中的搜索结果。

【去哪儿网】机票查询预订,酒店预订,旅游团购,度假搜... 官网

去哪儿Qunar.com提供机票,飞机票,特价机票,打折机票的查询预订;99元春秋航空特惠折扣机票,百元南航、海航惊喜特价机票任您挑选,国航、深航1折特价机票和折扣机票一...

https://www.qunar.com/ - 百度快照 - 1499条评价

图 2-2　搜索结果

2.5.3　分词技术在元标签中的应用

第 1 章已经介绍过搜索引擎的分词技术。合理运用分词技术可以增加关键词的覆盖数量。搜索引擎在索引页面过程中，会把词元标签切成最短词语。当用户搜索这些词语组合时，可能命中对应网页。如：

title：北京旅游攻略_景点门票指南

分词为：北京 / 旅游 / 攻略 / 景点 / 门票 / 指南 /。

用户可能搜索的词语组合有：

北京

北京旅游

北京旅游攻略

北京攻略

景点攻略

景点指南

北京景点

北京门票

北京旅游景点

北京旅游指南

2.6 长尾关键词优化

网站上不是目标关键词但也可以带来搜索流量的关键词，称为长尾关键词。长尾关键词的特征是比较长，往往由2～3个词组成，甚至是短语，存在于内容页面，除了内容页面的标题，还会存在于内容中。搜索量少且不稳定是长尾词最为显著的特点。

千万不要怀疑长尾词的威力，基本上大型网站流量的来源都是以长尾词为主的，如何布局优化长尾效应值得每一个SEO人员深思。

2.6.1 何为长尾

长尾理论是2004年Chris Anderson在给《连线》杂志的文章中首次提到的。Chris Anderson在深入研究amazon.com和Netflix公司的销售数据之后得出的理论，即长尾理论。

长尾指拥有足够的信息、图片、商品及宽广的渠道，数量多了自身的生产成本也就下降了。看似没有人买的东西，却还是有需求者的。1个产品能卖2件、10个产品卖出20件、100个产品卖出200件、1万个产品能卖出多少件呢？有可能已经超出了主流产品的市场份额。

在传统零售领域，无论规模多大，范围多大，终究有其局限性。日常的购买行为受传统媒体的引导，如广告、报纸等，使得本身有个性需求的用户购买行为受到限制。

电子商务时代的到来，彻底改变了这一局限性，个性化的需求将得到满足。实体商店再大，也有场地的局限性。例如，一家大规模的书店能容纳3万本书，所以最多也只有3万本而已，而这3万本书不能完全满足所有用户的个性化需求。现在真正满足长尾效应的网上书店亚马逊书店，拥有各种个性化的书籍，单体销售数量极小的产品数量巨大，加起来远远超过了热门产品的销售份额。

长尾示意图如图2-3所示，可以看出左边的是热门产品的销售数据，数量不是很多，仅仅也只有几件而已，而右侧种类数一直无限地衍生下去，几乎没有尽头。从图中可以看出长尾类的单个产品销售的数量非常小，但是把所有的长尾产品加起来，数量就很惊人了，这也就是长尾效应。

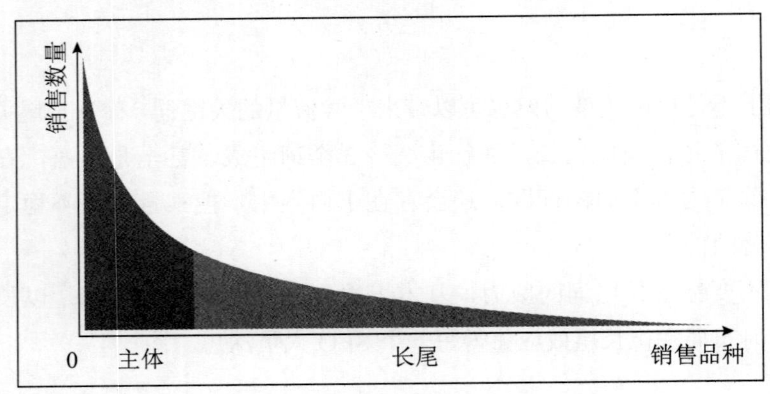

图2-3　长尾示意图

2.6.2　长尾关键词的三种形式

长尾关键词一般存在如下三种形式，分别是导航类关键词、问答型关键词以及购买型关键词，下面分别对这三种形式的关键词加以说明。

1. 导航类关键词

导航类关键词属于一个特定品牌或者网站的总称，如163、新浪、搜狐等网站的导航类关键词，这类关键词的竞争异常激烈，中小型网站难有所成。搜索导航类关键词的用户知道有这个网站存在，只不过暂时记不清具体网址是什么了。大型门户类导航关键词搜索量如图2-4所示。

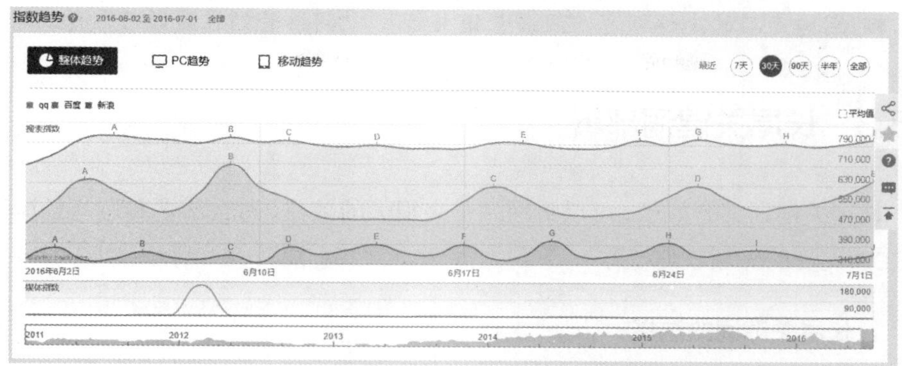

图 2-4　大型门户类导航关键词搜索量巨大

导航类关键词不只局限于某个网站特定品牌名称，还可以是某个产品的具体名称，如 QQ、163 免费邮箱等比较有代表性的产品导航关键词。

假如你是某个品牌的负责人，一定要将此品牌的关键词做到自然搜索的前面几位。用户如输入你品牌的关键词，一定是对该品牌感兴趣，如果排在前面的不是你的网站，那你的宣传就是为他人做嫁衣了。

2. 问答型关键词

问答型关键词从字面意思上看，指有某个疑问要求助搜索引擎，希望通过搜索引擎找到适合的答案，如“如何写好一个简历”“最有营养的早餐是什么”等，完全是把搜索引擎当成一个智能机器人来使用的。问答型关键词中产生了很多的长尾词，虽然长，但都是日常生活中人们所关心的，做得好的话，能吸引大量的潜在用户。

3. 购买型关键词

这类词是最体现直接购买意图的，如“iPad 网上购买”“iPhone 手机价格”等，购买意图就非常明显，同时转化率也相对较高。这正是做产品的人必须研究和深挖的关键词类型，如再结合一些营销手段，双管齐下，产品销售绝对不是问题。

以“网络营销”这个关键词作为基本关键词进行扩展，例如：

- 针对性比较强的关键词有“网络营销课程”“网络营销论坛”等。
- 相关拓展的关键词有“网络营销是什么”“网络营销培训课程”“网络营销方法技巧”等。

■ 周边产品的延伸词有“网络营销书籍”“网络营销在线学习”等。

2.6.3 长尾关键词部署

长尾关键词部署好了，可以给网站带来很大的效益，怎么部署和选择长尾词，是 SEO 人员的一项重要工作。

1. 长尾关键词的选择

长尾关键词的选择是一项非常重要的工作，其中最重要的是从用户角度的搜索意图和思想来进行部署。

简单寻找长尾关键词的思路包括如下几点（在 2.6.6 小节会更进一步介绍如何拓展长尾词）：

（1）从产品自身功能寻找。

（2）从竞争对手网站寻找。

（3）从搜索引擎查询，如百度的搜索下拉框或相关搜索词。

（4）利用相关工具查询，如爱站网等。

（5）从用户角度寻找。

2. 内部结构部署

长尾关键词部署最大的难点是必须要有大量的信息或产品内容，同时必须让搜索引擎收录。只要做到这两点，通过简单的页面优化就能把长尾做起来。长尾关键词本身的竞争很低，如果网站没有什么问题，都可以有很好的效果。

长尾关键词能被收录是基本前提，但有些不一定能有很好的排名，这时就需要从全局出发来部署权重架构。大型门户网站有海量的信息，如果能把长尾效应发挥出来，那真的是一件很可喜的事情。新浪网在这方面做得不错。如图 2-5 所示，搜索刘德华演过的电影，排在第三位的就是新浪的产品“爱问知识人”。笔者试过很多关键词的搜索，均会出现新浪的信息，如图 2-6、图 2-7 都是些长尾词，均有新浪网产品的身影出现。新浪借助海量长尾信息以及自身权重的优势，足以取得良好的排名。新浪一些高权重的专题页面有很多站内的指向，安排得合理、巧妙、自然。

刘德华演过的电影　百度一下

刘德华演过的电影_百度知道

6个回答 - 提问时间: 2010年03月03日

答案提到: 无间道 - 法外情 - 天若有情 - 爱君如梦 - 暗战 - 法内情大结局 - 刀剑笑

最佳答案: 1981年:彩云曲上海滩十三太保 1982年:投奔怒海 1983年:毁灭号地车、家在香港 1984年:停不了的爱 1985年:夏日福星、法外情 1986年:最佳福星、魔翡翠...

zhidao.baidu.com/link?... - 评价

求刘德华演过的所有电影	4个回答	2016-01-08
刘德华演过哪些电影	3个回答	2013-12-15

更多知道相关问题>>

刘德华拍过的所有电影?_百度知道

1个回答 - 最新回答: 2007年06月10日 - 26人觉得有用

答案提到: 暗战 - 旺角卡门 - 龙在边缘 - 天若有情 - 法外情 - 龙在江湖 - 投奔怒海

【专业】答案:1.《投奔怒海》2.《彩云曲》3.《毁灭号地车》4.《家在香港》5.《夏日福星》6.《唐人街的故事》7.《上海滩十三太保》8.《停不了的爱》【1986-...

更多关于刘德华演过的电影的问题>>

zhidao.baidu.com/link?... - 百度快照 - 评价

刘德华演过的所有电影名字。 - 爱问知识人

1个回答 - 最新回答: 2006年4月27日

最佳答案: 1981电视剧【香港】 1981电视剧【香港之江湖再见】 1981电视剧【花艇小英雄】 1982电视剧【苏乞儿】 1983电视剧【猎鹰】 1983电视剧【奔向太阳】 1983...

iask.sina.com.cn/b/453... - 百度快照 - 455条评价

图 2-5　新浪产品爱问知识人在搜索列表中出现

简单思考的意义　百度一下

网页　资讯　视频　图片　知道　文库　贴吧　采购　地图　更多»

百度为您找到相关结果约17,000,000个　搜索工具

简单思考的本质及价值 - 老姚博客

2018年5月19日 - 目前的一些现状1、大多数人容易在意表面价值,忽略内在和长远价值2、大多数人容易把简单事情复杂化,忽略最本质的东西 3、大多数人在做多的过程中,很难做到面面俱...

www.laoyao.cn/tattle/4... - 百度快照

森川亮的《简单思考》讲了这些。 - 简书

2017年2月18日 - 今天读完了森川亮的《简单思考》,全书大概讲了这些。 1. 什么是简单思考?思考事物本质的方法叫做简单思考。要简单思考,就只能做那些最最重要的事情,...

https://www.jianshu.com/p/51e1... - 百度快照

《简单思考》不简单——读书笔记

2018年12月14日 - 这些想法,应该是大多数人的观点,可是这些想法都错了,应该用"简单思考"的方式...再比如一个饭店,老板要求厨师看经营指标、研究报告这样做有意义吗?一位厨师真正...

思维先生 - 百度快照

图 2-6　搜索"简单思考的意义"

图 2-7　搜索“SEM 的日常工作”

3. 内容体现形式

长尾关键词主要体现在终端页。终端页的优势在于主题的统一性，专为长尾关键词衍生出内容，而且页面也比较简洁。要尽量在终端页多次出现长尾关键词的身影，与页面其他内容结合得要巧妙、自然，可适当加粗，如采用 b、strong、u 等权重标签。

4. 长尾关键词维护

在长尾关键词维护上，主要是关注搜索引擎的收录情况，要及时查看文章是否被收录，及收录后长尾关键词处于搜索引擎结果页面什么位置。对于某拓展性强的关键词，可以以目录、专题形式体现。该目录主 / 专题全部以关键词拆分长尾词方式体现，然后链入该具体内容页面。

2.6.4　长尾关键词的优化

长尾关键词该如何优化？下面将详细讲述五点优化原则。

1. 了解自身信息的价值所在

必须从网页自身信息价值的角度来优化长尾关键词，而不是从关键词角度来优化，要做到专一、专业、优质，能帮助用户解决某些问题。

例如富营销论坛，就是典型的网络营销的专业网站，它的网页内容基本离不开网络营销的话题。

2. 确定网页的关键词

网页关键词的确定也是长尾关键词优化重点内容之一，根据以往的操作经验，确定关键词的方法可以参考如下三点：

（1）从用户角度出发寻找。

（2）从竞争对手那里寻找适合自己的关键词。

（3）从一些关键词工具上寻找。

网站必然会有主关键词、副关键词、分类关键词、长尾关键词等信息，怎么布局要结合网站结构来进行。主关键词肯定是放在首页并优化，副关键词随之放在二级栏目或二级域名下，视竞争程度大小决定。长尾关键词放在内容页。

3. 写标题和关键词标签

从用户体验角度出发，一个内容页只能拥有一个标题，若有两个则会导致用户迷茫离去。写标题和关键词标签尽量做到简洁，能解决问题就达标了。

4. 强调页面内容的关键词

内容关键词一般应遵循如下四个原则：

（1）适当地出现相关关键词的文章链接。

（2）内容页文章标题采用 h1 最高权重标签。

（3）控制好关键词出现的频率，做到自然，易阅读。

（4）适当的加粗处理。

5. 做好相关关键词推荐

SEO 人员要想办法拉拢用户的眼球，做好终端页相关链接关键词建设工作，这样做的好处是增加访问深度，让用户更加依恋网站，从而时常关注；同时，通过数据的组合分析，不断调整优化手段并持之以恒。

2.6.5 选择长尾关键词的要点

选择长尾关键词主要参考如下六种方法，当然，读者也可以根据自己的经验或者自己擅长的方法来操作：

（1）长尾关键词与你网站的内容有关。

（2）选择的关键词必须是用户有可能来查询的词。

（3）能满足用户要求。

（4）通过网站构思与网站业务相关的关键词。

（5）通过竞争对手来寻找关键词。

（6）通过搜索引擎相关搜索来确定长尾关键词。

2.6.6 长尾关键词的拓展方法

长尾关键词的拓展方法有很多，读者应该根据自己的网站特点来选择，下面列举13个长尾词的选择方法，供读者参考。

（1）从百度搜索框获取百度相关搜索。

（2）从用户需求拓展。

（3）在百度百科搜索你的核心词，例如搜索“SEO”会得到“SEO服务”“搜索引擎优化”“网站优化”“SEM优化”“网络优化”等一些相关核心词，然后据此进行拓展。

（4）借助辅助工具如百度关键词工具、谷歌关键词工具拓展。

（5）借助百度统计等流量统计工具，往往能找到一些可拓展的词根或需求。

（6）借助百度竞价后台系统推荐的相关关键词，这是最好的方法之一，还能由此分析出每一个词的周检索量和竞争情况。

（7）使用地域拓展法，如SEO拓展为“东莞SEO”“北京SEO”等，基本上一个词可以对应几百个地域关键词。

（8）使用季节拓展法，如“饮食”可以拓展为“夏季饮食注意事项”“春季饮食注意事项”等。

（9）使用职业拓展法，如“如何预防感冒”可以拓展为“教师如何预防感冒”“建筑工如何预防感冒”等。

（10）使用性别拓展法，如“减肥方法”可以拓展为“男士减肥方法”“女性减肥方法”“男孩减肥方法”等。

（11）使用用户思维习惯法，如哪里有、哪里买、哪里可以、怎样、如何、怎么、多少钱、哪里好、最好的、哪里便宜等。

（12）参考百度搜索风云榜等。

（13）借助搜狗拼音细胞库，其优势是用户比较多，最新热词这里都有。

2.7 URL 优化

URL 优化也要讲一些原则，参考如下方法，会使你的网页更加优化，对搜索引擎也会更友好。

1. URL 越短越好

对于搜索引擎来说，只要 URL 不超过 256 个字节，收录都没有问题。不过真的使用几百个字母的 URL，用户看起来也费事。另外短的 URL 也利于传播，做链接时短的URL复制没有什么问题，长的复制也费劲，有时不能完整复制下来，容易出现 404 错误。

2. 避免使用太多参数

应尽可能地使用静态 URL。如果技术上不能实现静态 URL，那么动态的 URL 必须减少参数，一般建议用 2、3 个参数。参数多不利于用户体验也不利于搜索，有可能造成收录问题。

3. 目录层次要尽量少

网站物理结构层次越少越好，如“www.liehe.com/news/comments/”就差不多够了。网站物理结构分层越多的，目录层次也必然增多。在可能的情况下，尤其是静态 URL，应尽量使用比较少的目录层次，搜索引擎比较喜欢短的 URL。

4. 文件及目录名的描述性

对英文网站来说，目录及文件名应该具备一定的描述性，以便于用户知道这个 URL 大致是一个什么类型的网页，如“www.liehe.com/news”一看就知道是与新闻相关的网页。

5. URL 中包含关键词

URL 中出现关键词也能提高相关性，在排名中有一定的分值。关键词出现得越靠前越好，也就是说出现在域名中最好，其次是出现在目录中，效果最差的是出现在文件名中。注意不要为了 SEO 而堆积关键词。

6. URL 字母全部小写

URL 使用全小写字母可方便人工输入，不会因大小写切换而犯错（有的服务器区分大小写，例如 Linux 系统服务器）。搜索引擎被设计出来是为更好地服务于人的，故此把人操作的行为变得越简单就越是好的优化手段。

7. 连词符的使用

一般建议使用连字符（-）优化 URL，如“健康减肥 - 减肥效果”，而不要使用下画线或其他更为奇怪的字符。

8. 目录形式还是文件形式

使用目录形式的 URL 一个优点是，以后网站即使更换编程语言，URL 可以不必变化，也不用经过特殊处理；而文件形式的 URL 可能因为程序的变化而变化，影响 SEO 效果。

9. 井号（#）的运用

URL 中出现井号的例子如 http://www.example.com/index.html#print。

在井号后面添加参数代表不是一个新的页面，而是当前页面的一个指定位置。如果页面比较长，井号可以帮助用户快速找到当前页面中的某个内容模块。因为通过井号前面的 URL 即可抓取完整的页面，所以搜索引擎遇到井号时会做截断处理，不抓取井号后面的内容。

合理运用井号可以解决重复页面的问题。页面的参数经常发生变化，但页面内容基本相同，如酒店预订页面 URL 会随着预订日期产生变化时，如果处理不好这种 URL 变化会造成大量的重复页面，分散页面权重。此时把预订日期参数放在井号后面就完美解决了这个问题。

例如去哪儿网酒店预订地址：

http://hotel.qunar.com/city/beijing_city/#fromDate=2018-10-21

注意：此处如果使用问号做为间隔会被搜索引擎当做新的页面，造成重复页面问题。

10. 子域名与二级目录的选择

子域名如 bj.58.com，子目录如 www.58.com/bj/。

子域名的优点在于权重比子目录高，在排名上占有一定优势，缺点在于搜索引擎对其的考核期会比子目录长。使用子域名时，必须做到子域名下内容丰富。如果子域名只有一个页面，且子域名众多，可能会被搜索引擎判定为滥用子域名。

11. URL 导致的重复页面

搜索引擎通过 URL 区分独立页面。理想情况下，一个网页应当只能通过一个地址访问。如果一个网页可以通过多个 URL 访问，这种 URL 就造成了重复页面问题。重复页面会分散网页权重，影响排名。

以 www.liehe.com 为例，常见由 URL 导致重复页面的情况有：

文件类型式：www.liehe.com/index.html。

统计参数式：www.liehe.com/?bdsource=abc。

翻页式：www.liehe.com/1.html。

时间参数式：www.liehe.com/? hotel-checkin=2025-06-09&checkout=2025-06-10。

2.8 robots 优化

robots.txt 是一个纯文本文件，网站管理者可以在这个文件中声明该网站中不想被搜索引擎访问的部分，或者指定搜索引擎只收录指定的内容。因此，robots 的优化会直接影响到搜索引擎对网站的收录情况。

2.8.1 robots 介绍

蜘蛛在访问一个网站时，它会首先检查该网站根目录下是否存在 robots.txt 文件，如果存在，蜘蛛就会按照该文件中的内容来确定访问的范围；如果该文件不存在，那么蜘蛛默认所有文件都可以抓取。

robots.txt 必须放置在一个网站的根目录下，而且文件名必须全部小写，如 https://www.liehe.com/robots.txt。

只有在需要禁止抓取某些内容时，写 robots.txt 才有意义。有的服务器设置有问题，当 robots 文件不存在时会返回状态码 200 及一些错误信息，而不是状态码 404，这有可能是蜘蛛错误解读了 robots 文件信息。所以建议就算允许抓取所有内容，也要建一个空的 robots.txt 文件。

2.8.2 robots 写作语法

首先，我们来看一个 robots.txt 范例：

```
# robots.txt file from https://www.liehe.com
# All robots will spider the domain
User-agent: *
Disallow:
```

以上文本表达的意思是允许所有的蜘蛛访问 www.liehe.com 网站下的所有文件。具体语法分析如下：

#后面的文字为说明信息；User-agent 后面的内容为蜘蛛的名称，如果是*，则泛指所有的蜘蛛；Disallow 后面的内容是不允许访问的文件目录，如目录为空则不起任何禁止作用。

下面列举一些 robots.txt 的具体用法。

■ 允许所有的 robot 访问，格式如下：

```
User-agent: *
Disallow:
```

或者也可以建一个空 robots.txt 文件。

■ 禁止所有搜索引擎访问网站的任何部分，格式如下：

```
User-agent: *
Disallow: /
```

■ 禁止所有搜索引擎访问网站的某几个部分，如下例中禁止访问 01、02、03 目录：

```
User-agent: *
Disallow: /01/
Disallow: /02/
Disallow: /03/
```

■ 禁止某个搜索引擎的访问，如下例中的 BadBot：

```
User-agent: BadBot
Disallow: /
```

■ 只允许某个搜索引擎的访问，如下例中的 Crawler：

```
User-agent: Crawler
Disallow:
User-agent: *
Disallow: /
```

另外，有必要进行拓展说明时，可对 robots meta 做一些介绍：

robots meta 标签主要是针对一个个具体的页面。和其他的 META 标签（如使用的语言、页面的描述、关键词等）一样，robots meta 标签也放在页面的 <head></head> 中，专门用来告诉搜索引擎机器人如何抓取该页的内容。

2.8.3 robots meta 标签的写法

robots meta 标签中没有大小写之分，name="robots" 表示所有的搜索引擎，可以针对某个具体搜索引擎写为 name="baiduspider"。content 部分有四个指令选项：index、noindex、follow、nofollow，指令间以“,”分隔。

index 指令告诉蜘蛛抓取该页面；

noindex 是谷歌发明的一个 HTML 标签，其作用是向搜索引擎声明该网页禁止被索引收录。

follow 指令表示蜘蛛可以沿着该页面上的链接继续抓取下去。

nofollow 的作用是告诉搜索引擎不要追踪此网页上的链接或不要追踪此特定链接。

robots meta 标签的默认值是 index 和 follow，只有 inktomi（早期出现的搜索引擎）除外，对于它，默认值是 index 和 nofollow。

robots meta 标签有下面两种组合：

```
<meta name= "robots" content="index,follow">
<meta name="robots" content="noindex,follow">
```

其中，

```
<meta name="robots" content="index,follow">
```

可以写成：

```
<meta name="robots" content ="all">;
```

而

```
<meta name="robots" content="noindex,follow">
```

可以写成：

```
<meta name="robots" content="none">
```

绝大多数的搜索引擎机器人都遵守 robots.txt 的规则，对于 robots meta 标签来说也是一样，且在逐渐增加当中，如谷歌就完全支持。而且谷歌还增加了指令 archive 和 noarchive，可以限制是否保留网页快照，例如：

```
<meta name="googlebot"content="index,follow,noarchive">
```

2.9 nofollow 优化

nofollow 是一个 HTML 标签的属性值。它的出现为网站管理员提供了一种方法，即告诉搜索引擎“不要追踪此网页上的链接”或“不要追踪此特定链接”。这个标签的意义是告诉搜索引擎此链接不是经过作者自己编辑的，所以这个链接不知可否信任。

2.9.1 nofollow 简介

先举一个例子，如果 A 网页上有一个链接指向 B 网页，但 A 网页给这个链接加上了 rel="nofollow" 标注，则搜索引擎不会把 A 网页计入 B 网页的反向链接。搜索引擎看到这个标签就可能减少或完全取消链接的投票权重。具体可以参考谷歌站长指南中关于 nofollow 标签的详细说明。目前百度也已经支持了此标签。

nofollow 标签通常用在博客评论、论坛帖子、社会化网站、留言板、分类列表等地方，这些地方任何用户都有可能留下链接，可能会恶意地留一些对网站有害的链接，所以要通过 nofollow 标签去掉。

还有一个值得用 nofollow 的地方是广告链接、网站登录及注册、版权信息、搜索、友情链接（友链）等。一般而言首页的权重是最高的，但有时为了增加

其他页面的收录概率要刻意降低首页的权重，这就用到了nofollow标签。

2.9.2 nofollow小技巧

nofollow可以用在内部权重分配和重复链接的去除。图2-8所示是一个内容页的常见的分页，大型网站用得比较多。它的源码如图2-9所示。

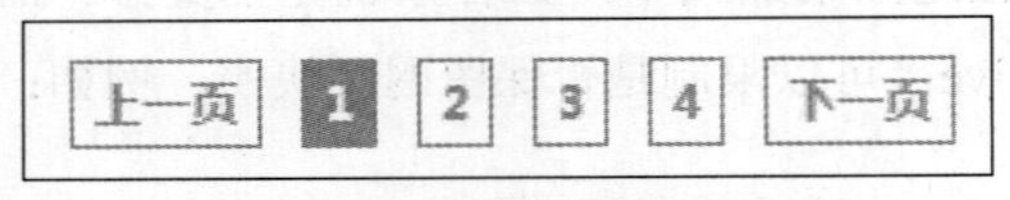

图2-8　网页流行分页

```
<div class="pager">
    <a class="PagerIcon"> 上一页 </a>
    <a class="current" href="/beauty/6649.html"> 1 </a>
    <a class="" href="/beauty/6649_2.html"> 2 </a>
    <a class="" href="/beauty/6649_3.html"> 3 </a>
    <a class="" href="/beauty/6649_4.html"> 4 </a>
    <a class="PagerIcon" href="/beauty/6649_2.html"> 下一页 </a>
</div>
```

图2-9　“下一页”的重复链接

请注意图2-9中圈出来的两个地方，是不是两个网址一样？这就是重复链接，需要用nofollow属性掉，在下一页的a链接里加上rel=nofollow就可以了。

2.10 h标签的优化

h标签相当于正文标题，是关键词优化的另一个页面元素，通常认为重要性仅次于页面title标签。近两年谷歌给予h标签的权重有所降低。

h标签只有h1、h2、h3、h4、h5、h6六个。h1重要性最高，h6重要性最低。在h1和h2标签中融入关键词，有助于提高相关性。h3以下的标签权重已经很低了，和普通页面文字相差不多。

常见的h标签使用结构如下所示：

```
<h1>这里是最重要的标题</h1>
<p>这里是文字描述………</p>
<h2>这里是次重要的标题</h2>
<p>这里是文字描述………</p>
<h3>这里是第三重要的标题</h3>
<p>这里是文字描述………</p>
```

要注意的是，h 标签内容在网页中的视觉表现上是黑体，但语法意义与黑体完全不同，因此不要在页面上滥用。一般来说一篇文章只有一个标题，h1 标签也只出现一次。大量使用 h1、h2 标签，反倒会使得关键词不能突出。

2.11 图片的优化

图文并茂的网页使人阅读愉快，会起到意想不到的好效果，而只有文字内容，则会使人容易疲倦。图片的优化在用户体验上、蜘蛛抓取上也非常重要。

图片的优化不仅包括图片质量的清晰度，还要包括图片的命名。谷歌、百度还不能有效地识别图片中的文字信息，因此应尽可能给蜘蛛提供足够的图片主题信息，如 seo.jpg 比 img1986 能提供更多的图片信息。说明性文件名对用户也有用处，可方便用户管理。

1. 使用 alt 属性补充图片说明

alt 属性的优势在于能让蜘蛛很快了解到图片的具体内容。

图 2-10 所示是一个奶油草莓的图片，加 alt 属性的具体做法如下：

```
<a href="caomei.jpg" alt="奶油草莓">
```

添加 alt 属性后，只要能被蜘蛛爬取到就可以收录并了解这张图片代表的含义了。

因某些时候网速慢不能完整显示该图片时，alt 属性又一次表现出优势来。

如图 2-11 所示，虽然网速慢没有能把图片直接显示出来，但有一点可以肯定，alt 属性给用户提供了该图片的内容信息。

图 2-10　奶油草莓图片

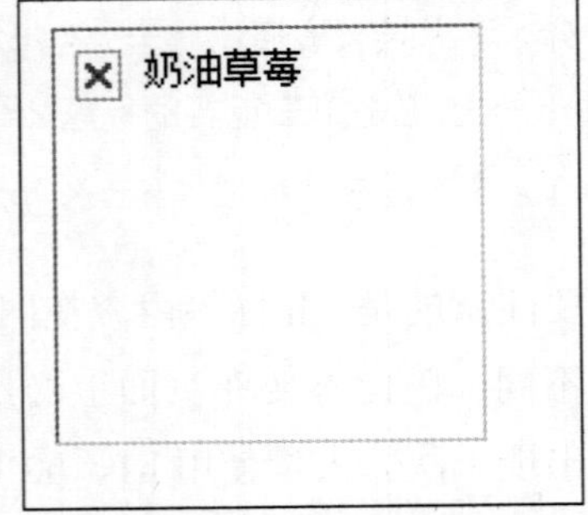

图 2-11　无法显示奶油草莓图片时的图片信息

不合理的图片信息格式如下所示：

```
<img src="img2356jpg" alt=""/>
```

合理的图片信息格式为：

```
<img src="seo.jpg" alt="seo图片"/>
```

应避免使用如下格式：

```
<img src="puppy.jpg" alt="seo seo技术 seo教程 sem seo相关"/>
```

切记不要在 alt 属性中堆积关键词，因为这是最明显的作弊手段。一定要在适当的地方设置适当的关键词。如果有条件可以使用 Lynx 文字浏览器检查一下自己的网站是否存在此类问题。

2. 给图片制造一个良好的上下文环境

从前面章节可知蜘蛛无法直接爬取图片中的信息，必须借助辅助手段，使用 alt 属性标记是一个办法，还有一个办法是在图片的四周放置最能说明图片信息的文字，如图 2-12 所示。

图 2-12　图片关键词结构

在图片的四周放置关键词描述信息也要根据图片内容来确定，不能随便放些不相关的描述。例如，如果在健康主题网页上放一张赛车的图片，并向搜索引擎发送一条主题为“赛车.jpg”的信息，这就让人颇为费解了。所以要尽可能地把相关文字放在图片的旁边。此外，建议为图片提供有效的说明性标题和图片说明。

3. 保护图片的最佳方法

保护图片的最佳方法如下：

（1）允许他人使用你的图片，但要求标明所有权归属并提供可返回您网站的链接。

（2）利用软件给图片加上自己的 Logo 水印。

如果不想让搜索引擎抓取您的图片，建议使用 robots.txt 文件来阻止对图片的访问。

4. 营造图片最佳用户体验

营造图片最佳用户体验可采取如下方法：

（1）放一张漂亮大气的图片能吸引很多用户的关注，这对做产品推广来说尤为重要。

清晰可见的图片比模糊不清的图片更能吸引人。此外，大部分网站站长更倾向于链接高质量的图片，这种图片可增加网站的访问量，而赏心悦目的感觉就是这样来的。在搜索结果中以缩略图形式显示的整洁、清晰的图片也会取得很好的效果，用户可能会更愿意点击这些图片。

（2）把最合理、最有亮点的图片放置在网页上方的位置，不是所有用户都能访问完整的页面。

（3）图片要做详细归类，以方便查询。例如把关于减肥的图片放置在减肥的图片文件夹，关于饮食的图片放置在饮食文件夹。

（4）给图片加上宽度和高度信息。如果浏览器知道不可替换元素的封装尺寸，那么，即使图片还没有下载完毕，浏览器也可以开始显示网页。指定图片尺寸可以提高网页载入速度，从而改善用户体验。

2.12 Flash 的优化

现在还有很多网站采用 Flash 的形式来建站，尤其是一些知名大品牌的官方企业站点。这样的网站虽然好看但不利于蜘蛛爬行和抓取，因此也被称为蜘蛛陷阱。

这类网站的整个首页就是一个大的 Flash 文件，搜索引擎在抓取其 HTML 代码时只有一个指向 Flash 文件的链接，没有其他文字内容，由于蜘蛛无法读取 Flash 文件中的文字内容和链接，所以无法判断其相关性。解决方法如下：

在 HTML 页面中加上一个通往 HTML 版本的链接，这个链接应该保存在 Flash 文件之外的 HTML 代码中。蜘蛛可以跟踪这个链接抓取后面的 HTML 版本页面。

Flash 技术有它独特的魅力所在，但随着 HTML5 的出现，慢慢在淘汰。HTML5 绝对是取代 Flash 技术的最好选择之一。

2.13 网站地图

网站地图有两种形式，一种是 HTML 形式，另一种是 XML 形式。

2.13.1 HTML 网站地图

对于一些必须要有 JS 脚本、Flash 图片的网站来说，网站地图是搜索引擎找到其所有页面的重要途径之一。

对稍具规模的网站来说，一个网站地图不可能罗列所有的页面链接，可以采取只列出最主要部分的链接，如一级分类、二级分类的办法；还可以将网站地图分成多个，然后由一个页面链接起来。

2.13.2 XML 网站地图

采用 XML 文本是另一种网站地图的形式。文件本身必须采用 UTF-8 编码，此文件中列出了所有需要被收录页面的 URL。最简单的网站地图是一个纯文本文件，文件只列出页面 URL，一行列一个就可以了，如图 2-13 所示。

```
<?xml version="1.0" encoding="UTF-8"?>
<rss version="2.0"
     xmlns:content="http://purl.org/rss/1.0/modules/content/"
     xmlns:wfw="http://wellformedweb.org/CommentAPI/"
     xmlns:dc="http://purl.org/dc/elements/1.1/"
     xmlns:atom="http://www.w3.org/2005/Atom"
     xmlns:sy="http://purl.org/rss/1.0/modules/syndication/"
     xmlns:slash="http://purl.org/rss/1.0/modules/slash/"
     >
```

图 2-13　XML 网站地图

网站地图声明的更新频率对搜索引擎来说只是一个提示，供搜索引擎参考的。

robots.txt 文件中的网站地图需要在 robots.txt 文件中加入如下语句：

```
sitemap:https://www.liehe.com/sitemap.xml
```

所有的搜索引擎都支持在robots文件中放置网站地图。大中型网站提交网站地图通常有比较好的效果，可以收录概率增长。

2.14 链接优化

链接优化包括站内链接（内链）优化和站外链接优化，以及对各种形式链接的应用等。

2.14.1 单向链接

A网页链接了B网页，而B网页没有回链接A网页，即称为单向链接。

单向链接对网页本身的权威性要求很高，因为要让他人主动来给你做链接。这类网页一般都知名度很高，有很高人气。例如SEO业界比较知名的Zac的博客，文章质量非常高，很多SEO新手都主动引用了他的链接，可以说这个单向链接做得非常轻松。

单向链接积累到一定程度，你会发现反链效果也越来越明显了。

2.14.2 链接内容相关性

1个高质量的链接可以敌过3个不相关的链接。例如图2-14所示的这个网页，内容讲述的是劳力士手表，它链接的相关文章都是有关手表的，提高用户访问深度的同时，也提高了网站权重的全局导向。内容的相关程度在某些时候只能靠外链建设人员的常识和直觉来判断。

相关文章

· 18K金劳力士手表表壳的印记
· 怎样鉴别劳力士K金手表表带节是否为原装的
· 冒牌假表的典型特征之一 乱写标识

相关文章

· 鉴别改装劳力士手表的一个实例
· 劳力士手表的证书和它的真伪特征
· 金壳金带款“问题”劳力士手表的外观纰漏

图 2-14 有关劳力士手表的相关内容

2.14.3 锚文字

锚文字简单地讲就是超链接的文字部分。锚文字在优化上起核心导向的作用。一个网站首页获得的外部链接只用一个锚文本。锚文字中出现的目标关键词是最好的外部链接，在搜索引擎排名算法中占很大的比重，所以首页核心关键词的确定非常重要。

笔者把锚文字设定成一个网站外部的定位，什么样的锚文字指向什么样的网站，以便让搜索引擎更好地知道网站的主题。

2.14.4 链接位置

网页页脚、左侧和右侧导航中的广告部分，还有友链位置都是比较常见的放链接位置。

2.14.5 导出链接数量

一般来说页面中导出的链接越多，每个链接分到的权重也就越低，所以要注意控制导出链接的数量。

2.14.6 物理链接结构优化

优化物理链接的结构可以参考如下 13 点原则。

（1）主页链向所有的频道主页。

（2）主页一般不直接链向内容页，除非是非常想推的几个特殊的页面。

（3）所有频道主页都链向其他频道主页。

（4）频道主页都链回网站主页。

（5）频道主页也链向属于自身频道的内容页。

（6）频道主页一般不链向属于其他频道的内容页。

（7）所有内容页都链向网站主页。

（8）所有内容页都链向自己的上一级频道主页。

（9）内容页可以链向同一个频道的其他内容页。

（10）内容页一般不链向其他频道的内容页。

（11）内容页在某些情况下，可以用适当的关键词链向其他频道的内容页。

（12）频道划分为不同的分主题。

2.15 JavaScript 链接

搜索引擎只能抓取 a 标签里面的链接，暂时无法抓取 JavaScript 中的链接。为了让蜘蛛顺利爬行，应当尽量避免使用 JavaScript 链接，必须使用时，需要技术人员提供其他替代方案。

a 标签链接示例： <a href="https://www.liehe.com"> 猎河 </a>

2.16 网页内容

优化的核心是有好的内容。基于“内容为王”的优化提高了网站的搜索引擎排名、用户转化率，以及网站的流量。

2.16.1 原创文章

原创是指独立完成的首创的作品。互联网中抄袭现象严重，对搜索引擎而言，索引重复的内容没有任何意义。因此，各大搜索引擎都鼓励和支持原创文章，对原创内容给与优先展示的权利。如果一个网站大量抄袭其他网站内容，百度可能会拒绝收录并降低其信任评级。

搜索引擎判断原创的方法是第一次发现某内容的网址。如果你的文章发布后并没有被搜索引擎发现，别人抄袭后被搜索引擎发现了，那么原创就属于抄袭者。所以，产生内容后快速提交给搜索引擎是保障原创归属权的重要方法。

原创文章要精而且简洁，主题要一字不差地表达出来。内容要丰富，语句要流畅。原创文章可用以点带面的方式来写作。实践证明原创文章能得到蜘蛛的青睐。

2.16.2 内容的产生方式

1. 网站编辑

网站编辑通过网络对信息进行收集、分类、编辑、审核。这是各大新闻网站产生内容的主要方式，如搜狐、新浪等。

2. UGC

UGC（User Generated Content）指用户产生内容，如论坛帖子、自媒体文章、用户评论、B2C 购物平台的商品信息、旅游攻略等。合理引导用户发布内容，可以产生大量优质 UGC，提升搜索引擎对网站的喜爱程度。

3. 抓取重组

直接抓取复制不利于搜索引擎优化。从客户利益出发，对互联网上有用的信息抓取后重新组合，是快速补充网站内容的有利方式。

2.16.3 好的标题

标题的好坏直接决定用户是否会继续看你的文章。好的标题能起到画龙点睛的作用，能勾起浏览者点击的欲望。在标题中巧妙地加入推广关键词更利于SEO。

同时，一个好的标题从某种程度上来讲也体现着文章的质量。我们可以多参考人气社区里推荐的帖子，看看是怎么写的，再根据自己信息的特点加以改进。

一个热门标题和一个无人问津的标题差别究竟在哪里？先看下面两个标题：

（1）“10个减肥方法介绍”。

（2）“2016年你不知道的10个减肥新方”。

对比两个标题，你感觉哪个标题更有吸引力？毫无疑问是第2个标题。下面来分析两者之间的关系。

“10个减肥方法介绍”突出了主题，而带有数字性的感念，能给人以想象的空间，简单明了。

“2016年你不知道的10个减肥新方”是在原有标题的基础上添加了时间概念、数字概念和疑问点。这样写标题的好处是，更加深刻地给用户灌输了未来即将要流行的减肥方法的概念，同时也保留了减肥方法的个数。很奇怪的一点是凡是标题中加了数字的都更能吸引读者的好奇心。

下面总结两个标题的不同之处：

（1）第1个标题简单明了，但不能吸引浏览者继续点击的好奇心。

（2）第2个标题添加了几个好奇心元素：时间元素、数字元素和悬念点。

创造一个好的标题大致可遵循以下八点：

（1）时效性：尽量挑选与现状或即将发生的事件做题材标题。

（2）明星效应：利用人气明星效应来吸引目标群体。

（3）热门程度：当下能得到大众共鸣的热门事件和热门人物。

（4）好奇心：人都有感兴趣的事物，抓取某个特征点来吸引，如新鲜事物等。

（5）权威性：具有一定权威机构认证的。

（6）贪便宜心理：人都有贪小便宜的心理，免费送、包邮等会吸引人。

（7）争议性：有正面论证和反面论证的争议标题更吸引人点击。

（8）亲身经历：最容易让人产生信任感。

2.16.4 关键词密度

关键词密度即关键词频率，是某个关键词在网页中出现的总次数与其他文字的比例，用百分比表示。一般关键词出现的次数越多，其频率也越大。根据很多 SEO 实战者的经验，关键词密度控制在 2% ～ 8% 为最佳，而不是密度越大越优化越有利。关键词过大会导致被降权。

关键词出现的位置同样重要，关系到网页优化的合理性。可以在网页头部 head 标签中包含目标关键词，在正文的开头或中间部分以及段尾部分以最自然的手法引出关键词。切勿为了 SEO 而堆积关键词，物极必反，切记。

2.16.5 内容优化

文章开头部分直接决定了读者是否有兴趣看下去，因此有必要对网页内容高度概括一下，要简短而精炼。

文章叙述要简洁，不能为了凑篇幅而增加文字数量，内容过长，不宜让读者更有耐心看下去。文章如果超过 800 字，应尽量采用分页形式，可让读者视觉上更舒服，同时也给网站增加了页面浏览量。

网站内容要能帮助用户解决某些问题，而不是空空如也的范文。

文章内容的优化，要以用户体验为基准，以丰富真实的内容做后盾，来吸引访客，这样在提高搜索引擎排名的同时，还能提高网站的信任度。

2.17 站内锚文本

站内锚文本一般出现在导航、页底、页头、栏目名称里，由人工或程序自动链接其他页面做为内部链接。链接锚文字可以有各种选择。下面以阿里巴巴网站为例，页面 Logo 部分如图 2-15 所示。

图 2-15　阿里巴巴 Logo

图 2-16 所示是其对应的锚文本。

```
<div id="aliLogo">
    <a title="Manufacturers" href="http://www.alibaba.com/"> Alibaba.com </a>
</div>
```

图 2-16　Logo 对应的锚文本

图 2-16 所示就是阿里巴巴的 Logo 锚文本，文本中的 Manufacturers 是阿里巴巴国际站主要权重词，而 Alibaba.com 是阿里巴巴 Logo 锚文本。图 2-17 所示是去哪儿网导航栏的锚文本。

图 2-17　导航栏上的锚文本

良好的站内锚文本可以是重要的关键词或者长尾关键词，读者在实际操作中应该灵活地加以运用。

2.18 导航结构优化

网站导航主题是指引导用户访问指定的网站菜单、栏目、内容等。一个合理的网站导航也是权重互传的重要途径。导航结构越清晰，越有利于用户在短时间内找到自己喜欢的内容。

2.18.1 导航结构的作用

导航结构有如下三方面的作用。

（1）引导用户访问指定页面。其中全局导航、分类导航、辅助导航都是出于此目的进行的。

（2）理清网站的内容与链接间的联系。即对网站整理内容的一个索引和理解，这个最常见的应用就是网站地图和内容索引表，展示了整个网站的目录信息，帮助用户快速找到相应的内容。

（3）告诉用户所在网页位置。此作用在面包屑导航中得到了充分的体现，它帮助用户识别当前浏览的页面与网站整体内容间关系，以及其与网站中其他内容的联系和区别。

2.18.2 导航结构优化方法

导航结构优化包括下面四种方法。

1）全局导航一定要清晰、醒目

全局导航一般体现一级目录，通过全局导航用户和蜘蛛都可以深入访问到网站所有重要内容。全局导航采用文本链接导向栏目。

2）网站导航需用文字做超链接

为了美观而采用 Flash 按钮或者图片来做链接是非常不合理的，因为这些按钮中的链接很难被蜘蛛发现，而且在某些特殊情况下会出现图片因加载速度慢显示不出来、Flash 被阻止等情况。所以网站导航一定要用文本做链接。

3）建立面包屑导航

面包屑导航可以让用户对自己访问的页面栏目以及主页之间的层次结构上的关系一目了然，如图 2-18 所示。

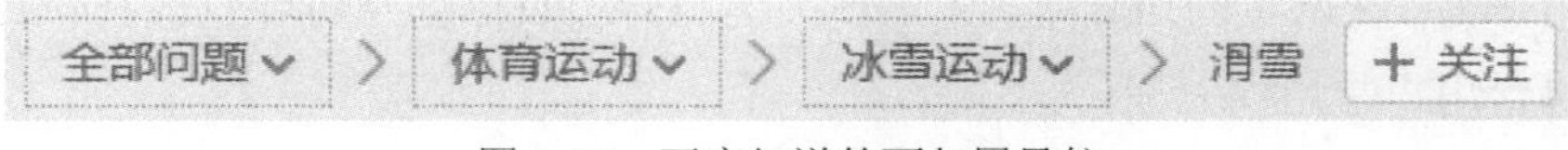

图 2-18　百度知道的面包屑导航

4）重要内容最好出现在首页

除了主目录，还应该将次级目录中的重要内容以链接的方式在首页或其他

子页中多次呈现，以突出重点。搜索引擎会对这种一站内多次出现的链接给予充分重视，对网页级别提高有很大帮助。这也是每个网站首页的网页级别一般高于其他页面级别的重要因素，因为每个子页都链接了首页。

2.18.3 应注意的因素

对于导航结构，下面几点需要特别注意。

（1）导航结构要清晰明了，这样可增加全局权重。

（2）超链接要用文本链接方式，以利于用户体验，利于蜘蛛爬行。

（3）各个页面要有相关链接，以增加用户的访问深度，加强权重的互相流动。

（4）每个页面的超链接尽量不要超过 100 个。

（5）URL 尽量采用静态地址，如某些因素不能实现，也尽量要用伪静态。

（6）要合理利用 description、title 标签来分布关键词的密度。

（7）网站内容要原创。

（8）要跟与自己网站定位相符的网站建立友链，达到外链的最大功效。

2.19 四处一词

前几节已经介绍了关键词在不同位置出现的重要性。为了便于记忆，本书引入了“四处一词”这个概念。四处一词是指在四个不同的位置，出现同一个关键词。这种方式更容易帮助搜索引擎判断页面主题，从而提升目标页面排名。四处分别为：标题（title）、关键词（keywords）和描述（description）、页面正文、锚文本（包含站内和站外锚文本）。

第一处：在网页的 title 标签中出现关键词。网页标题应概括网页的核心内容，并且包含用户常用检索词。

第二处：在页面的 keywords 和 description 标签中出现关键词。2009 年至今搜索引擎对这两个标签并不怎么重视，但一个好的描述文案可以吸引点击行为，间接提升流量和排名。

第三处：在页面的文本中出现关键词。正文中出现关键词以及相关词，有利于提升页面与关键词的相关性。刻意增加关键词数量造成关键词堆砌，可能会触发搜索引擎的反作弊算法，因此，按照正常的逻辑组织内容即可。

第四处：在锚文本中出现关键词。这里的锚文本包含站内锚文本和站外锚文本，也就是内链和外链。外链是其他网站对目标网站的描述，具有较高的可信性，对排名影响较大。

2.20 移动搜索优化

随着移动互联网时代的到来，大大为我们的生活带来了便利，这一便利主要还是源于智能手机的兴起，现实生活中几乎离不开智能手机了。据相关权威部门统计，人们在 PC 端的阅读时间大大降低，而看手机的时间越来越大。有需求就有商业价值存在，我们作为 SEO 从业人员自然不能放过机会，移动端的 SEO 优化显得更加重要了。

更值得一提的是，目前移动互联网才开始不久，很多网站还没有自己的移动端网站，所以这里存在着巨大的商机，谁先开发并做移动端优化，谁就能得到大把的流量。因此本节重点是介绍移动端优化的方法和思维，只要照着去做，获取流量不再是问题。

2.20.1 基础工作

1. 移动域名

移动域名的选择也是有一定讲究的，根据日常操作经验来看，搜索引擎比较喜欢二级域名，如 m.liehe.com、a.m.liehe.com 等。但笔者还是比较推荐 m.liehe.com 这种简短清晰的移动域名，感觉一目了然。

PC 端与移动端网址的对应关系示例如下：

PC 端：www.liehe.com。

移动端：m.liehe.com。

从用户第一印象的角度来看移动端网址好记，也方便输入。

值得注意的一点是移动端网站千万不要用子目录作为首页，如 www.liehe.com/m，这样会让蜘蛛迷惑，很难判断这是一个目录还是一个移动端网站。

2. HTML5 编码

HTML5 的语义更加简短明确，大大减少了网页字符串，更重要的一点是减少了对 JS 和 Flash 的依赖。HTML5 本身就有许多不错的特效可以实现。

根据百度官方提供的资料来看，采用 HTML5 布局的移动端，有加权重的效果，由此可见 HTML5 的各项优势已经非常明显。

从另一个角度看，SEO 主要迎合的对象就是搜索引擎，按照搜索引擎的要求来做，自然可以得到更多的加权。

3. 快速访问

现在是一个信息爆炸的时代，只要你的网页几秒钟内打不开，就有可能被关掉。搜索引擎也是一样的，它需要大量爬取页面，只要一个页面打不开，就极有可能影响蜘蛛的行为。

选择好的服务器和较高的宽带是快速访问的关键所在，千万不要为了节约成本而忽略了速度。

从搜索引擎的官方资料中看，搜索引擎对网页的打开速度非常重视的，对 PC 端和移动端采用 3s 打不开页面不参与排名的方案，可见打开速度是多么的重要。

2.20.2 简短 URL 设计

如果是新建立的移动端网站，推荐您使用比较简短的 URL，方便用户，也方便蜘蛛。如果是老网站的话，可以采用和 PC 端同步的网址设计。

移动端 URL 设计推荐示例：

首页：m.liehe.com。

频道页：m.liehe.com/x1/。

内容页：m.liehe.com/x1/1.html。

与 PC 端网址统一，示例如下：

PC 端网址：www.liehe.com/x1/n1/1.html。

移动端网址： m.liehe.com/x1/n1/1.html。

以上两种方式，具体采用哪种需要根据自己网站的实际情况来定。这里面最核心的思想就是简短。

尽量减少动态 URL 的出现，不要在 URL 中出现特殊符号。出现中文 URL 在移动端是更加不利的，这点一定要注意。

2.20.3 简要 title（标题）

智能手机的屏幕宽度有限，再加上这是一个信息爆炸的时代，内容要想得到网民青睐，title 是关键所在，原则上是要把最重要的信息放在前面。

通常情况下，我们学习大站的布局就能找到最好的优化方式，当然应用时也要结合自身网站的特点。下面来看一下新浪手机网的 title 布局，如图 2-19～图 2-21 所示。

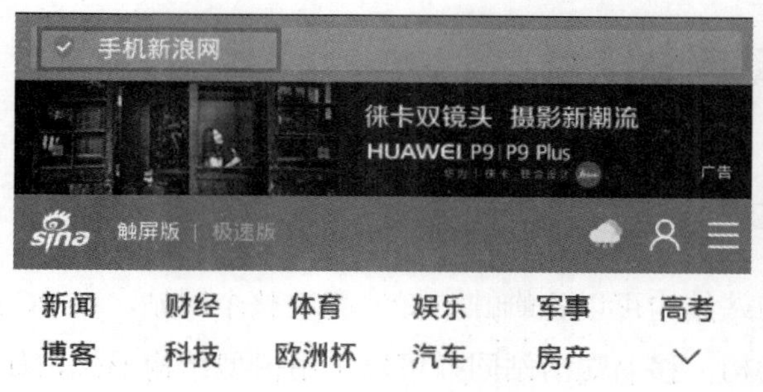

图 2-19 新浪手机首页 title

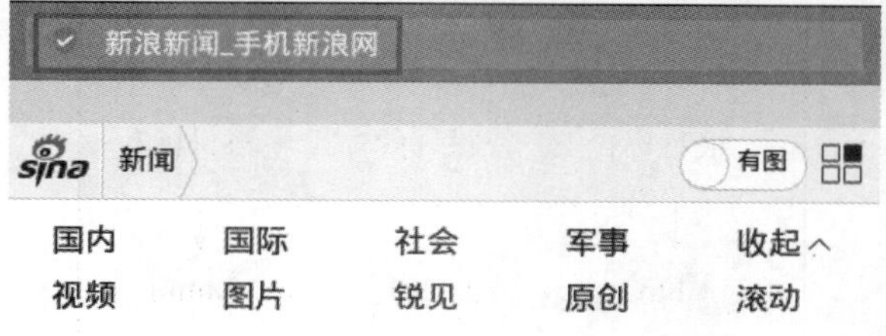

图 2-20 新浪手机新闻频道 title

图 2-21　新浪手机内容页 title

新浪是大站，从它的 title 布局来看，确实做到了简短、简要，把重要的信息都放在了最左边，能让浏览者一目了然知道此网页是什么主题的。

本书推荐的手机网站 title 布局如下：

首页：网站名称 _ 核心描述。

频道页：频道名称 _ 网站名称。

详情页：文章标题 _ 网站名称。

title 很重要，关系到网页的打开率和品牌的传达。精要的标题方便用户查阅，同样也方便引擎蜘蛛查阅。

2.20.4　移动网站结构

1. 树形结构

一个好的网站结构可以让蜘蛛更好地爬取整个网站，在 PC 端的优化中常常采用的是树形结构。移动端网站同样可以采用树型结构形式，如图 2-22 所示。

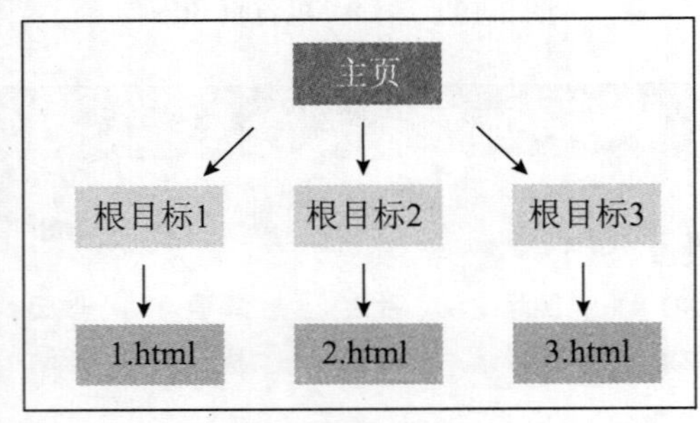

图 2-22　树型网站结构

采用树型结构时要注意，目录层级不要超过三级。很多 PC 端的优化方法同样适合移动端优化。

移动端目录层级应尽量少一些，如 m.liehe.com/xuexi。只有一个目录为最好，网站内容较多的情况下可以增加一个子目录。

移动端网站推荐的树形结构：首页、频道、内容页。

2. 网状结构

移动端网站同样要让每一个网页都链接到上一层网页，或者链接到下一层的网页。从首页到频道页，或者到内容页，再到页面与页面之间，都应该有合理的结构链接存在，这也更方便蜘蛛爬取整个网站的页面。这与 PC 端的链接结构是一样的，参见 2.14.6 节。

3. 面包屑导航

移动端网站要符合用户体验还必须包含一个清晰可见的网站导航，但据笔者的观察还是有很多移动网站没有这个导航的，浏览体验是很容易让读者犯迷糊。而在页面顶部放置一个面包屑导航则能更好地帮助用户浏览网页，如图 2-23 所示。

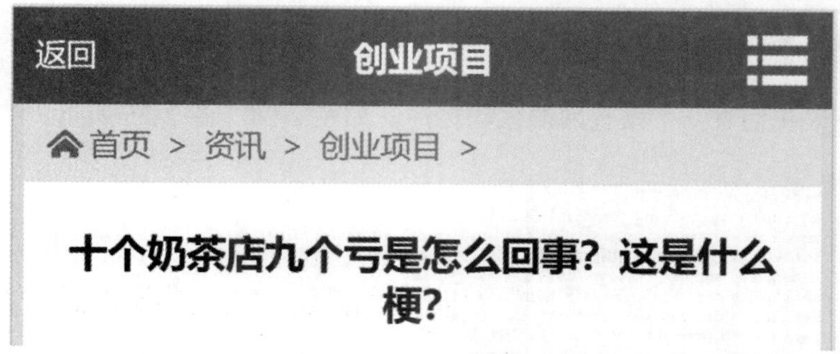

图 2-23　某网站面包屑导航

2.20.5　三种移动适配方案

移动端优化最重要的工作就是适配，让蜘蛛快速明白站点的移动端地址在哪儿，从而快速收录，以获得良好的排名。适配过的页面和没有适配过的页面排名还是有很大的差别的。本节我们重点来学习三种适配的方案。

1. 跳转适配

跳转适配：主要在访问时会检测用户使用的设备和UA，使用HTTP重定向或者HTTP标头重定向到相应设备的指定页面。简单地理解就是为每种设备专门设计符合浏览体验的网站页面，用户访问网站时跳转过去，不同设备跳转的网址都是不一样的。

跳转适配的好处是可以专门针对移动端网站来优化，单独拿出来进行页面优化和网站结构优化时，笔者还是比较推荐这个方案的。不过这个方案可能会增加一些开发成本，站长们要根据自己的实际情况来定。

为了让蜘蛛更容易发现移动端的地址，可以在PC端网页源代码中加入如下代码：

```
<link rel="alternate" media="only screen and (max-width: 640px)" href="http://m.liehe.com" >
```

在移动端加入以下代码：

```
<link rel="canonical" href="https：//www.liehe.com" >
```

接下来我们看一下站长网的代码标注，如图2-24、图2-25所示。

```
<head>
    <meta charset="UTF-8">
    <meta http-equiv="x-ua-compatible" content="IE=edge">
    <meta name="viewport" charset="width=device-width,initial-scale=1">
    <title>A5创业网 - 互联网创业者必看的网站 关注站长、电商、科技</title>
    <meta name="author" content="A5创业网"/>
    <meta name="keywords" content="创业资讯、创业新闻、创业学院、创业平台、站长网站、站长之家、站长信
    <meta name="description" content="A5创业网是国内领先的创业资讯和服务平台，提供权威的创业资讯和精
    <meta name="Copyright" content="A5创业网版权所有" />
    <meta name="applicable-device" content="pc">
    <link rel="alternate" media="only screen and (max-width: 640px)" href="http://m.admin5.com/" >
    <meta name="mobile-agent" content="format=html5;url=http://m.admin5.com/" />
    <meta name="mobile-agent" content="format=xhtml;url=http://m.admin5.com/" />
    <meta http-equiv="Cache-Control" content="no-transform " />
    <link rel="stylesheet" href="http://img.admin5.com/templates/default/a5start/css/reset.css">
    <link rel="stylesheet" href="http://img.admin5.com/templates/default/a5start/css/home.css">
    <script type="text/javascript" src="http://img.admin5.com/templates/default/a5start/js/wxHide.js"
    <script src="http://apps.bdimg.com/libs/jquery/2.1.4/jquery.min.js"></script>
    <script src="http://img.admin5.com/js/config.js"></script>
    <script src="http://img.admin5.com/js/lib/jquery.cookie.js"></script>

</head>
```

图2-24　站长网PC端代码展示

```
<!DOCTYPE html>
<html lang="zh-CN">
<head>
    <meta http-equiv="Content-Type" content="text/html; charset=utf-8">
    <meta http-equiv="X-UA-Compatible" content="IE=edge">
    <meta http-equiv="Cache-Control" content="no-cache">
    <meta name="viewport" content="width=device-width, initial-scale=1.0, maximum-s
    <meta name="MobileOptimized" content="240">
    <title>A5创业网 - 互联网创业者必看的网站 关注站长、电商、科技</title>
    <meta name="keywords" content="创业资讯、创业新闻、创业学院、创业平台、站长网站
    <meta name="description" content="A5创业网是国内领先的创业资讯和服务平台，提供
    <meta name="applicable-device" content="mobile">
    <link rel="canonical" href="http://www.admin5.com/">
    <link rel=stylesheet href="http://m.admin5.com/static/css/base.css">
    <link rel=stylesheet href="http://apps.bdimg.com/libs/bootstrap/3.3.4/css/boots
    <link rel=stylesheet href="http://m.admin5.com/static/css/bootstrap-responsive.
    <link rel=stylesheet href="http://m.admin5.com/static/css/public.css">
    <link rel=stylesheet href="http://m.admin5.com/static/css/main.css">
    <link rel=stylesheet href="http://m.admin5.com/static/css/media.css">
    <link rel=stylesheet href="http://m.admin5.com/static/css/reset.css">
    <script type=text/javascript src="http://apps.bdimg.com/libs/jquery/1.8.2/jque
```

图 2-25　站长网移动端代码展示

2. 代码适配

代码适配：采用相同的网址，根据用户不同的浏览器，针对不同设备类型生成不同的HTML。代码适配唯一的缺点是需要为不同的设备创建不同的页面，会增加很大工作量。但在性能展示上这种方法能发挥最大效果。

代码适配的优化工作主要集中表现在Vary HTTP标头和Meta applicable-device标注上。

1）Vary HTTP标头

Vary HTTP标头的主要作用是告知搜索引擎，此站点采用了代码适配机制，从而让搜索引擎能更快地对网站进行适配。只要是适配好的网站，搜索引擎就能根据不同浏览器的UA，展示最好的浏览页面。图2-26所示是Vary HTTP标头示例。

```
GET /page-1 HTTP/1.1
Host: www.example.com
(...rest of HTTP request headers...)

HTTP/1.1 200 OK
Content-Type: text/html
Vary: User-Agent
Content-Length: 5710
(... rest of HTTP response headers...)
```

图 2-26　Vary HTTP 标头示例

2）applicable-device 标注

applicable-device 标注的主要作用是告诉蜘蛛该网页的性质。通俗地讲就是声明该网页适合在 PC 端浏览，还是适合在移动端浏览，以减少蜘蛛的工作量，增加爬取的效率。

applicable-device 标注代码放在 <head></head> 中间，规则和对应关系如下：

PC 端网页代码：<meta name="applicable-device"content="pc">。

移动端网页代码：<meta name="applicable-device"content="mobile">。

自适应网页代码：<meta name="applicable-device"content="pc,mobile">。

接下来看一下知名站长网 A5 创业网的 applicable-device 标注，图 2-27、图 2-28 所示分别是站长网 PC 端和移动端的 applicable-device 标注。

```
<!DOCTYPE html>
<html>
<head>
    <meta charset="UTF-8">
    <meta http-equiv="x-ua-compatible" content="IE=edge">
    <meta name="viewport" charset="width=device-width,initial-scale=1">
    <title>A5创业网 - 互联网创业者必看的网站 关注站长、电商、科技</title>
    <meta name="author" content="A5创业网"/>
    <meta name="keywords" content="创业资讯、创业新闻、创业学院、创业平台、站长网站
    <meta name="description" content="A5创业网是国内领先的创业资讯和服务平台，提供
    <meta name="Copyright" content="A5创业网版权所有" />
    <meta name="applicable-device" content="pc">
    <link rel="alternate" media="only screen and (max-width: 640px)" href="http://
    <meta name="mobile-agent" content="format=html5;url=http://m.admin5.com/" />
    <meta name="mobile-agent" content="format=xhtml;url=http://m.admin5.com/" />
    <meta http-equiv="Cache-Control" content="no-transform " />
    <link rel="stylesheet" href="http://img.admin5.com/templates/default/a5start/c
    <link rel="stylesheet" href="http://img.admin5.com/templates/default/a5start/c
    <script type="text/javascript" src="http://img.admin5.com/templates/default/a5
    <script src="http://apps.bdimg.com/libs/jquery/2.1.4/jquery.min.js"></script>
    <script src="http://img.admin5.com/js/config.js"></script>
```

图 2-27　A5 创业网 PC 端页面标注

```
<!DOCTYPE html>
<html lang="zh-CN">
<head>
    <meta http-equiv="Content-Type" content="text/html; charset=utf-8">
    <meta http-equiv="X-UA-Compatible" content="IE=edge">
    <meta http-equiv="Cache-Control" content="no-cache">
    <meta name="viewport" content="width=device-width, initial-scale=1.0,
    <meta name="MobileOptimized" content="240">
    <title>A5创业网 - 互联网创业者必看的网站 关注站长、电商、科技</title>
    <meta name="keywords" content="创业资讯、创业新闻、创业学院、创业平台
    <meta name="description" content="A5创业网是国内领先的创业资讯和服务
    <meta name="applicable-device" content="mobile">
    <link rel="canonical" href="http://www.admin5.com/">
    <link rel=stylesheet href="http://m.admin5.com/static/css/base.css">
    <link rel=stylesheet href="http://apps.bdimg.com/libs/bootstrap/3.3.4
    <link rel=stylesheet href="http://m.admin5.com/static/css/bootstrap-i
```

图 2-28　A5 创业网移动端页面标注

3. 自适应

自适应：访问同一网址，读取相同的 HTML 代码，通过屏幕尺寸的调整来优化各个设备的浏览体验。此方法的好处是不用考虑各个设备的特点，只根据屏幕的大小来调整网页，简单地理解就是让网页处于一个按百分比延伸状态。其缺点就是开发代码的成本比较高，花费的时间会长一些。

自适应方式除了优化页面 HTML 代码外，还需要在 head 部分添加 <picture> 标签和 applicable-device 标注。

<picture> 标签采用可声明方式来加载图片。网页开发者不必非要用 CSS 和 JS 来处理响应式的图片加载。自适应方式的好处是提高了加载速度——尤其是在移动端网络情况不好时。下面就是在 <picture> 标签中设置自适应方式的代码形式：

```
<meta name="viewport" content="width=device-width, initial-scale=1.0">
```

自适应页面还需要加入 PC 端和移动端共同浏览的标识，代码如下：

```
<meta name="applicable-device"content="pc,mobile">
```

无论何种适配方式，都有其优缺点，站长们需综合考虑根据自己网站的实际情况来选择。如果想要了解更详细的移动端方案，可以参考百度官方文档。

2.20.6 提交移动网站

优化好了移动端网站，还必须提交给搜索引擎才行，以百度搜索为第一选择。本节介绍百度站长后台提交移动端的方法。

1. 在站点管理页面中提交

在百度站长平台里的站点管理页面中，可以提交移动站点和 PC 站点，如图 2-29 所示。

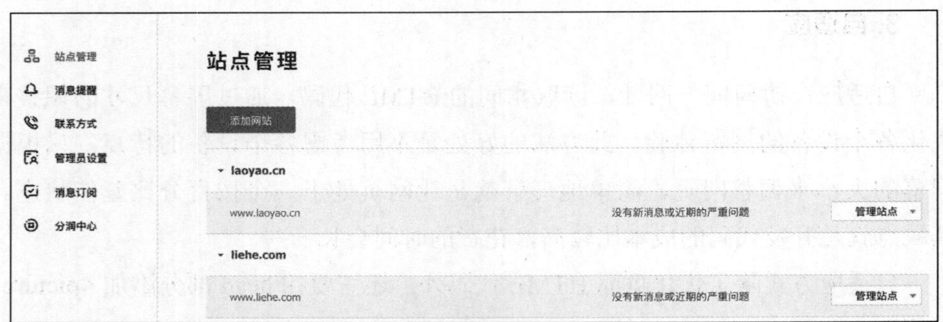

图 2-29　站点管理页面

除了用于提交移动网站外，在此还能添加自适应网站和代码适配网站，如图 2-30 所示。

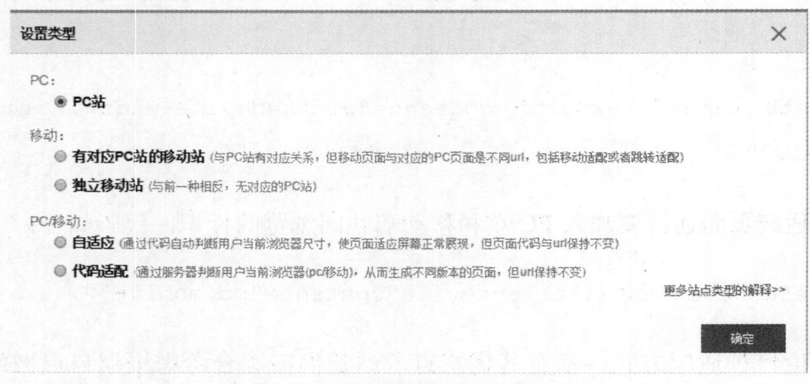

图 2-30　设置 PC 站和移动站选项

2. 添加适配关系

打开百度站长后台，单击移动适配工具，选择好要适配的 PC 端网站，即可添加适配关系。适配网址有规则适配和 URL 适配两种。

1）规则适配

PC 端的地址和移动端地址是存在相同点的，如 PC 地址为 www.liehe.com/01/3.html，移动地址为 m.liehe.com/01/3.html，从整体看起来几乎是一样的，都在 01 目录下，格式都是 123.html，完全能对应上。官方比较推荐使用此适配方式。

由此得出规则适配方案如图 2-31 所示。

提交方式

◉ 提交单条规则 ○ 提交多条规则

使用单条提交可以帮您实时校验并反馈表达式中的错误

1.提交规则 填写PC-移动URL的正则表达式 正则格式说明

PC URL表达式： http://www.liehe.com/(\d+)/(\d+).html

移动URL表达式： http://m.liehe.com/${1}/${2}.html

2.提交验证URL对 提交三对包含在上述适配规则中的PC-移动URL对

第1对：	http://www.liehe.com/01/123.html	http://m.liehe.com/01/123.html
第2对：	http://www.liehe.com/02/124.html	http://m.liehe.com/02/124.html
第3对：	http://www.liehe.com/03/125.html	http://m.liehe.com/03/125.html

图 2-31 猎河网址适配参数

PC URL 表达式：http://www.liehe.com.com/（\d+）/（\d+）.html。

移动 URL 表达式：http://m.liehe.com /${1}/${2}.html。

将 PC 地址和移动端地址规范统一地对应起来，然后提交等待校验证就可以了，如果发生校验错误会有相应的提示，根据提示来修改即可。

常用的适配参数有：

- 纯数字：（[0-9]+）或（\d+）。
- 纯字母：（[a-zA-Z]+），包括字母大小写的情况。
- 字母＋数字：（（?:[a-zA-Z]+[0-9]+|[0-9]+[a-zA-Z]+）[a-zA-Z0-9]+）或者写成（[a-zA-Z0-9]+）。

2）URL 适配

此适配规则是在规则适配不能满足现有方案的情况下才考虑使用，将主题内容相同的 PC 端和移动端链接提交给百度：文件格式为每行两个 URL，分别是 PC 端链接和移动端链接，中间用空格分隔。一个文件最多可以提交 5 万对 URL，可以提交多个文件。

2.20.7 移动用户体验

移动端设备屏幕变小了，如果还是采用基于PC端的优化体验，肯定是非常糟糕的，所以要在移动端方面做一些适合手机屏幕浏览体验的改进。

1. 页面加载速度

据相关统计，用户能接受的页面加载时间在3s以内，也就是说如果页面加载时间过长，基本上就会被关掉，从而流失了用户。搜索引擎官方也非常注重加载速度，这是一个很重要的排序因素。

2. 页面结构优化

移动端设备的界面非常的小，所以要尽可能地把主体部分全面展示出来，这样用户就不必左右滑动页面来浏览。

一般页面结构推荐：顶部为标题区、中间是内容区、尾部是相关内容。图2-32所示是猎河科技网站的某页面，很简洁的浏览结构。

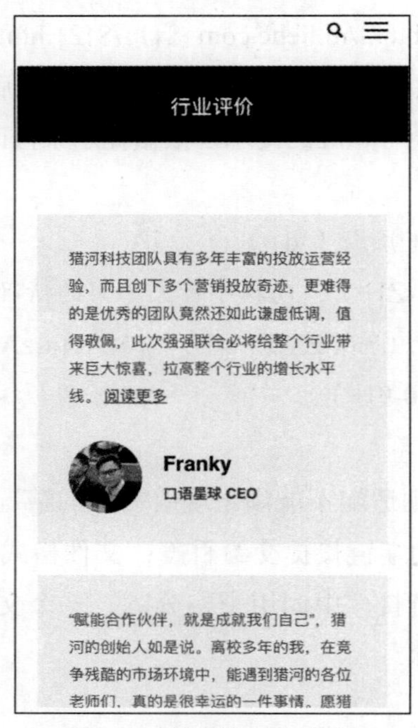

图2-32 猎河科技内容页

3. 页面浏览优化

在移动端，除了合理的页面结构外，还需要对文字和图片进行优化设置。下面是推荐的移动端浏览体验设置：

（1）主体内容含文本段落时，正文字号推荐用14px，行间距推荐（0.42～0.6）× 字号，正文字号不小于10px，行间距不小于0.2× 字号。

（2）主体内容含多图时，除图片质量外，应设置图片宽度一致，位置统一。

（3）主体内容含多个文字链接时，文字链接字号推荐用14px或16px。字号为14px时，纵向间距推荐设置为13px；字号为16px时，纵向间距推荐用14px；文字链整体可点区域不小于40px。

（4）主体内容中的其他可点区域，宽度和高度应大于40px。

（5）此外，需注意交互的一致性，同一页面不应使用相同手势完成不同功能。

（6） 不存在遮挡主体内容的广告元素。

通过以上6项优化设置，将大大提升移动端的用户浏览体验，留住了用户的同时，也得到了搜索引擎蜘蛛的青睐。

第 3 章 站外篇

站外优化主要指外部链接（也称，外链）建设。链接，对于 SEO 人员来讲非常重要，因为它对网站的排名起着至关重要的作用。本章会对站外优化相关内容进行详细说明，包括友链、网站目录、链接诱饵等具有代表性的外链方法。

3.1 外部链接

外部链接是指其他网站的页面有指向你的网站的链接，可以是 A 网站与 B 网站之间互换首页链接、频道链接，也可以是通过软文发布在其他网站的单向链接。通过交换或发布相关度高的网站可以提升自身网站的权重。

高质量外部链接必备因素包括如下三点。

（1）相关性。假设 A 网站属于健康类站点，B 网站也属于健康类站点，两站点互换链接就是一个高相关度的链接。从用户体验上讲，一个访客如果有找健康类网站的动机，进入 A 网站后如果发现无需要的健康信息，可以借助 A 网站上的B网站链接点击进入B网站，继续寻找自己想要的信息。

（2）信任度。信任度包括域名的年龄、信息质量度、网站规模等。

（3）收录数量。收录的多少直接影响到网站整体流量的大小。

谷歌的管理工具可以列出外部链接使用的锚文字，这也使SEO人员可以清楚地看到自己要排名的关键词是否有足够的外部链接支持。

3.1.1 外部链接的作用

外部链接可以有效增加网站的整体权重，相关度高的链接作用是巨大的。外部链接在优化过程中是必不可少的，它实际就是一种投票的形式，A网站链接B网站相当于A网站给B网站投了一票。搜索引擎也会认为B网站是一个高质量的网站，权重方面也得到一定的提升。

3.1.2 实现外部链接的具体方法

实现外部链接的方法有很多，下面列举一些比较常用的方法。

（1）原创一些高质量的文章投放到各大相关主题网站，让其转载以获得权重加分。

（2）做友链。这是现今用得最为广泛的一种方法，效果也很明显。

（3）查找竞争对手，联系并商量互相交换链接，要靠耐心和坚持来做。

（4）搜索引擎自家的产品权重很高，如百度知道、百度问答等，可以尝试在搜索引擎自家的产品中留链接。

（5）多去别人的博客上留言，特别是与你博客主题相关的。现在的一些博客系统都支持带链接的留言了，以这种方式获得的链接又快又好。

（6）制作一套精美的主题模板，可以是WordPress模板，然后发布出去，只要有人用你制作的模板，10个人用了等于10个人给你做了单向链接，而且都是最相关的。也可以制作在线查询工具，只要质量过关自然有人主动链接你。

（7）制作符合某个主题的电子书籍、插件之类的内容，提供免费下载，要让用户感觉是独一无二的，有价值的。唯一的要求就是让对方做一个友善的链接。

（8）客座博客，这在国外十分流行。你可以邀请博主来你的博客写文章，

同时保留对方博主博客链接；同时，你也可以主动为别的博主写文章，并且要求对方保留你博客的链接。这和投稿不同，客座博客的链接更具权威性，同时也能促进博主之间的交流与友情，实现真正的“友链”。

（9）把网站提交给 DMOZ（开发目录）或其他免费目录。目前几大搜索引擎都对其分类目录特别重视，如果网站登载了质量比较高的分类目录（如 DMOZ、hao123、360 导航等），则该网站必定会在搜索引擎中得到更高的重视。

3.2 外链锚文本

外链锚文本与网站主题的权重关键词要尽量相关，这个外部链接在权重方面也自然比较高。

下面来看实例，中国站在各网站的链接情况如图 3-1 ～图 3-4 所示。

阿里巴巴集团： 阿里巴巴网络 - 中国站 国际站 日文站 | 淘宝网 | 支付宝 |

图 3-1 淘宝网页脚中的中国站链接

阿里巴巴集团： Alibaba.com 中国站 国际站 淘日本 | 淘宝网

图 3-2 阿里巴巴页脚中的中国站链接

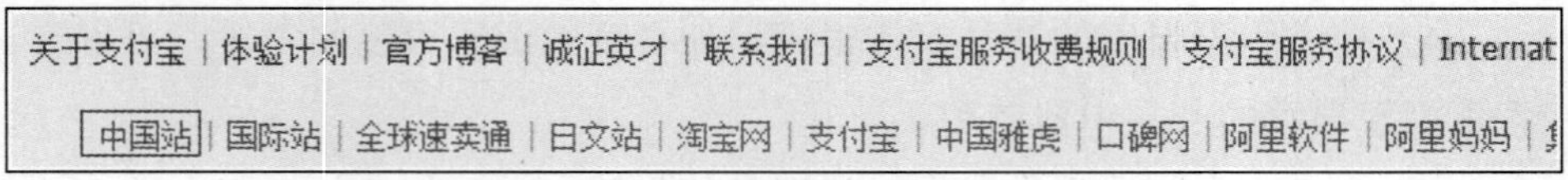

关于支付宝 | 体验计划 | 官方博客 | 诚征英才 | 联系我们 | 支付宝服务收费规则 | 支付宝服务协议 | Internat

中国站 | 国际站 | 全球速卖通 | 日文站 | 淘宝网 | 支付宝 | 中国雅虎 | 口碑网 | 阿里软件 | 阿里妈妈 |

图 3-3 支付宝页脚中的中国站链接

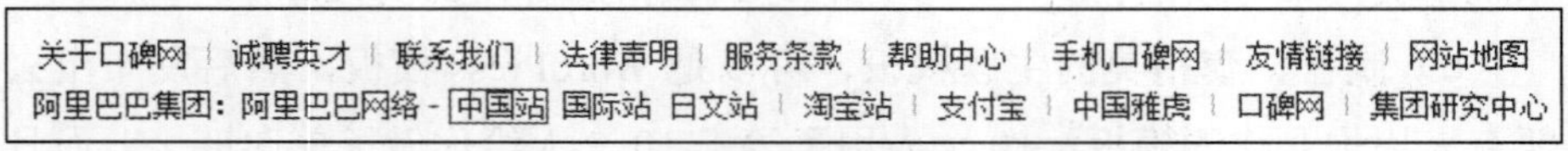

关于口碑网 | 诚聘英才 | 联系我们 | 法律声明 | 服务条款 | 帮助中心 | 手机口碑网 | 友情链接 | 网站地图

阿里巴巴集团：阿里巴巴网络 - 中国站 国际站 日文站 | 淘宝站 | 支付宝 | 中国雅虎 | 口碑网 | 集团研究中心

图 3-4 口碑网页脚中的中国站链接

然后从百度搜索关键词“中国站”，结果如图 3-5 所示。

由图 3-5 可见，阿里巴巴网站排名在第一位，而此页面中并没有任何的“中国站”文本字样，实际上该页面的标题是“阿里巴巴 1688.com - 全球领先的采购批发平台，批发网”，如图 3-6 所示。由于阿里巴巴集团下的淘宝网、支付宝、口碑网、阿里日本站页脚都有“中国站”字样，搜索引擎在索引过程中已经把阿里巴巴中国站认定为中国站关键词特定网站了，所以在百度搜索结果中就会出现阿里巴巴网站，并且搜索引擎为了让搜索体验更好，还会自动修改展示结果的标题。这就是外链锚文本统一的威力。

Bai百度
中国站
百度一下
网页 资讯 视频 图片 知道 文库 贴吧 采购 地图 更多»
百度为您找到相关结果约97,000,000个
搜索工具
阿里巴巴中国站
1688
阿里巴巴(1688.com)批发网是全球企业间(B2B)电子商务的著名品牌,为数千万网商提供海量商机信息和便捷安全的在线交易市场,也是商人们以商会友、真实互动的社区平台。...
阿里巴巴 - V3 - 百度快照 - 6080条评价
浪潮云-构建云+数全生态,让计算无处不在
浪潮云正在全球部署云+数战略,依托在政府,行业领域30余年的经验,为用户提供真正安全可信,个性定制的IaaS,PaaS,DaaS等云计算服务!
inspur 浪潮
浪潮云计算 - V2 - 百度快照 - 评价
中国站长站|
站长之家(中国站长站)为个人站长与企业网络提供全面的站长资讯、源代码程序下载、海量建站素材、强大的搜索优化辅助工具、网络产品设计与运营理念以及一站式网络解决...
www.chinaz.com/ - 百度快照 - 1716条评价

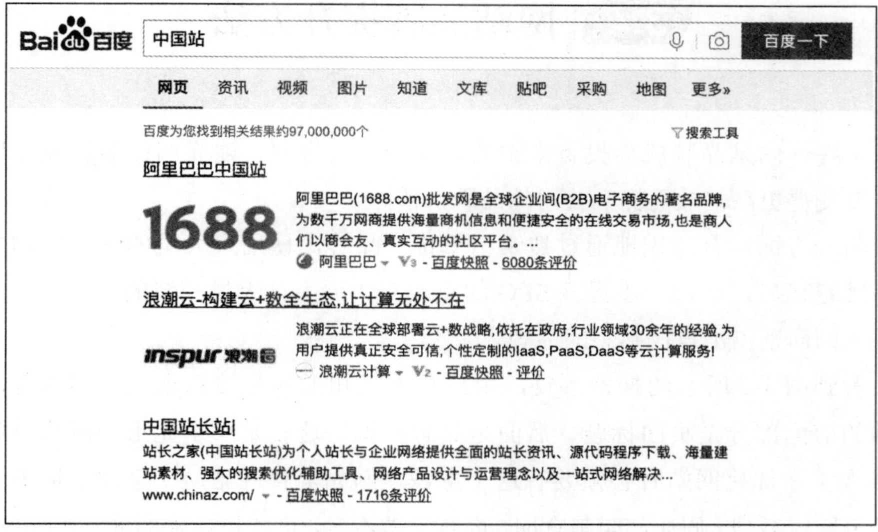

图 3-5　用百度搜索关键词“中国站”

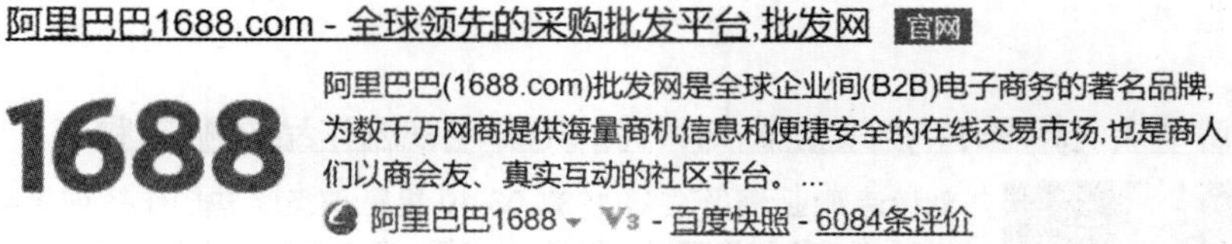

阿里巴巴1688.com - 全球领先的采购批发平台,批发网 官网
1688
阿里巴巴(1688.com)批发网是全球企业间(B2B)电子商务的著名品牌,为数千万网商提供海量商机信息和便捷安全的在线交易市场,也是商人们以商会友、真实互动的社区平台。...
阿里巴巴1688 - V3 - 百度快照 - 6084条评价

图 3-6　阿里巴巴首页标题

3.3 拓展友链的思路

友链是一种基于相近行业的相互推荐。合理的友链一直被搜索引擎算法采纳。友链明显的缺点是基于域名级页面，很少有网站愿意进行目录或页面级的

友链交换。这就造成了友链数量较少，无法获取大量的“投票”。

为了解决这个问题，有条件的网站可以通过二级域名的形式组织网站内容。例如，58 同城各城市首页使用 bj.58.com，而不是 www.58.com/bj/。

3.4 网站品牌提升方法

现在，网站品牌成为投资未来的一张牌。一方面，建立网站品牌能让用户忠诚度变得更高，从而提升公司的品牌价值。

另一方面，有意识地通过搜索引擎推广品牌，使用户大量的触达影响并形成品牌记忆后，会进一步提升 SEO 的点击率。因为在大量相似的内容里，用户会更加倾向于点击自己熟悉的品牌。

看到图 3-7 所示的搜索条目，用户马上就知道这是搜狐视频里的内容，其标题的前面部分是页面标题，后面是品牌标识。这就是一个无形的网络品牌，SEO 人员在优化网站时必须要有这个意识。例如美食网站，大家都知道美食网站竞争比较激烈，假如都叫美食网，内容又差不多，谁能记住你的网站呢？因此，要给网站加上一个无形的品牌，如“令建美食网”，这就比美食网在品牌效应方面强很多。

刘诗诗个人资料/图片/视频全集-刘诗诗的电影电视剧作品-搜狐视频

刘诗诗 职业:演员 生日:1987-03-10 星座:双鱼座 热门作品 如果可以这样爱(TV版) 如果可以这样爱(DVD版) 那年青春我们正好 风中奇缘(TV版) 风中奇缘(...

https://tv.sohu.com/star/Mjc0N... - 百度快照

图 3-7 搜狐视频品牌

其实 SEO 优化主要的工作就是提升网站的品牌，只有慢慢地建立自己的品牌才有生存下去的希望。

3.5 网站目录提交

提交和登录网站目录是早期常用的网站推广手法。在搜索引擎出现之前，网上用户大多是通过网站目录来寻找网站的，比较有名的如雅虎目录、开放目录等。

被高质量的网站目录收录对SEO有重要的意义，因为会带来不错的外部链接。所以寻找并提交网站到网站目录，是SEO人员必做的功课。

像hao123这种网站目录，流量巨大，如果能登录上去，不仅有利于网站权重的提升，也会对网站的流量增加有显著帮助。

3.5.1 提交前的准备

提交网站目录前必须注意以下几点：

（1）网站内容必须以原创为主，高质量的目录不会收录那些伪原创的网站。

（2）网站已经全部建成，不能出现404页面错误、打不开的链接、显示打叉的图片、网站正在建设等字样等问题。

（3）页面设计要达到一定的水准。

（4）联系方式要齐备。

（5）事先要写好提交过程中可能需要用到的三个信息：网站标题、网站说明和关键词。

3.5.2 寻找目录

寻找目录最简单的方法是在百度和谷歌上搜索，使用的关键词自然是“网站目录”“网址大全”“网站登录”等。

也可以查找竞争对手都在哪些目录中被收录，通过查看对手外链就能找到很多网站目录。

3.5.3 网站提交

找到要提交的网站目录后，还要选择一个正确的目录来提交。

现在很多网站目录要求加它的友链，才会批准收录网站，因此是否添加要站长自己决定。

提交的所有目录都要做记录，包括目录地址、提交时间、被收录时间、被收录的具体类别等。

3.6 链接诱饵

所谓链接诱饵在于制造亮点以吸引眼球，从而吸引用户的注意力，主动转载文章留下链接的过程。Matt Cutts 在他的博客里就曾经推荐过链接诱饵。

3.6.1 链接诱饵的方式

链接诱饵有如下一些方式。

（1）网络软文。通过书写高质量的原创软文，发布到各大相关门户网站，作为链接诱饵。本身是自创型的文章不会被人当做是广告而删除。但需要注意的是，安插的链接不要太多，否则会由文章直接转型成了广告，这样被广泛转载的概率就会大大降低。还有，软文的核心内容要用户喜欢，老掉牙的东西再写就没有意义了。

（2）如果自身写作水平有限，不能写出精彩的稿件，建议花钱请人写。稿件类型的选择要结合网站自身情况，切勿盲目行事。

（3）导出链接。如果不能通过征文来打动站长、SEO 人员，那么可以尝试导出链接，原因很简单，因为他们都有查找外链的习惯。这个过程通常是暂时的，当然你确实觉得网站值得单向导出链接，那么就长期导出。而当其他站长、SEO 人员困惑不解找到你的站点并发现你的站点确实不错时，链接的机会就来了。

（4）公益赞助。给一些公益组织网站赞助点费用，他们会为了你的爱心做链接，而当同样有爱心的人经常发现你的赞助链接时，他们也会觉得你这个网站是值得尊敬的，于是你的单向导入链接就不局限于那些被赞助的公益网站了。

（5）免费工具。如果有时间和能力制作一个简单实用的免费工具，不仅在下载站点可以获得链接，而且你的工具升级也将吸引用户继续来的你网站，久而久之当厌倦了从百度、下载站来找你的更新版本，用户会直接把你的网站加入书签或自己的博客收藏链接里。同理，这一方法也适用于博客模板、开源程序模板等的拓展。

（6）赠送礼品。准备些网民日常比较喜欢的小礼物，例如免费资料。很多网民喜欢免费的东西，所以需要你花少量的资金送点礼品，但不是一次发完，而是定期的发放。于是为了能够在第一时间抢到，他们会频繁光顾你的网站，而且当你发放时，他们不断地向QQ上的好友推荐，或者在论坛、博客上进行宣传。如果这份礼物非常有吸引力，大量的链接就会蜂拥而至。

（7）新闻资讯。根据CNNIC的网民情况和网络应用情况调查，看新闻是大部分人每天必做的事。新浪是百度的种子网站，更新速度很快。所以SEO要做的是发现一热门新闻，第一时间报道。如果你没有新闻采编权，那就第一时间评论，别忘了插入链接，加“首发”之类的字样，然后向递交了搜索新闻协议的网站发送。

（8）炒作八卦。没有什么比互联网娱乐八卦更强大的链接诱饵了。互联网造就了一代又一代网络红人，但别人是看网络红人，我们要研究的是“链接诱饵”。有兴趣的读者可以搜集明星或网络红人的资料写一篇分析报告，也可以搜集明星或网络红人的照片视频进行专辑整理。如果这些条件都没有，你还可以写一篇“××××，我的最爱”之类的文章发到猫扑、天涯，也会吸引不少的流量。

（9）病毒营销。病毒营销是通过受众的主动分享，让营销信息像病毒一样传播和扩散。一个好的病毒营销可以在短时间内把信息快速传播到数以百万计的受众。链接诱饵也可以借鉴这种模式，让网站在受众快速传播。

（10）知识链接。百度知道、知乎等网站的火爆一方面反映了人们对了解知识的需求，另一方面是对新名词的兴趣，如本章涉及的“链接诱饵”“外链”等。SEO需要做的是建好链接，争取把诱导词排到搜索结果第一位。如果你选的词排名第一位的已经被学科性网页代替，那么表示选词存在问题。然后把这些贡献给百度百科等wiki类网站，并集中整理精选FAQ集，再以知识性总结，如“××的十种方法”这种文章形式传播出去。

3.6.2 链接诱饵的制作

链接诱饵的制作分为以下六个步骤。

（1）选择目标对象。链接诱饵的最终意义在于对方网站站长能主动转载你的文章，因此，制作诱饵时要符合这部分人的需求，靠着口口相传的传播方式传播出去。

（2）寻找链接诱饵的素材。可以去各大人气网站查看现时段最为热门的信息，也可以通过百度搜索风云榜、微博指数等寻找素材。

（3）标题的制作。仅有好的内容是远远不够的，必须要有一个吸引人的标题，要知道大众一般都是先看标题再看内容，标题不吸引人自然也不会有人看内容。类似于“十大最好的×××”这样的标题往往传播得很快。

（4）精准内容，放弃广告。现在的用户都比较聪明，是不是广告一眼就能看出来，所以尽量放弃植入广告。

（5）加上分享的按钮。链接诱饵需要放置方便分享的按钮，很多用户喜欢分享。

（6）设计与排版。仅有吸引人的标题和精彩的内容往往还不够，还需要合理地排版，让用户更容易阅读。

3.7 搜索霸屏

所谓搜索霸屏就是在各大高权重网站发布大量信息，达到关键词霸屏的效果。这种方法特别适合竞争度很小的词或者企业品牌信息布局。本节以搜外网为例来介绍这种方法。图3-8所示是SEO品牌搜外的网站信息，可以看到搜索页面中全都是网站的正面信息，或自有信息。只要搜索关键词“搜外”，看到的就是正面的信息，会大大提升品牌的可信度。

图 3-8 搜外霸屏效果

简单粗暴正是搜索霸屏的魅力所在，本节将介绍如何在搜索引擎上做到霸屏效果，以百度搜索为例。

3.7.1 了解竞争程度

要达到霸屏效果，首先要了解关键词的竞争程度。竞争难度太大的关键词不太适合做霸屏，比较适合竞争程度小一些的关键词。

如果关键词搜索结果中的网站具备以下特征，说明竞争程度较小，可以使用霸屏技术。

（1）没有一级域名排名网站，即 www.liehe.com 为一级域名。

（2）没有大型网站或网站二级名录处于排名。

（3）判断网站页面有无刻意优化的痕迹。

（4）查询排名网站发布时间。

（5）观察关键词竞价广告情况。

通过观察以上五点，基本就能判断出关键词是否适合作为霸屏关键词了。

3.7.2 选择高权重网站

确定好了霸屏关键词之后，就要着手选择高权重网站了。高权重网站有很多，要根据自己行业的特性来选择。

高权重网站分为如下七类：

（1）博客平台，如新浪博客、天涯博客、网易博客等。

（2）企业官网或行业网站。

（3）论坛，如天涯论坛、网易论坛、猫扑、百度贴吧、豆瓣等。

（4）新闻源平台，如腾讯、新浪、网易等。

（5）问答网站，如百度知道、知乎等。

（6）文库网站，如百度文库、360doc、豆丁文库等。

（7）自媒体平台，如搜狐公众平台等。

还有一个地方可以找到相关行业的网站，即通过站长之家的网站排行榜。图 3-9 所示就是站长之家的网站排行榜界面，该网站地址为 http://top.chinaz.com。

总上升排名

排名	网站	一周变化
1	四川招生考试信息网	↑23331
2	中考查分网	↑22193
3	甲虎批发网	↑20041
4	西诺网	↑19686
5	池州人才网	↑19612
6	北京中国国际旅行社有	↑19099
7	免税易购	↑19020
8	CC英雄联盟皮肤站	↑18968
9	广东科学技术职业学院	↑18756
10	二笔足球	↑18692

更多排行

行业上升排名

排名	网站	行业	一周变化
1	babyface官网	生活服务	↑1498
2	戏曲文化网	休闲娱乐	↑1495
3	飞飞世界魔兽争霸论坛	综合其他	↑1494
4	Y友乐园QQ头像频道	休闲娱乐	↑1493
5	黑光人才网	生活服务	↑1490
6	江西音乐	休闲娱乐	↑1488
7	QQYA素材网	休闲娱乐	↑1486
8	天堂草原音乐网	休闲娱乐	↑1486
9	SNS游戏交友网	休闲娱乐	↑1478
10	玉满斋	休闲娱乐	↑1476

更多行业排行

地区上升排名

排名	网站	地区	一周变化
1	范文站	福建	↑499
2	历史上的今天	广东	↑499
3	微店网	广东	↑499
4	中华人民共和国水利部	北京	↑498
5	中华文本库	广东	↑496
6	十六番旅行者社区	北京	↑495
7	么么直播	上海	↑494
8	彩经网全国彩票数据图表	北京	↑494
9	四川美术学院招生办公室	四川	↑494
10	监控宝	北京	↑493

更多地区排行

图 3-9 网站排行榜

通过在网站排行榜选择自己所服务的行业，就能找出很多高权重的相关网站，在对应的在高权重网站上发布信息就可以了。

3.7.3 发布高质量信息

一篇高质量的文章有几个明显的特点，即有实际内容、有修饰图片、内容足够长等，更重要的一点是关键词的 SEO 布局，因为这直接关系到排名的效果。

建议文章的关键词布局如下：

（1）标题中出现关键词。

（2）文章首段出现关键词。

（3）文章中部出现 2 次关键词。

（4）文章结尾处出现关键词。

布局关键词之后，还要给关键词设置加粗，让搜索引擎了解该网页内容的要点。高质量的内容很容易被搜索引擎收录，但如果自己没有能力写，适当模仿也是可以的。

3.7.4 内容加权优化

SEO 人员将高质量内容发布之后，为了让搜索引擎尽快收录，还需要结合网站本身的加权项来优化。

具体怎么优化呢？

当一篇文章发布之后，要知道它是否受欢迎，第一是看文章的阅读数量，第二是看文章的转载数量，第三是看回复的数量，等等。不同的网站会设置不同的反应指标。

以百度文库为例，百度文库的内容是否受欢迎的指标主要是看评价数和下载次数，如图 3-10 所示。

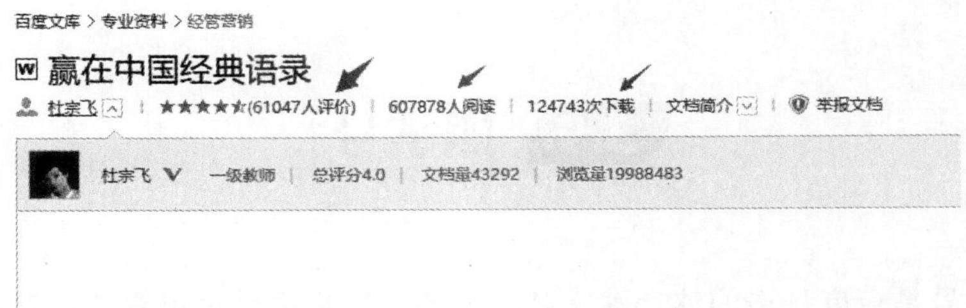

图 3-10　百度文库加权项

百度文库的加权项是下载次数，下载得越多越能表明此文章的受欢迎程度，从而得到更好的排名。

豆瓣网的加权项是不断顶帖就能增加文章本身的权重。我们只要多观察，就会发现更多快速加权的参数指标，核心理念就是关注受欢迎的程度。

3.7.5 简单的事情重复做

搜索霸屏的理念非常简单，但往往简单的事情，不能被很好地执行，这是致命伤。

每天在各大权重网站上发布优质的内容，重复重复再重复，几个星期之后就能有很好的效果出现，但还是那句话：简单的事情要重复做。

3.8 用户行为对排名的影响

当用户在搜索引擎上查找一个问题的答案时，会点击不同的网页，直到找到满意的答案为止。所以，用户点击的最后一个页面，很有可能就是解决了用户问题的答案。对于同一个关键词，如果大量检索行为点击的最后一个页面是同一个网址，说明此页面满足了很多用户的需求。

基于这个原理，搜索引擎会提升此页面的排名，让用户更便捷地解决问题。创建满足用户需求的页面，让你的页面成为用户点击的最后一个，是提升网站排名的有效手段。

3.9 熊掌号

熊掌号是百度打造的移动端产品，为搜索用户提供更可靠的信息和服务。熊掌号已经成为站外 SEO 的重要渠道。熊掌号是站长、自媒体、商家入驻百度的身份账号，该账号可实现与百度搜索资源服务平台、百度数据开放平台、百度百家号自媒体平台、百度用户运营平台等各类平台的一站式互通。

图 3-11 所示为熊掌号案例。

图 3-11　熊掌号案例

熊掌号在 SEO 方面的优势：

1. 排名优势

熊掌号需要经过实名认证或企业认证。由于内容审核机制的存在，熊掌号提供的内容质量会明显优于普通网站，所以，熊掌号在排序上具有一定优先权。

2. 运营能力

加强运营可以提升老用户的回访概率。当完成账号授权之后，资源方通过调用运营能力 Open API，就可以让已完成账户授权的网站在资源落地页设置关注入口。用户通过关注，就能够与熊掌号形成互动，成为网站粉丝，为后续的运营闭环和用户转化打下基础。

3. 新站收录

根据搜索引擎原有的收录机制，新网站收录速度一般比较缓慢，加入熊掌号可以加快新站的收录速度。新站只需要在熊掌号的内容提交入口上传新增内容，百度就可以在24小时内完成收录。

4. 展示特权

在百度搜索结果页，熊掌号有区别于普通搜索结果的样式，其更具吸引力，如大图展示、ICON展示、原创标等，如图3-12所示。

图3-12 熊掌号大图展示案例

5. 原创保护

在熊掌号内提交的原创内容，百度会在1小时内完成收录，在搜索结果中展示“原创”标识，并优先展示在转载和采集的内容前。

第 4 章 高级篇

SEO 人员除了具有很高的执行能力外，还要有一定的分析能力。网站的流量分析、效果检测、惩罚后的拯救措施以及常见作弊方法的识别等，都是本章要详细讲解的内容。通过对本章内容的学习，读者对于相关的数据分析能力和策略策划能力应该会有较高的提升。

4.1 SEO 目标制定

SEO 目标必须与网站所属公司目标一致，不能把过程指标当作 SEO 目标。过程指标是指为了完成SEO终极目标所监控的SEO数据，如收录量、排名、流量、转化率、注册量等。终极目标是指距公司盈利点最近的数据指标。例如，电商网站的终极指标是销售额，视频网站的终极指标是新增收费会员数和广告播放量，房产中介的终极指标是成交量。如果把过程指标当作终极目标，在 SEO 实际操作过程中侧重就会不同，有可能出现过程指标超额完成但对公司发展没有太大意义的情况。

制定 SEO 目标的具体数值时，可以参考竞争对手的数据和网站自身的历史数据。竞争对手的预估数据可以由第三方网站监控平台获得，如站长之家、爱站网等。SEO 目标应当包含年度目标、季度目标和月目标，应当考虑不同行业的淡旺季因素。

4.2 SEO 效果检测

为了达成 SEO 目标，定期监控 SEO 各项数据是必不可少的。检测的意义在于发现实际数据与目标数据的差异，以便及时调整 SEO 策略。数据监测还有助于评估 SEO 方案的效果，为以后的 SEO 技术改造提供数据支持。另外，监测优秀竞争对手的 SEO 数据有益于了解业内技术动向。

4.2.1 检测的大致步骤

检测 SEO 的效果，可以参考如下步骤：

（1）研究竞争对手的一切情况，包括排名、收录、PR 值、外链等。

（2）制订合理的 SEO 计划，找出网站的不足之处，合理地解决并记录下来。

（3）进行网站优化，包括方方面面的细节优化。

（4）外部链接的建设，包括链接诱饵、友链等。

（5）效果检测及流量分析。

（6）随时跟踪随时调整策略。

4.2.2 检测的指标及方法

检测 SEO 效果的指标及方法如下：

（1）收录总数。使用 site 指令查询搜索引擎对自己网站的收录情况，再加上站长知道的自己网站实际页面数，计算收录比例。一般优化好的网站能被收录 70%—80%。

（2）特征页面的被收录数。不只是网站首页、栏目首页，还要看专题页面及一些特殊页面的收录情况。查询特征页面收录与否，只要在搜索引擎中输入这个页面的完整地址并搜索，没有显示在结果页就表示没有被收录。

（3）各分类的收录数，即每个分类下的产品页面收录数量。在搜索引擎站长平台，通过 URL 特征定制可看到各分类页面的收录情况。竞争对手的数据，SEO 人员可以灵活运用 site 指令、intitle 指令和 inurl 指令来查询。

例如“site:liehe.com intile: 猎河”表示 liehe.com 域名下，标题中含有“猎河”的页面。“site:liehe.com inurl:news ”表示此域名下 URL 中包含“news”的所有页面。

（4）排名检测。一般需要检测排名的是首页目标关键词、典型分类页面目标关键词、产品页和内容页关键词。排名监控一般以周为单位，通过排名批量查询工具对目标关键词进行监控。首页率是指所查询关键词排在首页的数量占总关键词数量的比例，是网站排名能力的重要指标。首页率的变化是检验 SEO 方案是否有效的风向标。

（5）外链数据检测。这项检测要注意的是首页、栏目首页、网站内页的外链情况，要分析链接诱饵的效果，以及竞争对手外链有没有增减等。

（6）转化率问题。这项检测要统计有多少通过 SEO 优化转化来的销售，同时要研究产品本身的质量、价格、文案写作等因素。

（7）通过网站的日志可以监控蜘蛛的抓取情况。抓取量、抓取异常量、抓取覆盖率是蜘蛛监控的三大指标。抓取量和抓取异常量可以从站长平台获取。抓取量是指搜索引擎蜘蛛对网站的访问量，抓取量越大对网站的更新越及时。抓取异常是指出现 404 页面以及各类非正常跳转。抓取覆盖率是指蜘蛛抓取页面量占网站页面总数量的比例。抓取覆盖率越大网站越健康，如果抓取覆盖率偏小说明可能存在核心页面重复抓取严重或者蜘蛛陷阱的情况。

（8）通过辅助工具分析。现在有很多很实用的统计工具，如 CNZZ、百度统计等，可用于 SEO 效果检测，日常也都在使用中，从中也能分析检测出很多问题。

4.3 流量检测与分析

对流量的检查我们一般都是通过工具来实时完成的，如谷歌的Google Analytics或者百度统计工具。登录到百度统计后台查看访问页面，可以基本了解到流量的大概情况。

4.3.1 UV、PV与IP

UV是指一天之内网站的独立访客数（以Cookie为依据）。一天内同一访客多次访问同一网站只计为1个访客。

PV是指页面访问总量。

IP指互联网协议地址。一般情况下，一台计算机对应一个IP地址，但也有一对多或多对一的情况。

这三个指标都是很重要的流量指标，可用来分析SEO数据，通过周环比、月环比或者季度环比发现SEO流量的异常情况。流量是确保完成SEO目标的重要过程指标。

4.3.2 跳出率

跳出率是指在只访问了入口页面（例如网站首页）就离开的访问量与所产生总访问量的百分比。跳出率计算公式：跳出率＝访问一个页面后离开网站的次数/总访问次数。跳出率可直接用于评估网站用户体验指标，从而指导网页的优化网页工作。

降低跳出率的一些方法：

（1）网站风格简洁大方，少放和网站自身自主无关的元素。

（2）空间的访问速度要快，一般控制在3～7s。

（3）利用最佳面包屑导航，使用户明白自己所处的位置。

（4）网页间做好相关内容的链接，以利于用户体验、权重互导。

（5）少放弹窗类以及影响用户体验的广告。

（6）增加一个用户历史访问过的页面，方便用户回访原来的网页。

4.3.3 流量来源

在百度统计中，流量来源分为搜索引擎、直接流量和外部链接。搜索引擎流量即 SEO 流量，是衡量 SEO 效果的指标之一。SEO 流量分为百度、谷歌、360、搜狗、神马等，可以查询从不同搜索引擎的流量来源情况。搜索词报告可以查询网民通过哪些搜索词找到读者的网站，哪些搜索词可以给读者的网站带来更多的访客，哪些搜索词给读者的网站带来的访客成为客户的可能性更高，网民更关注哪些业务内容等。

4.3.4 访问分析

在百度统计中，可以查询网站的受访页面、设置页面点击图以及自定义事件分析。受访页面报告提供了访客对网站内各个页面的访问情况数据。通过这个报告，可以了解访客进入网站后通常首要访问和次要访问的页面是哪些；访客进入网站后对哪些页面最关心或者最感兴趣；访客浏览各个页面的停留时间一般是多久；访客经常会在哪些页面离开网站。页面点击图可以记录一个页面上链接被点击的次数，并以热力图的形式展示出来，如图 4-1 所示。事件分析是记录网站访客对于指定链接的点击情况，例如点击注册按钮的次数、点击广告的次数等。

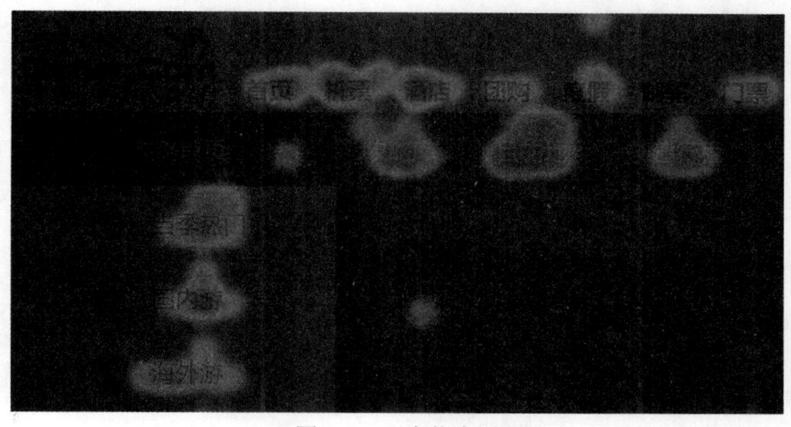

图 4-1　百度热力图

4.3.5 转化分析

转化是指用户在网站上完成的某项会给网站带来收益的活动，如购买、注册、留言咨询等。当用户达成一次设定的目标，算作完成一次转化。提升转化率是提升网站收益极为有效的方法。

那么如何有效提升网站的转化率呢？百度统计的转化分析模块提供转化概况、转化漏斗分析、订单分析等全面的转化分析解决方案。

使用百度统计进行转化分析可以简单概括为三步：

1. 明确转化目标，合理采集数据

网站的转化可能是多方面的，并会随着公司发展而不断调整，常见的业务目标举例如下：

获取客户，如在线注册、创建账户等。

增长收入，如在线订单、付款成功等。

沟通咨询，如咨询、留言、电话等。

互动行为，如视频播放、加入购物车、分享等。

目标明确后，在统计工具中设置相应的转化目标。百度统计的转化功能覆盖了多种类型的转化形式，并支持灵活地定义统计规则。

根据转化目标的表现形式，可选择的转化方式如图 4-2 所示。

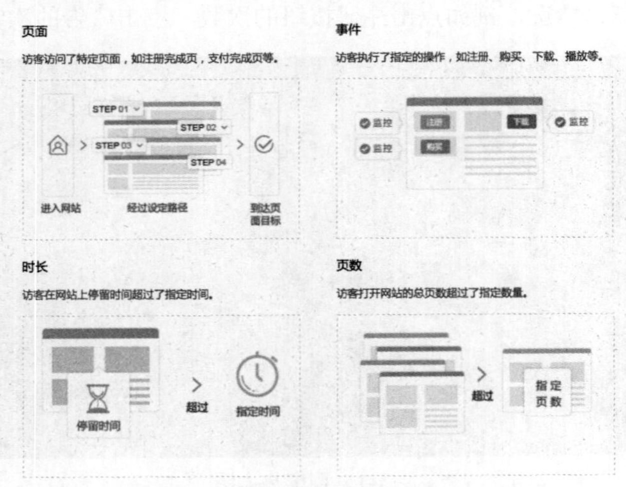

图 4-2　百度统计转化目标的表现形式

2. 查看转化概况报告，趋势、来源通通掌握

百度统计 4.0 版新增了“转化概况”报告，如图 4-3 所示。

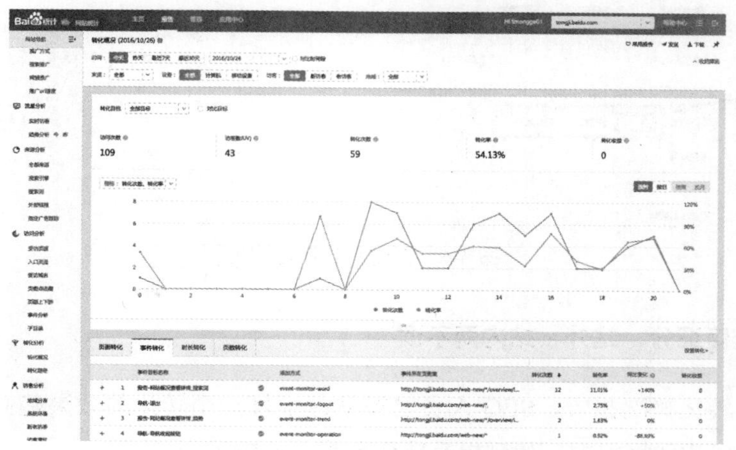

图 4-3　百度统计转化概况

该报告提供每个目标的转化效果、同比变化及历史趋势，以便 SEO 人员实时掌握运营效果，如图 4-4 所示。

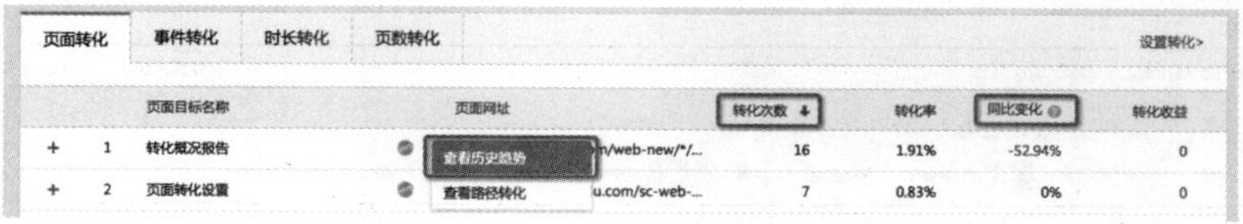

页面转化　事件转化　时长转化　页数转化　设置转化>

		页面目标名称	页面网址	转化次数	转化率	同比变化	转化收益
+	1	转化概况报告	查看历史趋势 …n/web-new/*/...	16	1.91%	-52.94%	0
+	2	页面转化设置	查看路径转化 …u.com/sc-web-...	7	0.83%	0%	0

图 4-4　百度统计转化目标

支持查看不同时间、不同目标、不同指标的对比曲线，方便 SEO 人员有针对性地进行分析，如图 4-5 所示。

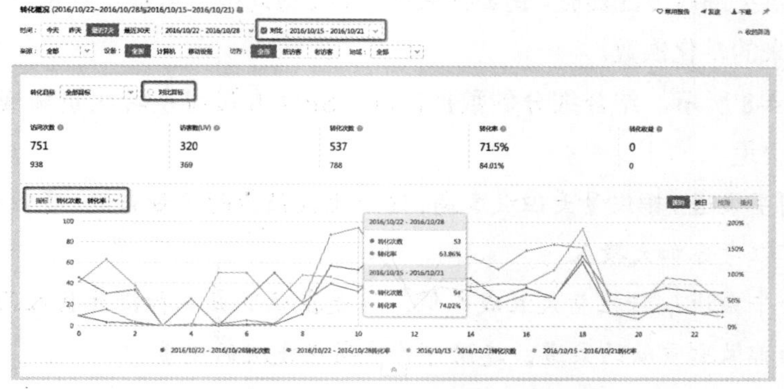

图 4-5　百度统计不同维度的转化概况

支持对转化来源进行分析，提供每个转化的 TOP 关键词、搜索词、投放网络以及来源类型，如图 4-6 所示。

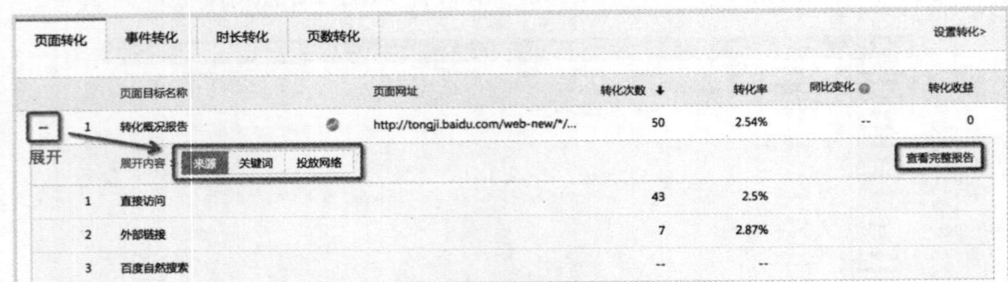

图 4-6 百度统计转化来源

3. 维度细分，站外、站内两不误

通过转化概况报告，SEO 人员已经掌握了每一个转化的效果趋势，可以进行更深一层的数据挖掘，找到提升转化率的突破口了。

一般来说，提升转化率的方法主要有两种：

（1）访问来源优化。提升访问来源的转化效果需要先将来源数据按照不同维度进行细分。例如图 4-7 所示为百度对某网站来源的分析。

图 4-7 百度统计转化概况来源分析

SEO 人员可以通过维度筛选，查看某一细分维度下的转化效果，如来源、设备、新老访客、地域等。除了在转化报告中查看细分的转化数据外，其他报告也可提供更细粒度的转化，例如搜索推广、关键词报告可细化到每一个关键词、搜索词带来的转化次数。

如图 4-8 所示，结合细分的数据情况，SEO 人员可从转化量和成本的角度看待以下渠道：

- 明星渠道：转化量大但成本高，这是比较强力的流量来源。资源充足的话，可以考虑加大投入。
- 金牛渠道：转化量大且成本低，这是在拉低成本和提升收入两个重点方面都做出贡献的渠道，建议作为最高优先级的流量。

- 问题渠道：转化量小但成本高，带来的流量反而拉低网站整体盈利能力。如果第一时间发现现状和预期不符合，要及时控制改善，避免后续的损失。
- 长尾渠道：转化量小且成本低，如果长尾渠道的贡献较小，在财力和精力有限的情况下可以先放弃，重点优化金牛渠道的转化效果。

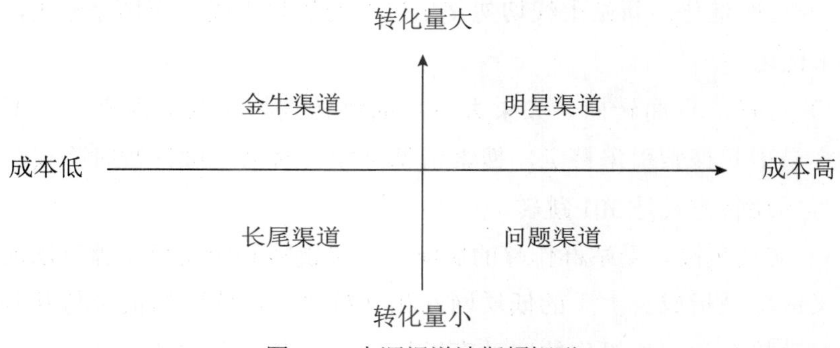

图 4-8　来源渠道波斯顿矩形

（2）站内优化，包括分析网站内转化关键路径的流失情况、网页的设计 / 文案 / 布局是否合理等。

在百度统计内，SEO 人员可以结合转化路径、热力图等报告分析转化行为，清除影响转化的障碍，进而提高转化率。

转化路径：用来定位访客在转化关键路径上的流失。转化路径通畅是一个目标非常明确的封闭访问行为，在这个路径中我们希望访客一路向前，不要回头也不要离开，直到完成转化目标。

4.4 被惩罚之后的处理

在网站优化过程中，如果操作不当可能导致被搜索引擎惩罚，不过不要太紧张，先要查明网站被惩罚的原因，再分析并找出解决方法。

（1）用 site 指令查看网站是全站被 K 还是少量关键词下降。有时并不是你的网站有问题，搜索引擎也经常会出现意想不到的问题。这时可以使用 site 指令查询网站是否还被收录，如果有，可以放心，继续做好日常维护工作即可。如果使用 site 指令查询而网站没有页面被收录，则表明网站已经被搜索引擎从数据库中删除了，要赶紧查找原因。

（2）检查服务器的情况。检查同一虚拟空间的网站用户，看看是否是此原因导致网站 K。用网站 IP 工具可以查看当前空间里的网站。

（3）过度优化。新站上线切勿使用过多的优化手段，应循序渐进，根据实际情况来优化。

（4）可疑的页面转向。如果大量页面跳转到与原网页内容完全不相关的页面，容易引起搜索引擎警觉，搜索引擎可能会对网站进行暂时降权。最值得 SEO 推荐的跳转方式是 301 跳转。

（5）交叉链接。受站群作弊的影响，交叉链接是引发反作弊算法的因素之一。交叉链接是指成百上千的低质网站相互链接，这些网站很少与互联网中其他网站有链接行为。如果你的网站有链接指向某个作弊站群，可能被搜索引擎误认为是其中之一。

（6）是否有链接的网站被惩罚。检查导出链接，看看是否有相互链接的网站被惩罚。

（7）采集内容。如果网站采集内容比例过高，则可能促发搜索引擎的反作弊算法。

（8）隐藏链接。用 Lynx 浏览器检查网站是否有隐藏的链接，如果存在隐藏的链接应当立刻删除。

（9）网站 URL 情况。查看 URL 是否因存在过多参数而导致蜘蛛耗费了大量资源。可在日志文件中查看。

（10）网站重复页面过多。一个只有几百个页面的网站，若有很多重复的页面，自然对搜索不利。

（11）检查是否有多个域名指向同一页面。

（12）robots.txt 文件是否正确。查看 robots.txt 文件中，是否有屏蔽了某些目录或者页面，而导致收录出现问题。

4.5 常见作弊方法

搜索引擎在不断进步，SEO 作弊手法也在不断变化。作弊会导致 SEO 行业的乱象，因此 SEO 作弊手法是不被业内主流所赞同的，对于这些作弊手法，笔者不推荐使用。

4.5.1 内容方面的作弊手法

内容作弊一直是让搜索引擎较为头疼的问题之一，很多因素不好判断，而且搜索引擎的智能识别技术也有待提高。下面是笔者总结的七种内容方面的作弊手法。

1. 门户网页

有些网页被单独设计来得到较高的搜索排名，但是它们对站点的访客而言，没什么价值，这就是门户网页。搜索登录页面不是门户网页。

一个门户网页通常是被过度优化的（通常使用其他作弊手法），并且是对网站的其他访客保持隐藏状态来吸引搜索者。通常门户网页从一套内容组合和大量的链接中得到高的排名，它在网站上除了搜索排名外没有其他的存在目的，并且不被网站其他的网页链接，因此，这是一扇只有打开才能进的门。

2. 关键词堆叠

所谓关键词堆叠就是大家熟知的关键词加载，这种技术实际上就是一种对合理内容优化实践的滥用。在搜索登录页面上使用关键词是正确的，然而只是为了吸引搜索引擎而增加关键词，你的网页就会被标记了。在轮番出现的图形或者文字中，或者在 noscript、noframes 标签里堆积与前后文无关的关键词，是这种不道德技术的变体。

3. 隐藏文本

HTML 提供了很多方法让蜘蛛程序能看到文本而让访客看不到。例如，用

难以置信的小尺寸展示文本，或者使用和背景颜色一样的字体颜色，或者使用样式表在网页上写关键字而被图片或其他页面成分覆盖。简言之，用浏览器打开的网页看不到，而通过HTML源代码可以看见，这就有可能是作弊——只有合法的HTML注释是例外，它会被浏览器和蜘蛛程序同时忽略。

4. 隐藏真实内容

隐藏真实内容指向用户和搜索引擎提供不同内容或网址的做法。如果基于用户代理提供不同的结果，可能使我们的网站被认为具有欺骗性并从搜索引擎索引中删除。

隐藏真实内容的示例包括：

- 向搜索引擎提供HTML文字网页，而向用户提供图片网页或Flash网页。
- 向搜索引擎和用户提供不同的内容。

如果我们的网站包含搜索引擎无法抓取的元素（如Flash、JavaScript或图片），请勿向搜索引擎提供隐藏的内容。更确切地说，应考虑到网站的访客可能也无法查看这些元素。例如，向已关闭浏览器屏幕阅读器或图片的访客，提供说明图片的替代文字；在非脚本标签中提供JavaScript中的文字内容。

请确保在两种元素中提供的内容相同（例如，在JavaScript和非脚本标签中提供相同的文字）。如果替代元素中包含的内容明显不同，将导致搜索引擎如谷歌对网站采取特别措施。

5. 重复的标签

这种作弊手法是指使用重复的标题标签或者其他的meta标签。使用样式表可以隐藏文本也可以在文本之上覆盖文本，使得屏幕上只显示一次而在HTML文件中列出多次。

6. 重复的站点

这种作弊手法是指用稍许不同的内容将站点复制在不同的域名之下，并且让每个站点彼此链接。可能这会使你的站点在前十位的排名结果中占六个席位呢。

7. 恶意刷新点击率

有的网站为了增加被搜索的概率，使用动态 IP 程序恶意刷新页面，以增加访问量。

4.5.2 链接的作弊手法

链接的作弊手法有很多种，这里笔者主要总结了如下的五种，基本上囊括了现在比较流行的链接作弊手法。

1. 博客作弊

博客是一种在线个人刊物——一种互联网上定期发表文章的专栏。有的博客几乎就像是某人的私人日记，但也有的更像是杂志专栏，内容紧密围绕在一个兴趣主题上。很多博客非常受欢迎并且文笔优美，搜索引擎将其与制作精良的网页同样看待，因此从这些博客来的链接对于 SEO 人员来说非常重要。读者可以订阅博客以读到博主最新发表的内容，并且通常发表自己的评论——这就是出现问题的地方。博客作弊的人通常发表不相关的信息，其中含有通往一些 URL 的链接，以便达到推动搜索排名的目的。其结果是现在很多博客作者都不让读者发表评论了。

2. 留言板作弊

这种作弊手法和博客作弊有些相似。留言板允许访客发布其联络信息以及对网站的意见。不幸的是，作弊者开始在留言板里发布他们网站的 URL 来引起搜索引擎的注意。博客和留言板作弊者实际上都是使用程序来自动发布他们的 URL，使得他们增加几千个链接而不需要手工劳动，所以现在也产生了非常多的反垃圾留言工具。

3. 链接工厂

链接工厂通过建立几十个或上百个站点来被搜索引擎索引，这样就可以为想要推动排名的那个站点加入几千个链接。快速增加的这几千个链接，能很快地为网站提升一定的权重。

4. 隐藏的链接

隐藏链接使得某些链接可以被蜘蛛程序看到而浏览者看不到，因此可以在高排名的网页上堆积很多链接，指向想要推动排名的相关页面。

5. 伪造的双向链接

有很多站点希望链接到你的站点，前提是链接他们的站点作为回报，但是有些人会试图使用搜索引擎看不到的链接来欺骗你。通过这种方式，你以为得到了链接，但是搜索引擎并不给你相应的认可，而使你的“合作伙伴”从你的站点得到了更有价值的单向链接。

4.6 白帽与黑帽

对于SEO人员来说，更为崇尚的是白帽手法，而黑帽SEO大多数则是不被推崇的。但是，从某种角度来说，黑帽SEO更能说明搜索引擎当前的一些漏洞。

4.6.1 白帽SEO

白帽SEO，顾名思义就是正大光明的手法，是使用符合主流搜索引擎发行方针规定的优化方法。它与黑帽SEO形式上是相反的。

白帽SEO是业界一直提倡的优化手段，它是在避免一切风险的情况下进行操作的，同时也避免了与搜索引擎发行方针发生任何的冲突。它是SEO从业者的最高职业道德标准。

白帽SEO关注的是长远利益，可能是2～3年或是更长时间的利益，需要的是时间更长久，效果更稳定。如果坚持不使用作弊手段，几年后，不出意外的话，你的网站应该可以得到好的流量和排名，也就有了赢利点，而且后续对搜索引擎的依赖度更小。从长远的利益出发，建议网站优化还是使用白帽手法。

使用“白帽”技术把网站排名优化上去后，无须担心被搜索引擎惩罚，排名也将更持久甚至永远有效。即使某天搜索引擎突然对排名算法进行调整，网站的排名也会相对稳定。

选择白帽 SEO 服务的商家，大多注重长远利益，关心三五年后网站给公司带来的利润，这样网站建设完毕后，通过搜索引擎来的流量会源源不断。只要网站维护得当，网站人气和销售额会逐步放大，利用网站在 SEO 方面的优势，用 2 ～ 3 年的时间逐步占据市场份额。

4.6.2 黑帽 SEO

简单来说，所有使用作弊手段或可疑手段的都可以称为黑帽 SEO，如垃圾链接、隐藏网页、桥页、关键词堆砌等。例如，从互联网抓取大量的文本内容，对文本进行分拆组合后形成新的文章。文章完全没有可读性，只是一些词语和句子的堆砌。由于搜索引擎对语义的理解程度不够，会误认为是正常文章。

黑帽手法不符合主流搜索引擎发行方针的规定。黑帽 SEO 获利的主要特点就是短平快，为了短期利益而采用作弊的方法，随时会因搜索引擎算法的改变而面临惩罚。

4.6.3 黑帽与白帽的区别

黑帽 SEO 就是采用搜索引擎禁止的方式优化网站，影响搜索引擎对网站排名的合理和公正性，同时随时会因为搜索引擎算法的改变而面临惩罚。

白帽 SEO 采用搜索引擎规定的优化方法，合理优化网站，提高用户体验，合理与其他网站互联，从而使站点在搜索引擎的排名提升。

白帽 SEO 关注的是长远利益，需要的时间长，但效果稳定。

4.7 用户体验优化

很多网站没有把用户体验这个最重要的部分处理好，甚至对用户体验的概念都比较模糊，更不知道从何下手，尤其对电子商务网站而言，其直接的后果就是网站的转化率提不上去，销售额无法突破。由于每个人对网站的使用习惯不一样，功能要求也不一样，要做到最好的用户体验只能是照顾最主要目标受众的需求，因此，要实现用户体验的优化，前提之一是必须对自己的目标受众了如指掌。只有通过详细的背景调查，分析目标受众的属性，分析他们的需求和行为特征，才能有的放矢，实现网站用户体验优化的目的。

网站用户体验包括：

感官体验：呈现给用户视听上的体验，强调舒适性。

交互体验：呈现给用户操作上的体验，强调易用和可用性。

情感体验：呈现给用户心理上的体验，强调友好性。

浏览体验：呈现给用户浏览上的体验，强调吸引性。

信任体验：呈现给用户信任体验，强调可靠性。

1. 感官体验

（1）设计风格：符合客户的审美习惯，并具有一定的引导性。网站在设计之前，必须明确目标客户群体，并针对目标客户的审美喜好，进行分析，从而确定网站的总体设计风格。

（2）网站 Logo：确保品牌清晰展示而又不过分占据空间。

（3）页面速度：正常情况下，尽量确保页面在 5s 内打开。如果是大型门户网站，则必须考虑南北互通问题，进行必要的压力测试。

（4）页面布局：重点突出，主次分明，图文并茂。与企业的营销目标相结合，将目标客户最感兴趣的、最具有销售力的信息放置在最重要的位置。

（5）页面色彩：与品牌整体形象相统一，主色调 + 辅助色不超过三种颜色；以恰当的色彩明度和亮度，确保浏览者的浏览舒适度。

（6）页面亮度：确保浏览者的浏览舒适度。

（7）动画效果：与主画面相协调，打开速度快，动画效果节奏适中，不干扰主画面浏览。

（8）页面导航：导航条清晰明了、突出，层级分明。

（9）页面大小：适合多数浏览器展示。

（10）图片展示：比例协调、不变形，图片清晰；图片排列既不过于密集，也不过于疏远。

（11）图标使用：简洁、明了、易懂、准确，与页面整体风格统一。

（12）广告位：避免干扰视线，广告图片符合整体风格，避免喧宾夺主。

（13）背景音乐：与整体网站主题统一，文件要小，不能干扰阅读；要设置开关按钮及音量控制按钮。

2. 交互体验

（1）会员申请：介绍清晰的会员权责，并提示用户确认已阅读条款。

（2）会员注册：流程清晰、简洁。待会员注册成功后，再详细完善资料。

（3）表单填写：尽量采用下拉列表，需填写的部分注明要填写的内容，并对必填字段作出限制（如手机位数、邮编等，避免无效信息）。

（4）表单提交：表单填写后需输入验证码，提交成功后，应显示感谢提示。

（5）按钮设置：交互性的按钮必须清晰突出，以确保用户可以准确地点击。

（6）点击提示：点击浏览过的信息颜色需要改变，以区分于未阅读内容，避免重复阅读。

（7）错误提示：若表单填写错误，应指明填写错误之处，并保存原有填写内容，减少重复工作。

（8）在线问答：用户提问后后台要及时反馈，后台显示有新提问以确保回复及时。

（9）意见反馈：当用户在使用中发生任何问题，都可随时提供反馈意见。

（10）在线调查：为用户关注的问题设置调查，并显示调查结果，提高用户的参与度。

（11）在线搜索：搜索提交后，显示清晰列表，并对该搜索结果中的相关字符加以不同颜色以示区分。

（12）页面刷新：尽量采用无刷新（Ajax）技术，以减少页面的刷新率。Ajax 是新兴的网络开发技术的象征，它将 JS 和 XML 技术结合在一起，用户每

次调用新数据时，无需反复向服务器发出请求，而是在浏览器的缓存区预先获取下次可能用到的数据，界面的响应速度因此得到了显著提升。

（13）新开窗口：尽量减少新开窗口，以避免开过多的无效窗口，设置弹出窗口的关闭功能。

（14）资料安全：确保资料的安全保密，对于客户密码和资料进行加密保存。

（15）显示路径：无论用户浏览到哪一个层级，哪一个页面，都可以清楚地知道该页面的路径。

3. 情感体验

（1）客户分类：将不同的浏览者进行划分（如消费者、经销商、内部员工），为客户提供不同的服务。

（2）友好提示：对于每一个操作进行友好提示，以增加浏览者的亲和度。

（3）会员交流：提供便利的会员交流功能（如论坛），增进会员感情。

（4）售后反馈：定期进行售后反馈跟踪，提高客户满意度。

（5）会员优惠：定期举办会员优惠活动，让会员感觉到实实在在的利益。

（6）会员推荐：根据会员资料及购买习惯，为其推荐适合的产品或服务。

（7）鼓励用户参与：提供用户评论、投票等功能，让会员更多地参与进来。

（8）会员活动：定期举办网上会员活动，提供会员网下交流机会。

（9）专家答疑：为用户提出的疑问进行专业解答。

（10）邮件 / 短信问候：针对不同客户，定期提供邮件 / 短信问候，增进与客户间的感情。

（11）好友推荐：提供邮件推荐功能。

（12）网站地图：为用户提供清晰的网站指引。

4. 浏览体验

（1）栏目的命名：与栏目内容准确相关，简洁清晰，不宜过于深奥。

（2）栏目的层级：最多不超过三层，导航清晰，运用 JS 等技术使得层级之间伸缩便利。

（3）内容的分类：同一栏目下，不同分类区隔清晰，不要互相包含或混淆。

（4）内容的丰富性：每一个栏目应确保足够的信息量，避免栏目无内容情况的出现。

（5）内容的原创性：尽量多采用原创性内容，以确保内容的可读性。

（6）信息的更新频率：确保稳定的更新频率，以吸引浏览者经常浏览。

（7）信息的编写方式：段落标题加粗，以区别于内文。采用倒金字塔结构。

（8）新文章的标记：为新文章提供不同标识（如 new），以吸引浏览者查看。

（9）文章导读：为重要内容在首页设立导读，使得浏览者可以了解到所需信息。文字截取字数准确，避免断章取义。

（10）精彩内容的推荐：在频道首页或页面左右侧，提供精彩内容推荐，吸引浏览者浏览。

（11）相关内容的推荐：在用户浏览文章的左右侧或底部，提供相关内容推荐，吸引浏览者浏览。

（12）收藏夹的设置：为会员设置收藏夹，对于喜爱的产品或信息，可方便收藏。

（13）栏目的订阅：提供 RSS 或邮件订阅功能。

（14）信息的搜索：在页面的醒目位置，提供信息搜索框，便于查找所需内容。

（15）页面打印：允许用户打印该页资料，以便于保存。

（16）文字排列：标题与正文明显区隔，段落清晰。

（17）文字字体：采用易于阅读的字体，避免文字过小或过密造成阅读障碍。可对字体进行大中小设置，以满足不同的浏览习惯。

（18）页面底色：不能干扰主体页面的阅读。

（19）页面的长度：设置一定的页面长度，避免页面过长影响阅读。

（20）分页浏览：对于长篇文章提供分页浏览。

（21）语言版本：为面向不同国家的客户提供不同的浏览版本。

（22）快速通道：为有明确目的的用户提供快速入口。

5. 信任体验

（1）搜索引擎：在搜索引擎查找相关内容时被显示在搜索引擎结果页前列。

（2）公司介绍：真实可靠的信息发布，包括公司规模、发展状况、公司资质等。

（3）投资者关系：上市公司需为股民提供真实准确的年报、财务信息等内容。

（4）服务保障：将公司的服务保障清晰地列出，增强客户信任度。

（5）页面标题：准确地描述公司名称及相关内容。

（6）文章来源：为摘引的文章标注摘引来源，避免版权纠纷。

（7）编辑作者：为原创性文章注明编辑或作者，以提高文章的可信度。

（8）联系方式：提供准确有效的地址、电话等联系方式，便于查找。

（9）服务热线：将公司的服务热线列在醒目的地方，便于客户查找。

（10）有效的投诉途径：为客户提供投诉、建议邮箱，或者在线反馈。

（11）安全及隐私条款：对于交互式网站，注明安全及隐私条款以减少客户顾虑，避免纠纷。

（12）法律声明：对于网站法律条款的声明可以避免企业陷入不必要的纠纷。

（13）网站备案：让浏览者确认网站的合法性。

（14）相关链接：集团企业及相关企业的链接，应该具有相关性。

（15）帮助中心：对于流程较复杂的服务，必须提供帮助中心进行服务介绍。

对一个网站做一次用户体验分析是很细很累的活，但是意义却很大，尤其对年销售额数千万级的电子商务网站而言。用户体验做好了，转化率增加10%那就能促进数百万元的销售，其价值就非同小可了。

第 5 章 策略篇

策略就是指为了实现某个目标而预先制定的能够实施的方案。在制定 SEO 策略时，我们需要了解网站所有的基本情况，同时又要对网站所处行业的竞争对手有一个较为准确的数据分析。根据所拥有的外部数据和内部数据来制定 SEO 策略，会使 SEO 人员在执行时有更高的效率。

SEO 策略也有四个比较突出的属性：经验性、前瞻性、创新性和技巧性。这 4 个属性能帮助读者更好地理解 SEO 策略。

5.1 关键词策略

关键词策略是指如何筛选关键词以及如何对关键词进行站内部署，通过这些关键词实施方案，来达到最优的展示效果。

5.1.1 关键词选取原则

从网站本身来说，一个良好的关键词策略可以让网站获得自己想要的定向流量，从而为网站贡献大量的财富。关键词的选取可以遵循如下四个原则：

1. 关键词的检索量

一个关键词的检索量决定了该关键词能从搜索引擎那里带给网站多少有效流量，从而可以大致估算出这个关键词的商业价值。一般情况下，检索量越高商业价值越大，竞争越激烈。检索量可以从百度指数或百度竞价后台获取。当然，并不是所有关键词检索量与商业价值都成正比，还要考虑到转化率的问题。许多常用关键词搜索量非常大，但是它的商业价值却很低。

例如“你好”，这个词有一定的搜索量，但是它的商业价值几乎为零。

2. 选择适合网站能力的词

选择一个适合自己网站的关键词有利于使竞争与自身实力相得益彰。一个新站，相比之下往往只有很小的竞争力，不可能和原有的大型站点正面竞争，因此在开始阶段选择一个适合自己团队能力的关键词，对网站的发展是比较有利的。

当然，如果一个非常有资源的团队来操作这个网站的话，就可以从长远角度考虑。一般原则是先操作竞争量比较小的关键词。

3. 关键词选择的相关性

在建站之前，首先要确定好网站的主题，在选择关键字时，一定要选择与网站主题相关的关键字。相关性原则有利于使网站更好地实现用户体验和提高转化率。

4. 用户的搜索习惯

除了前几个因素，还要考虑用户的搜索习惯。用户的习惯并不是某个人能够猜透的，可以通过向朋友询问、用户调查等方式来分析研究用户的搜索习惯。

5.1.2 关键词选取方法

在制定关键词策略时，选取关键词是一个很重要的环节。如何选取适合自己网站而且能够带来一定效益的关键词，方法有很多，这里笔者总结了如下三种供大家参考。

1. 搜索引擎的排名法

这里说的排名法，主要是根据搜索引擎的排名情况来进行网站关键词的筛选。例如我们选择的关键字是“营销”，在百度的输入框中就可以输入这两个字后查看结果排序，如果出现相关性的网站首页很多，结果数量级也很大，就说明这个词具有很大的竞争性。

还可以借助其他的方法对这个关键词进行商业价值的评价。例如可以利用百度指数查出这个词每天大概的搜索量与用户关注度。另外谷歌的关键字工具Google Adwords也能对关键字每天的搜索量和用户关注度进行有效评估。

2. 趋势推测法

所谓趋势推测法就是利用即将到来的事件进行关键词的提前策划与推测。在SEO领域，获得了先机往往就能够获得不错的效益。例如新年快到了，可以推测新年到来之后的热门检索词有“新年祝福短信”“新年送什么礼物好”“新年礼物推荐”等，这些词不仅能够给网站带来巨大的流量，而且有非常大的商业价值。

3. 长尾词法

根据二八法则，好的网站流量大多来自于长尾词，因此利用长尾词理论对网站的整体关键词策略进行优化是SEO工作的重点。

通过百度的相关搜索可以找到与目标关键词相对应的长尾词，有些长尾词的商业价值很高，因此现在长尾词的利用成了SEO人员必须掌握的技巧之一。除了搜索引擎本身的工具之外，还可以利用专门的长尾词挖掘工具，找到大量的长尾关键词。本书的2.2节有长尾词的方法介绍。

5.1.3 关键词部署原则

正常情况下，网站首页权重最高，应当部署难度较大、竞争激烈的行业核心关键词。栏目页或专题页权重次之，应当部署行业细分领域关键词。内容页权重最小，应当部署长尾词。

例如，某网站地址为 www.example.com，主要业务是会计培训。经过关键词研究，行业关键词如表 5-1 所示。

表5-1 会计培训行业关键词举例

关键词	百度指数
会计培训	1274
会计培训班	1089
会计培训学校	660
初级会计职称培训	71
注册会计师培训	472
会计实操培训	237
初级会计职称考点养老保险	0
餐饮行业成本核算方法	0
银行保险日记账保存期限	0

其中，会计培训、会计培训班和会计培训学校是行业的核心词，并且百度指数较高，竞争激烈，应当部署在网站首页（www.example.com）。

初级会计职称培训、注册会计师培训和会计实操培训是行业的细分关键词，百度指数比核心词略低，应当部署在栏目页面。这三个关键词分别属于不同的细分领域，相关性不高，所以应当部署在三个不同的页面。例如：

初级会计职称培训：www.example.com/chuji/。

注册会计师培训：www.example.com/cpa/。

会计实操培训：www.example.com/shicao/。

初级会计职称考点养老保险、餐饮行业成本核算方法和银行保险日记账保存期限属于搜索量很小的长尾关键词，这类关键词数量非常庞大，可以通过资讯页完成部署。例如：

初级会计职称考点养老保险：www.example.com/nws/1001.html。

餐饮行业成本核算方法：www.example.com/news/1002.html。

银行保险日记账保存期限：www.example.com/news/1003.html。

5.2 外链策略

如何制定增加外链的策略，是SEO人员最为关心的问题，一般正规的团队会有一个较为详细的外链实施方案，每个部分都会有相应的工作人员专门负责。对于大中型网站，外链策略的好坏会直接影响到团队人员的工作效率和最终效果。

5.2.1 外链的作用

现在的SEO人员都知道外链对于网站权重和排名的影响，因此在很多人的SEO概念中，优化网站排名就是优化外链，有了好的外链就会有一个好的排名。当然，这种想法肯定是不恰当的，正确理解外链的作用有利于网站排名的长期稳定和提升用户体验。

外链毫无疑问是提升网站权重非常重要的因素之一，通过外链的获取，可以使网站的排名更快得以提升。

关于外链的作用，这里笔者总结了如下几点，供读者参考：

（1）增加网站的权重，提升网站目标关键词或者长尾关键词的排名。

（2）增加网站的曝光度，提升网站的知名度。

（3）为网站带来一些实实在在的流量。

（4）让搜索引擎更好地理解网站的主题。

（5）提升搜索引擎的抓取速度，提高网站页面被收录的机会。

5.2.2 如何获取外链

搜索引擎对于外链的分类已经非常完善，不是所有的外链都会为网站带来效果。搜索引擎对于外链是否有效的判断标准是：是否是用户或者其他网站的真心推荐，是否具有高质量的推荐意义。基于此标准，建设一些与网站内容相关性强、质量高的外链才有实际意义。

1. 软文策略

在行业权威网站发表一些高质量的文章，要求转载方注明出处，是获取高质量外链的有效方法。在知识碎片化非常严重的时代，缺乏深度思考的信息严重泛滥，有深度有内涵的文章比较容易脱颖而出，引发大家关注并转发。文章内容具有较强的行业特征，一般相关行业网站才会转发，所以软文策略带来的外链质量不会太差。

2. 友链交换

友链交换是非常有效的外链建设方式。友链一般只有在相关行业网站中进行，满足“相关性”原则；友链经过人工筛选，对方网站质量易于控制，因此外链质量有保障。友链交换的途径有很多，例如熟人介绍、友链交换平台、同业 QQ 群或微信群等。

3. 免费平台

受百度反作弊算法的影响，免费平台外链已经基本无效。以前很盛行的外链做法，如论坛签名、B2B 外链群发、博客外链群发等已经成为无效甚至是危险的做法。百科网站、导航网站提交还可以尝试一下。

5.2.3 问题外链

若外链建设不当，不但浪费时间而且没有效果，甚至会导致受搜索引擎惩罚。所以，SEO 人员需要避免建设问题外链。问题外链有两种，分别是垃圾外链和作弊外链。

垃圾外链是没有实际推荐意义，不是有意创建的链接，如搜索结果页、站长类网站自动生成的链接、恶劣垃圾作弊站自动采集时生成的链接等。垃圾外链没有 SEO 效果，也不会对网站产生负面作用。

作弊外链是以欺骗搜索引擎为目的，蓄意干扰搜索引擎排序行为，由受益网站主导，人为故意或用软件制作的外链。它包括但不限于：锚文本作弊、购买高权重外链、黑链、批量大规模增加低质量外链、链轮等。如果被搜索引擎判定为作弊外链，会对网站产生直接的负面影响。

5.3 网络营销策略

网络营销策略是企业根据自身特点进行的一些网络营销组合，它包括网页策略、产品策略、价格策略、促销策略、渠道策略和顾客服务策略等。良好的网络营销策略会给企业或者网站带来巨大的回报。

5.3.1 网络营销

网络营销在国内企业中的应用正逐步走向深入，但是相比国际优秀企业，国内的应用才刚刚起步。关于网络营销，简单地说，就是在互联网上营造一种在线营销环境。网络营销其实不需要很高深的理论，它所注重的其实是经验的总结和执行的技巧。

随着互联网的发展，网络营销的方式越来越多，主要包括：博客营销、直播营销、社交营销、创意广告营销、口碑营销、体验营销、趣味营销、知识营销、整合营销、事件营销、微博营销、搜索引擎营销等。

5.3.2 网络营销案例

下面讲述某知名化妆品品牌的网络营销故事。

四海商舟巧借网络，圈地中国潜在高端受众

拥有近 60 年历史的 Dior，品牌格调雅致而奢华。如何在保持其高端品牌形象的基础上，为品牌增添年轻活力，成为 Dior 圈地中国市场面临的一大难题。

众所周知，20～40 岁是化妆品、护肤品的主要消费者年龄。而新近调查显示，第一次购买化妆品、护肤品的年龄正逐步降低，18～25岁消费者已占55%。25岁左右的年轻一族追求时尚、崇尚自我，在互联网的熏陶中成长，消费能力较强，对各种高端品牌跃跃欲试，是未来几年奢侈品的主要消费对象。

2007年上半年，我国内地网民总人数超过1.62亿，涵盖了众多高端品牌的主要目标受众。而腾讯系列产品覆盖了95%以上的中国网民，其用户个性时尚、喜欢购买奢侈品，多为冲动型消费，成为Dior圈地中国潜在受众的首选平台。

正是基于此，Dior推出了全新水动力莹润防晒系列产品，利用QQ平台的人际优势，举办了“奢华水护养动力之旅”的主题活动，引导潜在受众对“年轻的奢华”的向往和追求。

网友口碑，释放Dior传播的病毒效应

水，万物之源
悠悠不绝润养生命
对于水般柔润的女人来说
唯有与水共舞
方能护养身心
成就浑然天成的似水灵性
……

2007年的春夏，“裸妆”“自然美”备受推崇。拥有自然、健康、白皙水嫩的肌肤，塑造低调而优雅的贵族气质，受到都市女性的垂青。Dior水动力产品的推出，迎合了年轻受众对“清水出芙蓉，天然去雕饰”般美的追求。

出色的产品已经具备，只欠网络营销东风。腾讯QQ空间平台，注册用户超过2亿，单天活跃用户超过1100万。那么，如何借助QQ空间平台在众多的用户中锁定高端目标受众，准确地向年轻人展示Dior水动力产品“年轻的奢华”；如何有效刺激目标受众对于护肤品话题的讨论和活动参与，并最终产生对Dior水动力产品的消费欲望成为此次网络营销战役的主要目标。为此，腾讯公司结合自身特点制定了专门的营销策略。

精准定向，选拔意见领袖

优雅的女人决不允许自己的美丽有一丝瑕疵，因为这是一种生活态度。同样，经典的品牌也绝不容许自己的高贵有一毫疏漏。笔者不得不佩服四海商舟的奢侈品网络营销策略。

此次“奢华水护养动力之旅”活动的主题空间，由 QQ 空间自主设计，出水芙蓉、晶莹水珠、蛊惑美女与 Dior 水动力产品、品牌的格调浑然天成。精致的页面设计，在炎炎夏日带给网友一种清新、自然、水润之感，吸引了白领和时尚女性的高度关注，为活动的开展打下了良好的基础。

Dior“奢华水护养动力之旅”活动分白领、学生、模特三个组，网友根据自身的实际情况选择组别参赛。选手以个人 QQ 空间形式报名，创立美容日志后，即可在自己的 QQ 空间以文字、图片或视频等丰富的形式介绍护肤心得，分享美容护肤的经验和诀窍。

网友以 Q 币的方式为支持的选手投票，每周评选一次。一周中，人气投票最高的 22 位选手获得入围，然后由 Dior 护肤专家根据网友美容护肤观点的专业性、经验的实用性、作品的原创性、对 Dior 水动力产品的了解度等方面，从入围的前 5 位选手中评选出两名优胜者，成为 Dior 水动力产品的意见领袖。

活动的最终优胜者将获得参加奢华水护养动力之旅的最终大奖——免费参与意大利“爱兰格纳”号油轮假期，同时，也辅以 Dior 水动力产品的免费体验作为对其他参赛者的鼓励。

人际传播，引发病毒式传播效应

每一位参与活动的 QQ 空间用户，都会在其 Qzone 页面上出现参赛的挂件和内容更新信息，无形中成为 Dior 水动力主题活动新的传播载体，吸引更多同类消费群体的关注和回应。

同时，大赛的优胜者凭借自身的实力成为了 Dior 水动力产品的意见领袖，其 Qzone 也演变为水动力产品病毒式营销的传播源。互联网最大的价值就是分享，只要信息有足够价值，就会无成本地传遍整个网络。口口相传的人际传播令 Dior 水动力的品牌信息、活动信息在短短 1 个月内加倍放大，活动日志回应率超出客户预期，最终大规模激发了受众对 Dior 水动力产品的消费欲望。

对于奢侈品营销，每一个环节都应富有技巧，既要保持高贵的姿态，又要竭尽全力地接近消费者。

为进一步挖掘潜在目标受众，此次活动调动了 QQ 会员俱乐部和 QQ 群的数据库资料。通过高级搜索，锁定符合 Dior 要求的高价值潜在目标，协助寻找有高级美容经验及有 Dior 品牌消费经验的用户，用 Tips 主动向她们发送邀请，进行一对一的精准营销。

另外，活动还利用产品试用、公关软文、明星博客等方式，树立产品的口碑，直接拉动了网上促销礼包订购和整体销售额的直线增长。据Dior的销售数据表明，Dior水动力系列产品2007年7月份销售额较2006年同期有大幅度增长。

而同时启动的娱乐频道、女性频道、时尚频道等页面画中画广告、All in One弹出15s视频广告等网络广告，也获得了极高的曝光度和点击率，为活动聚拢了大量的人气。据统计，短短1个月，活动主题页面总浏览数超过380多万次，参赛人数达25 000多人，20～30岁用户占注册用户总数的83%，年龄、性别组成均高于互联网平均水平。

借助互联网，以女性关注的美丽、护肤话题，引发消费者与品牌的互动，Dior的品牌知名度得到层层扩散；通过QQ空间平台，利用有效手段筛选出热衷美容、追逐奢华的潜在消费者和意见领袖，使得Dior水动力产品“年轻的奢华”的品牌体验一一传递。后期的效果跟踪，宣告了Dior在中国潜在目标市场圈地运动的初步胜利。

中国人的消费与生活方式正日益被享受和自我发展型所取代，追求时尚与形象、展示个性与发展自我，正逐渐成为新一代消费者的愿望与需求。国际营销界普遍认为，经济快速增长的中国将是最具潜力的奢侈品消费大国。国外高端品牌该如何各显神通，迅速扩大其在中国内地市场的渗透力和影响力？QQ空间和Dior开始了勇敢的探索与尝试。

5.3.3 网络营销策略

网络营销策略与普通的营销手段有一些差异，这里主要讲的是整体的营销方案。下面列举出比较常见的网络营销策略。

1. 网络品牌策略

网络营销的重要任务之一就是在互联网上建立并推广企业的品牌，知名企业的网下品牌可以在网上得以延伸，一般企业则可以通过互联网快速树立品牌形象，并提升企业整体形象。网络品牌建设是以企业网站建设为基础，通过一系列的推广措施，达到顾客和公众对企业的认知和认可。在一定程度上，网络品牌的价值甚至高于通过网络获得的直接收益。

2. 网页策略

中小企业可以选择容易记忆的网址建立自己的网站，建立后应有专人进行维护，并注意宣传，这样可以节省原来用在传统市场营销的广告费用；对于中小企业者来说，可能比广告效果要好。

3. 产品策略

中小企业要使用网络营销方法必须明确自己的产品或者服务项目，明确哪些是网络消费者选择的产品；定位目标群体，因为产品网络销售的费用远低于其他销售渠道的销售费用。因此，中小企业如果产品选择得当可以通过网络营销获得更大的利润。

4. 价格策略

价格策略是最为复杂的问题之一。网络营销价格策略是成本与价格的直接对话，由于信息的开放性，消费者很容易掌握同行业各个竞争者的价格，如何引导消费者做出购买决策是关键。

中小企业者如果想在价格上网络营销成功，应注重强调自己产品的性能价格比以及与同行业竞争者相比自身产品的特点。除此之外，由于竞争者的冲击，网络营销的价格策略应该适时调整，中小企业营销的目的不同，可根据时间不同来制定价格。例如，在自身品牌推广阶段以低价来吸引消费者，在计算成本基础上，减少利润而占有市场。

品牌积累到一定阶段后，制定自动价格调整系统，以降低成本，根据变动成本、市场供需状况以及竞争对手的报价来适时调整。

5. 促销策略

促销策略即销售促进。营销的基本目的是为增加销售提供帮助，网络营销也不例外，大部分网络营销方法都与直接或间接促进销售有关。但促进销售并不限于促进网上销售，事实上，网络营销在很多情况下对于促进网下销售十分有价值。

以网络广告为代表，网上促销没有传统营销模式下的人员促销或者直接接触式的促销，代之以大量的网络广告这种软营销模式来达到促销效果。这种做法对于中小企业来说可以节省大量人力支出、财力支出。网络广告可以于更多人员到达不了的地方挖掘潜在消费者，可以通过网络的丰富资源与非竞争对手达成合作联盟，以此拓宽产品的消费层面。网络促销还可以避免现实中促销方式的千篇一律，根据本企业的文化，并与帮助宣传的网站的企业文化相结合来达到最佳的促销效果。

6. 渠道策略

网络营销的渠道设置应该本着让消费者方便的原则。为了在网络中吸引消费者关注本公司的产品，可以根据本公司的产品联合其他中小企业相关产品为自己企业产品的外延，相关产品的同时出现会更加吸引消费者的关注。为了促进消费者购买，应该及时在网站发布促销信息、新产品信息、公司动态；为了方便购买还要提供多种支付模式，让消费者有多种选择；在公司网站建设时应该设立网络店铺，加大销售的可能。

7. 顾客服务策略

网络营销与传统营销模式的不同还在于它特有的互动方式。传统营销模式人与人之间的交流十分重要，营销手法比较单一，网络营销则可以根据自己公司产品的特性，根据特定的目标客户群，特有的企业文化来加强互动，节约开支，形式新颖多样，避免了原有营销模式的老套、单一化。

5.4 网站品牌策略

网站品牌策略又叫品牌营销，指网站用高质量的信息服务去打动用户，从而使网站发展良性循环。

5.4.1 网站品牌建设

我们在网上看新闻为什么会首选新浪新闻、搜狐新闻？这就是品牌的力量。

网站从小到大的过程就是品牌建设的过程。品牌规划内容包括：品牌商业创意咨询、品牌战略与调研方案、行业品牌定位报告。

5.4.2 为何要打造网站品牌

现在全球商业网站多如牛毛，每一家都在努力做好产品和服务，都希望争取消费者的眼球，消费者对于网站的忠诚度会越来越低，因此，门户网站品牌形象的建立，也就比传统营销时代更加重要。想要在网络时代的数字战场上取得优势，就需要以品牌为引导，将品牌带入与消费者的互动中。许多调查结果也都证实了创建网站品牌的重要意义。

1999 年，根据美国网络对话（Cyber Dialogue）以及国际商标协会（The International Trademark Association）的调查，在网络使用中，有 1/3 的用户会因为网络上的品牌形象而改变他们对原有品牌印象，有 50% 的网上购物者会受到网络购买品牌的影响，进而在网下也会购买该品牌的产品。网络品牌形象差的企业，年度销售量的损失平均为 22%。这些数字都说明，网站的品牌形象相当重要。

另外，网站品牌的成长与长期赢利的关系也是密不可分的，短暂和偶然的成功并不是优秀网站所追求的。市场的竞争环境会越来越规范，利润也会更加透明，所以我们需要重新审视行业、市场、品牌、产品、客户和竞争对手，重新审视我们企业发展的过去、现在和未来。

5.4.3 如何塑造网站品牌

塑造网站品牌是每个网站运营者所关心的问题，然而怎样去塑造却是一个难题，因为每个网站都是不一样的，不能按照别人成功的模式来进行操作。如何塑造，我们可以遵循以下 3 个步骤。

1. 用户未知时的品牌形象塑造——未知体验

用户未知时的品牌印象，是指用户在完全不了解我们网站时的一种感官认知，或者也可以说是用户在接触某网站之前的一种个人主观猜测印象。什么是好的未知品牌形象？好的未知品牌形象是指，用户只要听到某网站名字或宣传口号（往往是网站定位）就能知道这个网站是做什么的，如从网站名字或宣传口号就能知道网站的特点。例如当我们打开新浪微博，就会想到微型博客，打开网易，就会想到它是新闻。

什么是不好的未知品牌形象？不好的未知品牌形象，是指那些完全不了解网站的用户， 当听到这个网站的名字时产生的联想是与网站服务无关的品牌形象。例如豆瓣网，尽管它是一家非常有特色并且非常优秀的网站，但是大部分不了解它的人听到这个名字时，一定不会与书评、影评、乐评联系到一块。一个好的未知品牌形象可以帮助潜在用户正确认知网站，使之获得快速传播，而一个不好的未知品牌形象一方面会造成潜在用户的错位理解而流失，另一方面需要巨大的资本来塑造品牌形象。

如何为创建的网站塑造一个好的网站未知时的品牌形象？第一是选择网站名称。选择一个能够准确表达网站特点的名称是最简单最直接最实惠的未知品牌塑造方法；第二是选择宣传口号，宣传口号一般要能准确表达网站的服务核心特点，并使用户能清楚地了解到。未知品牌形象的建立一方面表现在网站的定位（目标），另一方面表现在对网站特点的描述，对于好的网站来说，这两者一般是一致的。

2. 用户接触时的品牌形象塑造——接触体验

用户在对未知品牌形象了解之后，可能就要初步使用网站了。用户在前几次使用网站，特别是第一次使用网站时产生的印象就是用户接触时的品牌形象。

好的接触品牌形象是一种整体的外观品牌形象，与宣传的未知品牌形象是一致的，是未知品牌的整体表现形式，是用户经过一些随意（不进行思考）浏览所看到的品牌形象。例如百度的宣传口号是最大的中文搜索引擎，来到首页就可以看到搜索界面。

不好的接触品牌形象是指看到的内容与未知品牌形象不一致，或者不能体现未知品牌形象。

如何塑造一个好的用户接触时的品牌形象？

第一是整体架构。一个网站的整体架构往往是一个网站的整体表现形式，也是用户第一次接触网站时对其的整体印象。好的网站架构需要一个能够驾驭全站的管理者对整体进行把握，要有相当的战略高度和理解深度。很多门户网站外观很漂亮，但仔细一看内容构架乱糟糟，要么支离破碎，要么没有重点，导致很难使用户形成完整、清晰、美观、准确的接触时品牌形象。

第二是整体内容。网站是一个系统化框架，每个框架里面填充的都是对应的内容，如何使框架与内容一致，充分让内容来体现框架需要很深的理解力和预见性。网站整体内容可以表现出网站的整体风格和整体内容服务的特色。

3. 用户了解后的品牌形象塑造——了解体验

当用户接触网站以后，会从粗略的感性认识角度形成接触时品牌形象，然后会深入地了解网站的某些产品和内容，满足自己一些具体的需求，从而形成了解后的网站品牌形象。

好的了解后的品牌形象是用户对网站产品深度了解后形成的一种快乐、实用、有趣、体验品牌形象。这一方面包含了对产品的界面、导航、操作和结果的了解；另一方面是对内容和用户互动的了解，是对未知品牌和接触品牌的具体解释和说明。用户可以通过了解来加强对未知品牌和接触品牌的理解，也是对未知和接触品牌的确定。

不好的了解后的品牌一方面体现在运营上，给人的感觉就是什么都做，什么都有，但是什么都不突出，用户感觉不到有任何深刻的、好的印象，用完就忘记了；另一方面体现在产品上，给人感觉就是脏乱差，没有关联性，缺乏相关性，如一个网站中的产品各不相关，孤立存在，单个产品界面不堪忍受等。

如何塑造一个好的用户了解后的品牌形象？

第一是运营上无论对用户还是对内容都能整体把握，定位清晰（一个企图满足所有人使用和企图做所有内容的网站一定不是好网站）；要记住细节是为整体服务，不要只见树木，不见森林，陷入细节的反复修改，却忘记了细节与整体的关系。

第二是应用上，要清晰了解软件开发的目的，满足用户什么需要，再去设计门户网站的界面、导航、操作和结果等内容；然后考虑如何去满足用户需求，如怎样让用户用到网站，包括站外传播渠道和站内传播渠道，传播给哪些用户，如何表现传播的形式等。

4. 用户离弃后的品牌形象分析——离弃体验

很多网站对离开的用户采取提醒的方式，却很少采用调查的方式真正了解用户为什么会离开。其实用户离开网站的主要原因就两个：网站不能满足需求，或者是需求已经解决。其中，不能满足用户需求是真正需要研究的重点。站长要做的事情包括：分析新用户流失的原因，分析老用户放弃的原因。这种用户研究会对网站的改进起到良好的帮助和指导作用，会促使网站慢慢与用户磨合，实现推广的预期。

5.5 网站盈利策略

“网站是如何盈利的？有多少种好的盈利方式？如果我想运营一个网站该怎样寻找盈利点？我适合做哪一种网站？”

我想大多数有网站的读者都会面对这样的问题。如果您的网站还没有盈利，那么可以仔细了解下面列举出的一些网站盈利模式。

1. 网站的个人交易平台服务（C2C 模式）

Consumer to Consumer 是电子商务的专业术语，指个人对个人之间的电子商务。因为英文中 2 的发音同 to，所以 C to C 也写为 C2C。

采用 C2C 模式盈利的国内代表网站是淘宝网，由阿里巴巴集团在 2003 年 5 月 10 日投资创立。截至 2018 年，淘宝的年活跃用户已经达 6 亿人，年度 GMV 已经达 2.6 万亿元，年入百万元的卖家达 43.7 万家。

从理论上来说，C2C 模式是最能够体现互联网精神和优势的，数量巨大、地域不同、时间不一的买方和同样规模的卖方通过一个平台找到合适的对家进行交易，在传统领域要实现这样大的工程几乎是不可想像。同传统的二手市场相比，它不再受时间和空间限制，节约了大量的市场沟通成本，其价值是显而易见的。

从实际操作来说，C2C 具有以下两方面可操作性。

首先，C2C 能够为用户带来真正的实惠。C2C 电子商务不同于传统的消费交易方式。过去，卖方往往具有决定商品价格的绝对权力，而消费者的议价空间非常有限；拍卖网站的出现，使得消费者也有决定产品价格的权力，并且可以通过消费者相互之间的竞价结果，让价格更有弹性。因此，通过这种网上竞拍，消费者在掌握了议价的主动权后，其获得的实惠自不用说。

其次，C2C 能够吸引用户。打折永远是吸引消费者的制胜良方。如果网站上经常有商品打折，对于注重实惠的中国消费者来说，这种网站无疑能引起他们的关注。对于有明确目标的消费者（用户），他们会受利益的驱动而频繁光顾 C2C；而那些没有明确目标的消费者（用户），他们会为了享受购物过程中的乐趣而流连于 C2C。如今 C2C 网站上存在不少这样的用户，他们并没有什么明确的消费目标，花大量时间在 C2C 网站上游荡只是为了看看有什么新奇的商品，有什么商品特别便宜。对于他们而言，这是一种很特别的休闲方式。因此，从吸引“注意力”的能力来说，C2C 的确是一种能吸引眼球的商务模式。

2. 在线广告

在线广告始于 1994 年，是网站盈利最为普遍的模式之一，其形式繁多，从 Banner（旗帜）、Logo（图标）广告，到 Flash 多媒体动画、在线影视等多种多样；从收费方式来看，现在比较受欢迎的是按点击次数收费，谷歌和百度等搜索引擎网站主要采取此类广告模式。

网站也可以实现广告收入，只要网站有较大的浏览群体（最好是某一类型的浏览群体），就具备了网站广告收费的条件。当然，也可以成为大型网站的广告合作伙伴来获得一定的利益。

另外，现在比较流行一种“窄广告”概念，就是针对更专业的浏览群体，而不是泛泛的流量，这样其有效的用户比例会大幅提高。

3. 网上零售（B2C 模式）

Business to Customer（B2C）即企业对消费者，也就是直接面向消费者销售产品和服务的商业零售模式。

网上零售行业，既有体量庞大的巨头，如京东、当当、国美、苏宁等，也有数量众多的中小企业商城。网上零售大致有两种操作方法，一种是销售自己

生产的产品，另一种是建立网上零售平台，出售获得销售权的产品。

在国内，由于诚信体系不完善，小微公司网上零售依然受到影响。

4. 信息收费服务

如果读者经常上网浏览，会时常遇到有些网站的信息必须是注册用户才能阅读，甚至必须是收费用户，这就是网站特殊信息收费服务。

例如，化工类网站，有许多信息是非用户所不能阅读的，这与化工行业特性有关。其产品丰富、价格变化频繁、企业资金实力比较强等特性奠定了许多化工企业愿意付款阅读一些与行情有关的信息或历史资料。

此外，还有一些人才网站、电子图书网站、交友网站、在线电影网站等，许多关键信息也都是仅面向收费用户的。

5. B2B 交易平台

这也是一种比较常见的网站服务模式，顾名思义，Business to Business（B2B）就是商家与商家交易。采用此类模式盈利的代表网站是阿里巴巴，由于其群体锁定在商家之间，虽然群体范围并没有普通大众多，但是商家会有更好的支付能力和更大的交易能力，也许对于商家来说，成交一笔生意的所得远远超过支付的会员费用。

从 2016 年起，国内各大行业纷纷推出了 B2B 模式的行业垂直网站，以其专业度高、收费相对低等优势，前景应该是很乐观的。

6. 软件下载

软件下载可以说是网上零售的一部分，只是其销售的产品为软件，可以在线直接下载，而无需实物流通。

现在国内的软件下载服务多为免费的形式，有许多软件公司更是利用互联网的优势提供在线升级服务，这也是促进与用户互动的好方法。

第 6 章 专题篇

本章主要介绍几种较为常见的 SEO，同时也分享了一些目前较为热门、应用比较广泛的 SEO 工具，以供读者参考。

6.1 个性化搜索服务

个性化搜索是谷歌最先开始尝试，其他主流搜索引擎跟进的排名方式。所谓个性化搜索，指的是不同用户搜索相同的关键字，看到的排名不相同，其目的是希望能围绕用户的个人喜好来推送更有针对性的内容，以提升用户的搜索体验。

6.1.1 个性化搜索的含义

个性化搜索也叫个人化搜索，指搜索引擎根据用户搜索的历史记录、用户

所在地域等信息返回更适合该用户的搜索结果。这些搜索历史记录包括用户所搜索的关键词、在搜索结果中的点击情况，以及在各个网站的访问情况等。

搜索引擎掌握了用户的这些资料后进行分析，在用户搜索新的关键词时，便能返回更有针对性的搜索结果，从而提升用户体验。

例如，当我们在使用谷歌的个性化搜索服务时搜索“网络营销”后，如果用户平时更多的是关注相关的教程或者信息，则返回的数据就会侧重教程与信息，而不是图片或论坛。

6.1.2 个性化搜索与 SEO

个性化搜索应该是未来搜索引擎的方向之一，但就目前来看，进展比较缓慢。当个性化搜索引擎得到一定的发展，对 SEO 就会产生比较大的影响。传统的 SEO，最主要的目标是在搜索引擎中得到良好的排名，而个性化搜索引擎寻求的是更为个性、更倾向用户喜爱的搜索结果。因此，在面对个性化搜索引擎时，如何做到良好的用户体验，如何让网站充满黏性是未来 SEO 人员所要认真考虑的问题。

6.2 整合搜索

整合搜索就是在正常搜索结果页面中同时显示普通文字搜索页面之外的图片、视频、新闻、博客、地图、图书等垂直搜索结果。谷歌于 2007 年底第一次推出整合搜索，现在该模式已被所有主流搜索引擎采用。

6.2.1 关于整合搜索

整合搜索的功能特色主要有如下四点：

（1）功能通用，利用一个搜索框即可完成所有功能。

（2）终端通用，搜索行为不仅仅局限于计算机上，搜索结果的传递方式也更多元化。

（3）操作方式通用，高度可定制的界面可以满足各种用户的需求。

（4）搜索结果通用，更加丰富的搜索结果展示方式。

6.2.2 百度的整合搜索系统

百度的整合搜索系统是搜索引擎领域具有代表性的整合搜索方案。百度的整合搜索系统有一个比较完善的关键词智能识别技术，根据用户对某关键词的关注度趋势，整合了比较适合用户的搜索结果。

如图 6-1 所示，当用户在百度搜索引擎中搜索“北京”这个关键词时，根据用户的习惯百度整合了地图以及对应的图片，因为根据百度搜索引擎的判断，搜索“北京”这个关键词的用户，大都对北京这些地方感兴趣。

图 6-1 百度整合搜索结果页面

百度整合搜索系统的三个环节基本构建方式如下：

（1）在原始数据源方面，由于多个垂直系统都基于不同的索引构建，为了整合搜索，其在基础架构层面将各类索引融合为一个大的索引。

（2）在搜索结果整合方面，由于很多如视频、文献等子系统并没有权重和词频这两个核心排序特性，因此百度搜索引擎为各个记录建立了全新的“相对等级”评级，然后根据此评级选择数据源，并对相关检索结果进行排序。此外，由于部分资源，如专利库、某些文献库等是由第三方提供的，并没有融入其整合的大索引内，因此其在抽取这类资源库的部分记录后，与其他检索记录进行即时的动态排序。

（3）在结果展示方面，百度搜索以基于混合组件（Blending Part）的用户界面对结果进行展示，具体的展示和排序方式主要根据记录的类型和评级，如有的视频资源可以展示截图，有的仅显示标题等。

目前百度的整合搜索系统还有很多需要完善的地方，如排序和显示仍然是线性的，并没有做到真正的融合，显示方式也比较单一。

6.2.3 百度的整合搜索分类

整合搜索体现了搜索引擎的智能化发展方向，因为搜索结果整合的前提是对关键字的职能分析判断。所以，如果用户在百度搜索中输入的关键字是“风景”，百度搜索的理解是用户想查找“风景”方面的图片，而不是关于“风景”这个词的介绍，因此会在结果页面中添加图片搜索的结果，从而实现搜索的智能化。下面是百度一些主要的整合搜索简介。

百度学术搜索的整合。百度学术搜索对于高校学生和老师都是不错的工具，当用户在网页搜索中输入的关键字与学术科研有关时，搜索结果页会给出有关的学术文章，如“基于内容的化验数据搜索引擎研究”“农业搜索引擎中的异常数据检测”“基于大规模文本数据集的相似检测关键技术研究”之类。

百度新闻搜索的整合，即把各大信息网站的新闻放在网页搜索中，以增强信息的实效性。例如搜索“搜索引擎”“互联网”“谷歌”“新浪”等，就会返回它们的相关焦点，及新闻动态、图片等。

百度天气搜索的整合。天气搜索属于特色搜索，输入“某个城市＋天气”，百度搜索会返回该城市最近三天的天气，数据来源于北京市专业气象台。

百度财经搜索的整合。股票搜索与天气搜索一样属于网页特色搜索，如果输入的关键字是股票名称或代码，则调用财经搜索，返回该只股票的信息。

百度视频搜索的整合。很多人上网的目的是看在线视频，在百度网页中也可搜索视频，例如输入关键字“营销 视频”则会返回土豆网和优酷网等的视频列表，包括视频的截图、长度等信息。

百度电影搜索的整合，即电影播映信息的搜索。输入电影名称及设定城市地点即可。例如输入“功夫之王”之类的关键字就会返回该电影的搜索结果。

百度地图搜索的整合。如果输入的关键字是某个城市的某个地名，例如“北京 中关村”，百度会调用地图搜索的结果，显示北京中关村的地图信息和图片信息，点击进入相关链接即可。

百度文件搜索的整合。虽然百度没有文件搜索这一产品，但平时查资料时会经常发现前 10 位结果里有 DOC、PDF 等格式的文档，直接点击即可下载。例如“搜索引擎优化合作协议”可直接搜索到相关文档。

6.2.4 整合搜索对 SEO 的影响

在未出现整合搜索之前，人们都习惯了搜索结果中单一的搜索结果列表，SEO 人员的优化工作也主要是网页优化。但在整合搜索出现之后，SEO 人员的工作需要进行不小的调整，要想从搜索引擎获取更大的流量，应该做好内容和图片等方面的优化，在这些方面进行侧重优化比较有利于网站自身的发展。

6.3 SEO 工具

目前 SEO 工具非常多，本节主要介绍一些常用的 SEO 工具，以在线 SEO 工具居多。

6.3.1 站长工具网

站长工具（http://tool.chinaz.com/）是 SEO 常用网站工具之一，功能有域名查询、网站信息查询、SEO 信息查询、权重查询、辅助工具等，如图 6-2 所示。

图 6-2　站长工具

6.3.2 爱站网

爱站网（www.aizhan.com）是 SEO 常用网站工具之一，为站长们提供关键词排名批量查询、IP 反查域名、whois 查询、ping 检测、网站反向链接查询、友链检测等功能，如图 6-3 所示。

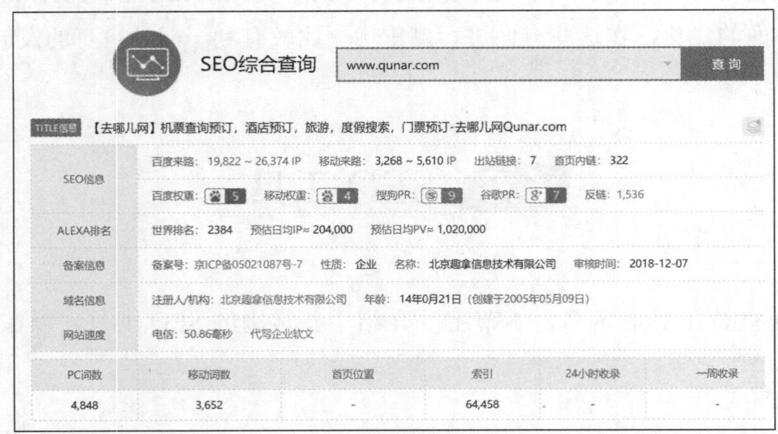

图 6-3　爱站网

6.3.3 流量统计工具

目前国内的流量统计工具主要有百度统计、CNZZ 站长统计、51 啦站长统计等。CNZZ 和 51 啦站长统计是国内比较早期的流量统计工具。

根据国内大多数网站的使用情况和趋势，下面以百度统计为例进行讲解。

图 6-4 所示为某博客网站的百度统计后台首页页面，从中可以清楚地看到百度统计的几大类工具，以及较为直观的图形化分析报表。

图 6-4　某网站的百度统计后台首页

百度统计主要分为五大块，分别是流量分析、来源分析、网站分析和访客工具，下面详细讲解这五种工具。

1. 流量分析

流量分析主要统计网站的流量变化情况，包括实时访客、流量趋势、跨屏分析，每个子模块都有较为详细的数据说明，如图 6-5 所示。

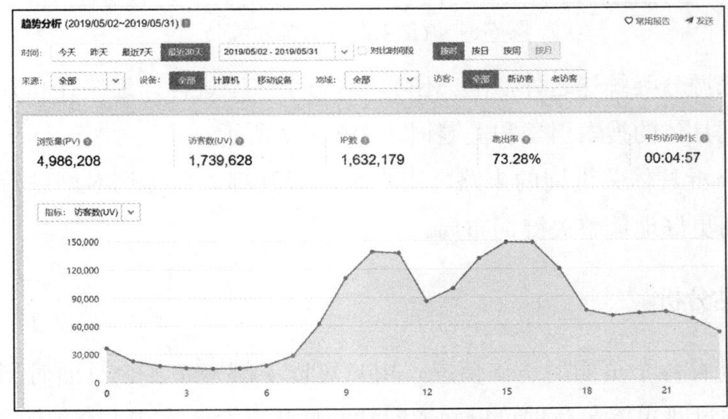

图 6-5　最新访客分析报表

除了页面上半部分的趋势图之外，下半部分还有详细数据报表，包括地域统计、上站时间统计、来源统计、入口页面、最后停留以及停留时间等，能满足大多数数据分析师的要求。当然，用户也可以进行个性化查询，例如仅检查四川地区的访客情况等。

2. 来源分析

通过来源分析，用户可以了解到各种来源给网站带来的流量情况，包括搜索引擎、外部链接、直接访问等。图 6-6 所示为某网站的流量来源分类统计情况。

图 6-6　流量来源分类统计情况

除了来源分类统计之外，用户还可以对每个来源进行详细统计和分析，例如，可以精确到具体的搜索引擎和关键词，如图 6-7 所示。

通过分析具体关键词的来路，用户可以看到哪些关键词对网站流量贡献了多少，从而更好地调整关键词布局。

3. 网站分析

通过查看各个页面的访问情况，用户可以了解网站各个页面对浏览者的吸引情况，通过跳出率等数据可以知道网站的哪些页面还存在不合理因素。

搜索词			浏览量(PV) ↓	访客数(UV)
1	广州旅游攻略必玩的景点		6,469	832
2	南京旅游攻略		1,051	721
3	阖闾大城始建于		2,728	2,673
4	成都旅游攻略		2,109	993
5	旅游攻略		2,091	356
6	福州旅游必去景点		2,021	410
7	台湾旅游攻略		1,745	523
8	南昌旅游必去景点		1,266	263

图 6-7　来自百度的搜索关键词

该分类有一个比较有特色的工具——百度热力图，也叫页面点击图，如图 6-8 所示。

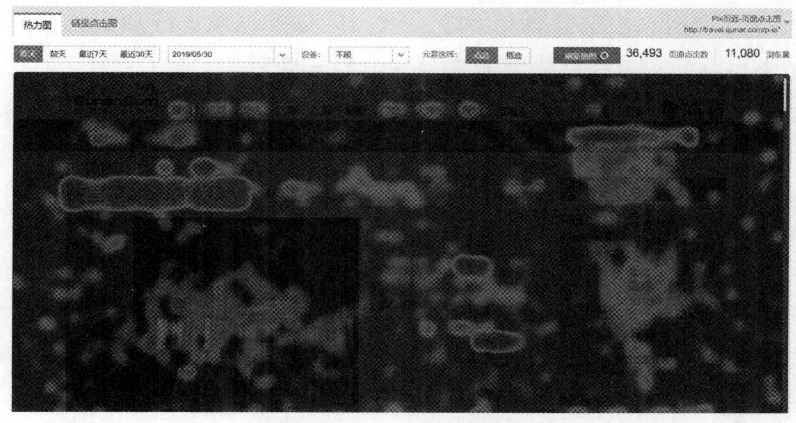

图 6-8　去哪儿网某页面热力图

通过百度热力图，可以对访客的聚焦度有一个较为详细的分析，从而了解网站的哪些位置最受访客关注。当选中某块区域后，会弹出该区域的来源分类，主要来源包括搜索引擎、外部链接和直接输入；对各种来源的点击数和所占比例也有较为详细的统计。

4. 访客分析

通过分析各个地域的访客详情，可以分析出网站的用户群体及分布情况。

除了上面讲到的两点，还有浏览器的统计、屏幕的分辨率统计、操作系统、网络提供商等数据统计，为改善网站提供了很好的数据支持。

6.4 全站链接与首页链接

全站链接与首页链接有着各自的优势和特点，本节将区分这两种不同的链接模式。

6.4.1 全站链接与首页链接

所谓的全站链接，就是指整个网站的所有网页都有链接指向首页，如果一个网站有一万个网页，就会有一万个页面指向你的网站。高质量的全站链接会给网站带来很高的权重转移，并能带来一定的流量。

首页链接，顾名思义就是指仅网站首页有指向你的网站的链接。一般在链接互换、链接购买时会建立首页链接。

对网站自身来讲，全站链接一般出现在导航和页脚处，全站导出链接的网站很少。图 6-9 所示是去哪儿网某产品页脚处的全站链接。

推荐热门目的地

港澳台旅游报价	青岛旅游报价	庐山旅游报价	海口旅游报价
西安旅游报价	辽宁旅游报价	丽江旅游报价	塞班岛旅游报价
大阪旅游报价	伊尔库茨克旅游…	宿雾旅游报价	台湾旅游报价

图 6-9　去哪儿网某产品页脚处的全站链接

6.4.2 全站链接的优劣势

全站链接指的是网站的所有页面都有指向该页面的链接，其优势不难理解，在正常情况下，全站链接会给你的网站带来巨大的权重传递，从而促进网站的权重提升，进而影响到关键词的排名等。

同样的道理，当该站被降权或者被搜索引擎剔除后，这个全站链接就会失效。如果之前过度依赖这个全站链接的优势，那么在之后这种优势就会完全丧失，更有甚者，被全站链接所指向的站点也会因为连带关系而被降权。

因此，在选择站外的网站做全站链接时，一定要慎重考虑。如果选择做全站链接的网站没有被搜索引擎剔除的危险或者网站在行业内有比较良好的知名度，则可以选择。

6.5 整站设计和优化

整站设计是为了做好网站各个方面的优化工作而进行的全方位设计。整站优化并不以某个关键词为最终目的，而是对一个网站进行综合优化，包括域名选择、栏目设置、内部及外部链接部署、内容建设、浏览体验等多个方面。关键词的整站优化只是一方面，更重要的目的是为最终的销售服务。

6.5.1 基本设计要求

网站的结构要求简单清晰而且布局合理。复杂的或不合理的结构，比较糟糕的内部链接，会使搜索引擎蜘蛛在爬行时迷失方向，造成很多页面难有机会被收录。

网页的代码要求精简而且美观。虽然代码普通用户不能看到，但是设计良好的代码会加快页面的访问速度，也更有利于蜘蛛的爬行。另外，JS、框架结构等代码设计，会使搜索引擎很难理解这个页面，这样的情况下，对该页面的排名是很不利的。

6.5.2 页面元素

页面元素指的是页面的各个标签等元素。这些页面元素的设计根据如下一些原则。

（1）Java 脚本需要由外部调用，而不是直接写在页面里。如果必须写，则最好写在整个页面的下面。

（2）在美观的基础上，关键字前后加上 center、strong 等 HTML 标签。

（3）tr、td 等内容要简单清晰。不要将页面搞得特别复杂，这样不仅对 SEO 不利，对以后修改代码也不利。

（4）CSS 样式表要求在 link 标签里调用，禁止在页面中过多或重复定义。

（5）include 页面时，被 include 的界面应该只有需要的代码，而不再有 head 部分。

总之，页面代码设计的原则就是清晰、明了。

6.5.3 整体设计

1. 整体结构设计与搭建

整体结构设计与搭建是将网站页面的内链关系搭建为最为合理的网状结构，重要的关键词放在首页，次要的关键词分布在栏目页和内页，内链合理且充分。

内页、栏目页与主页之间的关系为清晰的树状结构。图 6-10 所示是最为简单的一种树状结构。

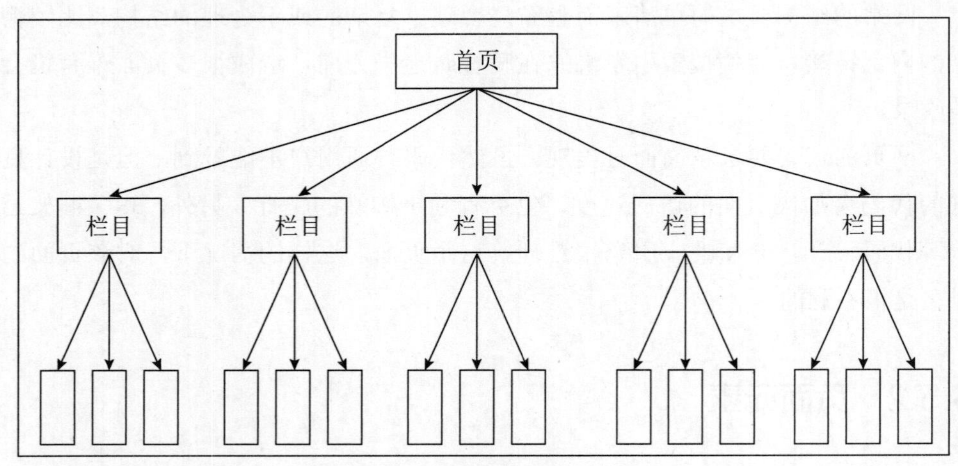

图 6-10　简单的树状结构示意图

2. 标题撰写

这是一项比较重要的工作。网页标题会出现在搜索引擎的搜索结果列表中，即使排名靠后，好的标题也会吸引用户点击，因此标题的撰写在网页的优化工作中是最为重要的工作。

标题的写法有很多种，基本的原则就是能吸引用户点击且利于关键词的排名。

3. 网页描述的撰写

网页描述是指针对该网页的一段文字简述，放置于网页的meta标签内，作用是在搜索引擎的结果列表中显示这些描述。

4. 关键词设置

关键词一般放置于网页的关键词标签中，用于告诉搜索引擎该页面用于参与排名的关键词是什么。通常设置3个关键词，长尾关键词的数量则更少。

5. 网页之间的链接

良好的内链会促进页面被搜索引擎收录，也会传递相关的权重给相应的页面，除了内链设计之外，外链的添加也很有必要。锚文本外链会直接影响到关键词的排名，文本外链会影响到网站的权重。

6. 建立网站地图

网站地图会促使搜索引擎对网站更容易理解，也方便了蜘蛛在各个页面爬行。不管是对搜索引擎还是用户，地图的作用都是显而易见的。

建立网站地图的相关技巧如下：

- 在图片上加alt描述，增强其文字可读性。
- 在网站中适当放置PDF、DOC等文件的链接页面是提升权重的好办法。
- 不要使用框架结构的网页，这样搜索引擎很难理解。
- 在页面中增加关键词密度。
- 做好站内互链，尽量保持内容相关。

- 网页的导出链接不宜过多。
- 标题中尽量包含关键词。
- 大量使用h1、h2标签。

6.6 区域性搜索结果

区域性搜索是百度比较有特色的功能，简单地说，就是在使用百度搜索引擎时百度会调用你所用的IP地址，从而将本地的一些网页排名提前。这种功能其实对用户是有利的。

6.6.1 区域性搜索示例

这里以笔者在北京搜索“SEO优化公司”这个关键词后的搜索引擎结果列表为例，说明区域性搜索的用法。搜索结果一般会调用当地比较好的地方站列在搜索结果首页，如图6-11所示。

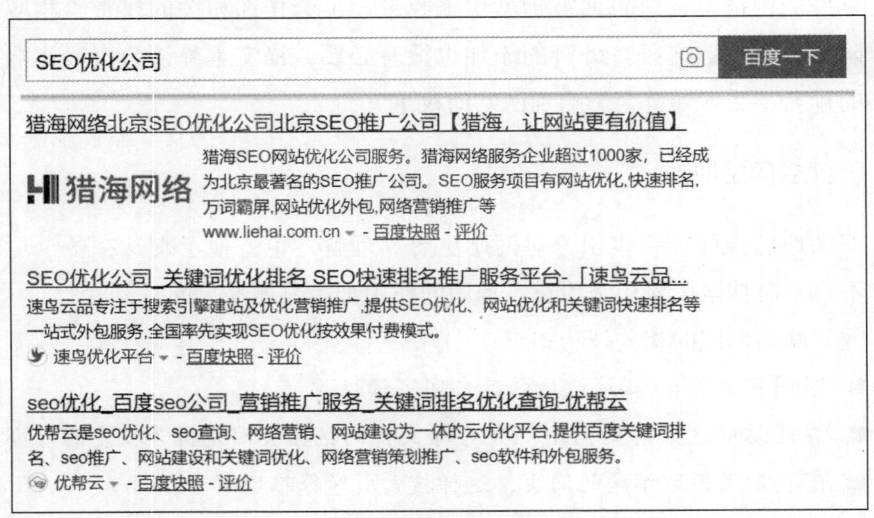

图6-11　百度区域性搜索结果示例

图6-11所示是笔者在北京地区搜索的结果列表，排名第一的是猎海网络。

因为该网站在北京地区排名第一，所以在较大范围的区域性搜索结果中也会排名靠前。但是在其他城市搜索同一个关键词，所显示的结果就会有所不同。

6.6.2 区域性搜索结果排名机制

并不是所有的关键词都会触发区域性搜索结果，出现这种现象的关键词一般会有如下两个特征：

（1）关键词有比较明显的区域性差异，例如“SEO”。大多数比较大的城市都有经营“城市 +SEO”的网站，例如“旅游”“城市 + 旅游”这样组合的词，现在竞争已经比较激烈了。但是，大多数关键词还是很难触发百度的区域性搜索系统，因为很多关键词并不具备地方性质，如公司名称、产品名称等。

（2）有触发区域性搜索的网站在“地方 + 关键词”这样的组合搜索结果中排名一般在第一或者前三时，会被百度加入到区域性搜索系统中。

区域性搜索系统是百度开发不久的排名机制，在技术上可能还有一些有待改进的地方，对于大型网站，这种算法的改变会对他们造成一定的影响，但会提升用户体验，这是百度的一个进步。

6.7 百度框计算

百度框计算是由百度董事长李彦宏于 2009 年 8 月 16 日在百度技术创新大会上提出的一种全新技术概念。

6.7.1 框计算包括哪些

百度的框计算打破了原有的传统搜索引擎模式，从用户的角度讲更加人性化。

在李彦宏所描述的框计算中，用户只要在“框”中输入服务需求，系统就能明确识别这种需求，并将该需求分配给最优的内容资源或应用提供商处理，最终准确高效地返回给用户相匹配的结果。这种高度智能的互联网需求交互模式，以及“最简单可依赖”的信息交互实现机制与过程，称之为“框计算”。

单纯的框计算是没法提供相应的数据支持的，因此只有结合百度开放平台，整合各种行业的互联网平台数据，才能有效地将信息一站式反馈给用户，从而提升用户体验。图 6-12 所示为百度框计算技术架构示意图。

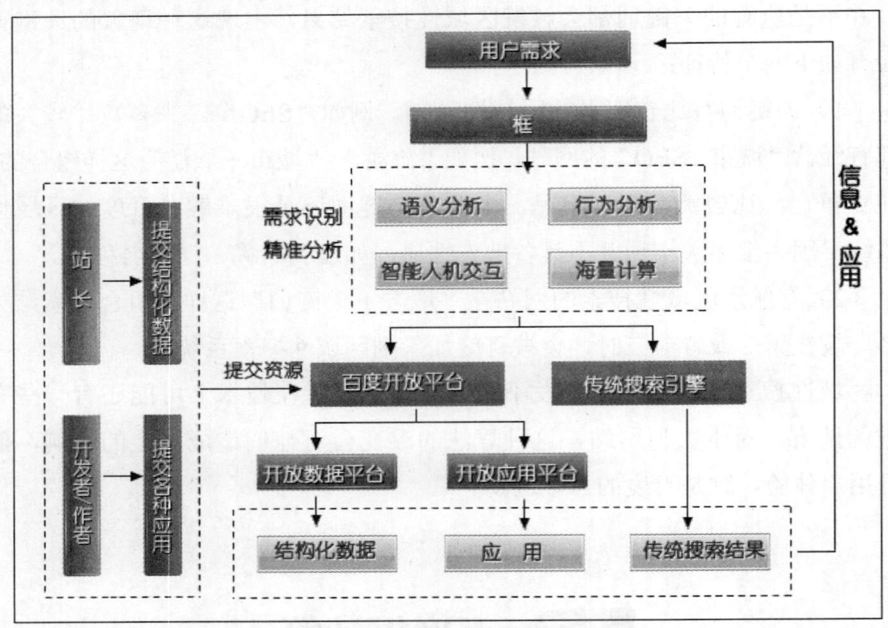

图 6-12　框计算技术架构示意图

6.7.2 框计算与百度开放平台

百度开放平台是百度针对用户的需求，为站长和广大开发者提供的一种免费的数据对接平台。站长和应用开发者可以将其应用提交到百度开放平台，实现最佳位置的结果展示，从而实现开发者、用户与百度三赢的局面。

百度的开放平台主要分为两类，一类是百度数据开放平台，另一类是百度应用开放平台。

百度数据开放平台，简单地讲就是为用户提供一站式的数据信息服务，如天气预报、彩票、电话号码、旅游、时间、软件下载等，如图 6-13 所示。

图 6-13　百度数据开放平台示例

百度应用开放平台，即为用户提供一站式的应用服务，用户在不离开搜索引擎平台的基础上就可以完成各种应用，例如娱乐游戏、数字计算等，为用户节约宝贵的时间，如图 6-14 所示。

Bai百度 计算器

网页 资讯 视频 图片 知道 文库 贴吧 采购 地图 更多»

百度为您找到相关结果约32,800,000个　　搜索工具

8x9=
72

(	)	%	C
7	8	9	÷
4	5	6	x
1	2	3	-
0	.	=	+

计算器在线计算_计算机

在线计算器 zxjsq.net

计算器在线计算,计算器在线使用,在线计算器,提供两个版本:基础版的在线计算机,适合简单的四术运算;科学计算器,提供更高级的计算项目,任君选择。

www.zxjsq.net/ - 百度快照

图 6-14　百度应用开放平台示例

6.7.3 框计算的价值

框计算一经推出，就在业界引起了不小的轰动。到目前为止，百度框计算已经影响到很多网民的查询方式，百度的这种“即搜即得，即搜即用”的创举，再次为它赢得了业界和用户的认可。

框计算的价值主要体现在用户、内容提供方、技术开发者以及整个互联网行业这四个方面。

对于用户，框计算的应用会更方便用户的需求，这种体验的提升具有革命性意义。

对于内容提供方，与框计算平台对接后，能共享框计算平台的海量需求资源，以最简单的方式全方位满足用户的多种需求，从而快速获取用户，得到用户的认可和品牌知名度的提升。

对于技术开发者，百度框计算平台拥有大量有待开发的资源，是很有诱惑力的挑战。

对于整个互联网，百度框计算引领并促进行业的创新，同时也整合了行业的优质资源，从而为广大用户提供优质服务。

第 7 章 百度篇

百度是国内访问量最大的搜索引擎。百度优化是 SEO 从业者的重点。

7.1 百度搜索引擎的工作原理

在国内要想做好 SEO，百度搜索引擎是必须要重点研究的对象。百度公司通过百度搜索资源平台对百度搜索算法进行了比较系统的解读。本章内容基于百度搜索资源平台，对该平台的内容进行了整理，以帮助读者更好地理解该平台的特点和优化逻辑。

有关百度搜索引擎的权威资料，可以通过百度搜索资源平台 https://ziyuan.baidu.com/ 找到。

7.1.1　抓取建库

1. 百度蜘蛛抓取系统的基本框架

现在互联网上的信息呈爆发式增长，如何有效地获取并利用这些信息，是搜索引擎工作中的首要环节。数据抓取系统作为整个搜索系统中的第一个环节，主要负责互联网信息的搜集、保存和更新，它像蜘蛛一样在网页中爬来爬去获取信息，因此被叫作蜘蛛或者网络爬虫。

蜘蛛抓取系统是搜索引擎数据来源的重要保证，如果把 Web 理解为一个有向图，那么蜘蛛的工作过程可以认为是对这个有向图的遍历。从一些重要的种子 URL 开始，通过页面上的超链接，不断地发现新的 URL 并抓取，尽最大可能抓取到更多有价值的网页。对于类似百度这样的大型蜘蛛系统，因为每时每刻都存在网页被修改、删除或出现新的超链接的可能，因此，还要对蜘蛛过去抓取过的页面保持更新，维护一个 URL 库和页面库。

图 7-1 所示为百度蜘蛛抓取系统的基本框架图，包括总链接库、链接选取系统、内部 DNS 解析服务、抓取系统、抓取回网页解析等。百度蜘蛛即是通过这种系统的通力合作完成对互联网页面的抓取工作。

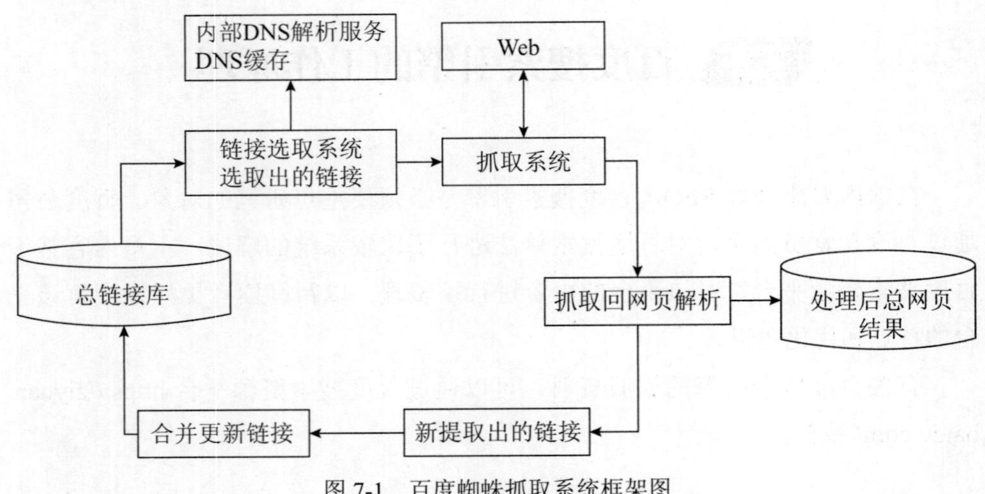

图 7-1　百度蜘蛛抓取系统框架图

2. 百度蜘蛛主要抓取策略

图 7-1 看似简单，但其实百度蜘蛛在抓取过程中面对的是一个超级复杂的网络环境，为了使系统可以抓取到尽可能多的有价值资源并保持系统及实际环境中页面的一致性，同时不给网站体验造成压力，会设计多种复杂的抓取策略。

1）抓取的友好性

互联网资源庞大的数量，要求抓取系统尽可能地高效利用带宽，在有限的硬件和带宽资源下尽可能多地抓取到有价值资源。这就产生了另一个问题——耗费被抓网站的带宽造成访问压力，如果程度过大将直接影响被抓网站的正常用户访问。因此，在抓取过程中就要进行一定的抓取压力控制，达到既不影响网站的正常用户访问又能尽量多地抓取到有价值资源的目的。

通常情况下，最基本的是基于 IP 地址的压力控制。这是因为如果基于域名，可能存在一个域名对多个 IP 地址（很多大网站）或多个域名对应同一个 IP 地址（小网站共享 IP 地址）的问题。实际工作中，往往是根据 IP 地址及域名多种条件进行压力调配控制。同时，站长平台也推出了压力反馈工具，站长可以人工调配对自己网站的抓取压力，这时百度蜘蛛将优先按照站长的要求进行抓取压力控制。

对同一个站点的抓取速度控制一般分为两类：其一，一段时间内的抓取频率；其二，一段时间内的抓取流量。同一站点不同的时间抓取速度也会不同，例如夜间抓取可能就会快一些，视具体站点类型而定，主要思想是错开正常用户访问高峰，不断调整。对于不同站点，也需要采用不同的抓取速度。

2）常用抓取返回码

下面简单介绍几种百度支持的返回码。

（1）404 代表 Not Found，认为网页已经失效，通常将在库中删除，同时短期内如果百度蜘蛛再次发现这条 URL 也不会抓取。

（2）503 代表 Service Unavailable，认为网页临时不可访问，通常在网站临时关闭，带宽有限时会产生这种情况。对于网页返回 503 状态码，百度蜘蛛不会把这条 URL 直接删除，同时短期内将会反复访问几次，如果网页已恢复，则正常抓取；如果继续返回 503，那么这条 URL 仍会被认为是失效链接，将之从库中删除。

（3）403 代表 Forbidden，认为网页目前禁止访问。如果是新 URL，百度蜘蛛暂时不抓取，短期内同样会反复访问几次；如果是已收录URL，不会直接删除，短期内同样反复访问几次。如果网页正常访问，则正常抓取；如果仍然禁止访问，那么这条URL也会被认为是失效链接，将之从库中删除。

（4）301代表Moved Permanently，认为网页重定向至新URL。当遇到站点迁移、域名更换、站点改版的情况时，我们推荐使用301返回码，同时使用站长平台网站改版工具，以减少改版对网站流量造成的损失。

3）多种URL重定向的识别

互联网中有一部分网页因各种各样的原因存在URL重定向情况，为了对这部分资源正常抓取，就要求百度蜘蛛对URL重定向进行识别判断，同时防止作弊行为。重定向可分为三类：HTTP30X重定向、Meta Refresh重定向和JS重定向。另外，百度也支持canonical标签，在效果上可以认为也是一种间接的重定向。

4）抓取优先级调配

由于互联网资源规模巨大且变化迅速，对于搜索引擎来说全部抓取并合理更新保持一致性几乎是不可能的事情，因此就要求抓取系统有一套合理的抓取优先级调配策略。该策略主要包括：深度优先遍历策略、宽度优先遍历策略、PR优先策略、反链策略、社会化分享指导策略等。每个策略各有优劣，在实际情况中往往是多种策略结合使用以达到最优的抓取效果。

5）重复URL的过滤

百度蜘蛛在抓取过程中需要判断一个页面是否已经抓取过，如果还没有抓取则进行抓取网页的行为并记录在已抓取网址集合中。判断网页是否已经抓取其中涉及到最核心的功能是快速查找并对比，同时涉及到URL归一化识别，例如一个URL中包含大量无效参数而实际是同一个页面，这将视为同一个URL来对待。

6）暗网数据的获取

互联网中存在着大量的搜索引擎暂时无法抓取到的数据，被称为暗网数据。一方面，很多网站的大量数据存在于网络数据库中，搜索引擎难以采用抓取网页的方式获得完整内容；另一方面，由于网络环境、网站本身不符合规范以及孤岛等问题，也会造成搜索引擎无法抓取。目前来说，对于暗网数据的获取主要思路仍然是通过开放平台提交数据的方式来解决，例如“百度站长平台”“百度开放平台”等。

7）抓取反作弊

搜索引擎在抓取过程中往往会遇到所谓抓取黑洞或者面临大量低质量页面的困扰，这就要求抓取系统中同样需要设计一套完善的抓取反作弊系统。例如分析 URL 特征、分析页面大小及内容、分析站点规模对应抓取规模等。

3. 百度蜘蛛抓取过程中涉及的网络协议

搜索引擎与资源提供者之间存在相互依赖的关系，其中搜索引擎需要站长为其提供资源，否则搜索引擎就无法满足用户检索需求；而站长需要通过搜索引擎将自己的内容推广出去获取更多的受众。百度蜘蛛抓取系统直接涉及互联网资源提供者的利益，为了使搜索引擎与站长能够达到双赢，在抓取过程中双方必须遵守一定的规范，以便于双方的数据处理及对接。这种过程中遵守的规范也就是日常我们所说的网络协议。下面介绍一些常用的协议。

HTTP：超文本传输协议，是互联网上应用最为广泛的一种网络协议，是客户端和服务器端请求和应答的标准。客户端一般情况是指终端用户；服务器端即指网站。终端用户通过浏览器、蜘蛛等向服务器指定端口发送 HTTP 请求。发送 HTTP 请求会返回对应的 HTTP Header 信息，可以看到包括是否成功、服务器类型、网页最近更新时间等内容。

HTTPS：实际是加密版 HTTP，一种更加安全的数据传输协议。

UA 属性：UA 即 User Agent，是 HTTP 中的一个属性，代表了终端的身份，向服务器端表明“我是谁，来干嘛”，进而服务器端可以根据不同的身份来做出不同的反馈结果。

robots 协议：robots.txt 是搜索引擎访问一个网站时要访问的第一个文件，用以确定哪些网页是被允许抓取的，哪些是被禁止抓取的。robots.txt 必须放在网站根目录下，且文件名要小写。详细的 robots.txt 写法可参考 http://www.robotstxt.org。百度搜索严格按照 robots 协议执行。另外，同样支持网页内容中添加的名为 robots 的 meta 标签，index、follow、nofollow 等指令。

4. 百度蜘蛛抓取频次原则及调整方法

百度蜘蛛根据上述网站设置的协议对站点页面进行抓取，但是不可能做到对所有站点一视同仁，会综合考虑站点实际情况确定一个抓取配额，每天定量抓取站点内容，即我们常说的抓取频次。那么百度搜索引擎是根据什么指标来确定对一个网站的抓取频次呢？主要有以下四个指标。

（1）网站更新频率。更新频率快的网站多抓取，更新慢的网站少抓取。网站更新频率直接影响百度蜘蛛的来访频率。

（2）网站更新质量。更新频率提高了，仅仅是吸引了百度蜘蛛的注意，百度蜘蛛对质量是有严格要求的，如果网站每天更新出的大量内容都被百度蜘蛛判定为低质页面，则依然没有意义。

（3）连通度。网站应该安全稳定，对百度蜘蛛保持畅通，经常给百度蜘蛛吃闭门羹可不是好事情。

（4）站点评价。百度搜索引擎对每个站点都会有一个评价，且这个评价会根据站点情况不断变化，是百度搜索引擎对站点的一个基础打分（绝非外界所说的百度权重），是百度内部非常机密的数据。站点评级从不独立使用，而是配合其他因子和阈值一起共同影响对网站的抓取和排序。

抓取频次间接决定着网站有多少页面有可能被建库收录，如此重要的数值如果不符合站长预期该如何调整呢？

百度提供了抓取频次工具（http://zhanzhang.baidu.com/pressure/index），并已完成多次升级。该工具除了提供抓取统计数据外，还提供“频次调整”功能，站长根据实际情况向百度站长平台提出希望百度蜘蛛增加来访或减少来访的请求，工具会根据站长的意愿和实际情况进行调整。

5. 造成百度蜘蛛抓取异常的原因

有一些网页，内容优质，用户也可以正常访问，但是百度蜘蛛却无法正常访问并抓取，造成搜索结果覆盖率缺失，对百度搜索引擎和站点都是一种损失，百度把这种情况叫“抓取异常”。对于大量内容无法正常抓取的网站，百度搜索引擎会认为网站存在用户体验上的缺陷，并降低对网站的评价，在抓取、索引、排序上都会受到一定程度的负面影响，最终影响到网站从百度获取的流量。

下面介绍一些常见的抓取异常原因。

（1）服务器连接异常。服务器连接异常会有两种情况：一种是站点不稳定，百度蜘蛛尝试连接网站的服务器时出现暂时无法连接的情况；另一种是百度蜘蛛一直无法连接上网站的服务器。

造成服务器连接异常的原因通常是网站服务器的访问量过大，超负荷运转，也有可能是网站运行不正常，需检查自己网站的 Web 服务器（如 Apache、IIS）是否安装且正常运行，并使用浏览器检查主要页面能否正常访问。网站和主机还可能阻止了百度蜘蛛的访问，需要检查网站和主机的防火墙。

（2）网络运营商异常。网络运营商有电信和联通，百度蜘蛛通过电信或网通无法访问网站。如果出现这种情况，需要与网络服务运营商联系，购买拥有双线服务的空间或者购买 CDN 服务。

（3）DNS 异常。当百度蜘蛛无法解析网站的 IP 时，会出现 DNS 异常。这可能是网站 IP 地址错误，或者域名服务商把百度蜘蛛封禁了。请使用 Whois 或者 host 查询自己网站 IP 地址是否正确且可解析，如果不正确或无法解析，需与域名注册商联系，更新 IP 地址。

（4）IP 封禁。IP 封禁是指限制网络的出口 IP 地址，禁止该 IP 段的用户进行内容访问，在这里特指封禁了百度蜘蛛 IP 地址。当自己的网站不希望百度蜘蛛访问时，才需要使用该设置，如果希望百度蜘蛛访问自己的网站，需要检查相关设置中是否误添加了百度蜘蛛 IP 地址。另一种可能是网站所在的空间服务商把百度 IP 地址进行了封禁，这时就需要联系服务商更改设置。

（5）UA 封禁。服务器通过 UA 识别访客身份。当网站针对指定 UA 的访问返回异常页面（如 403、500）或跳转到其他页面，即为 UA 封禁。当网站不希望百度蜘蛛访问时，才需要该设置，如果希望百度蜘蛛访问网站，需要确认 UA 相关的设置中是否封禁了百度蜘蛛 UA，并及时修改。

（6）死链。页面已经无效，无法对用户提供任何有价值信息的页面就是死链，包括协议死链和内容死链两种形式。

协议死链：页面的 TCP 状态或者 HTTP 状态明确表示的死链，常见的有 404、403、503 状态等。

内容死链：服务器返回状态是正常的，但内容已经变更为不存在、已删除或需要权限等与原内容无关的信息页面。

对于死链，笔者建议站点使用协议死链，并通过百度站长平台的死链工具向百度提交，以便百度更快发现死链，减少死链对用户以及搜索引擎造成的负面影响。

（7）异常跳转。将网络请求重新指向其他位置即为跳转。异常跳转指的是

以下情况：

当前该页面为无效页面（内容已删除、死链等），直接跳转到前一目录或者首页，对这种情况下百度建议站长将该无效页面的入口超链接删除；跳转到出错或者无效页面。

注意：对于长时间跳转到其他域名的情况，如网站更换域名，百度建议使用301跳转协议进行设置。

（8）其他异常。

针对百度refer的异常：网页针对来自百度的refer返回不同于正常内容的行为。

针对百度UA的异常：网页对百度UA返回不同于页面原内容的行为。

JS跳转异常：网页加载了百度无法识别的JS跳转代码，使得用户通过搜索结果进入的页面发生了跳转的情况。

压力过大引起的偶然封禁：百度会根据站点的规模、访问量等信息，自动设定一个合理的抓取压力。但是在异常情况下，如压力控制失常时，服务器会根据自身负荷进行保护性的偶然封禁。这种情况下，可在返回码中返回503（其含义是Service Unavailable，服务不可用）。这样，百度蜘蛛会过一段时间再来尝试抓取这个链接，如果网站已空闲，则会成功抓取。

6. 新链接重要程度判断

上面我们说了影响百度蜘蛛正常抓取的原因，下面就要说说百度蜘蛛的判断原则了。在建库环节前，百度蜘蛛会对页面进行初步内容分析和链接分析，通过内容分析决定该网页是否需要建索引库，通过链接分析发现更多网页，再对更多网页进行“抓取—分析—是否建库与发现新链接”的流程。理论上，百度蜘蛛会将新页面上所有能“看到”的链接都抓取回来。百度蜘蛛判断新链接重要性的依据有以下两个方面。

1）对用户的价值

（1）内容独特。百度搜索引擎喜欢原创的内容。

（2）主体突出。切不要出现网页主体内容不突出而被搜索引擎误判为空短页面不抓取。

（3）内容丰富。可以解决用户查询的问题。

（4）广告适当。网站的广告不可以影响用户访问页面主体内容。

2）链接重要程度

（1）目录层级——浅层优先。

（2）链接在站内的受欢迎程度。

7. 百度优先建重要库的原则

百度蜘蛛抓了多少页面并不是最重要的，重要的是有多少页面被建索引库，即我们常说的“建库”。众所周知，搜索引擎的索引库是分层级的，优质的网页会被分配到重要索引库，普通网页会待在普通库，再差一些的网页会被分配到低级库去当补充材料。目前 60% 的检索需求只调用重要索引库即可满足，这也就解释了为什么有些网站的收录量超高而流量却一直不理想。

那么，哪些网页可以进入重要索引库呢？其实总的原则就一个：对用户的价值。重要索引库中的网页包括却不限于：

（1）有时效性且有价值的页面。在这里，时效性和价值是并列关系，缺一不可。有些站点为了产生时效性内容页面做了大量采集工作，产生了一堆无价值页面，是百度不愿看到的。

（2）内容优质的专题页面。专题页面的内容不一定完全是原创的，即可以很好地把各方内容整合在一起，或者增加一些新鲜的内容，如观点和评论，给用户更丰富、全面的内容。

（3）高价值原创内容页面。百度把原创定义为花费一定成本、大量经验积累提取后形成的文章。伪原创不是原创。

（4）重要个人页面。这里仅举一个例子，科比在新浪微博开户了，即使他不经常更新，但对于百度来说，它仍然是一个极重要的页面。

8. 哪些网页无法进入索引库

上述优质网页进入了索引库，其实互联网上大部分网站根本没有被百度收录。但这并非是百度搜索没有发现它们，而是它们在建库前的筛选环节已被过滤掉了。什么样的网页在最初环节就被过滤掉了呢？

（1）重复内容的网页：互联网上已有的内容，百度必然没有必要再收录。

（2）主体内容空短的网页。

有些内容使用了百度蜘蛛无法解析的技术，如JS、Ajax等，虽然用户访问时能看到丰富的内容，但依然会被搜索引擎抛弃。

加载速度过慢的网页，也有可能被当作空短页面处理。注意，广告加载时间也算在网页整体加载时间内。

很多主体不突出的网页即使被抓取回来也会在这个环节被抛弃。

（3）部分作弊网页。

7.1.2 检索排序

1. 搜索引擎索引系统概述

众所周知，搜索引擎的主要工作过程包括抓取、存储、页面分析、索引、检索等几个主要过程。7.1.1节主要介绍了部分抓取存储环节中的内容，下面简要介绍索引系统。

在以亿为单位的网页库中查找特定的某些关键词犹如大海捞针，也许给予一定时间可以完成查找，但是用户等不起。从用户体验角度搜索引擎必须在毫秒级别给予用户满意的结果，否则用户只能流失。怎样才能达到这样的要求呢？

如果能知道用户查找的关键词（关键词分词）都出现在哪些页面中，那么用户检索的处理过程即可以想象为包含了关键词中分词后不同部分的页面集合求交的过程，而检索即变成了页面名称之间的比较、求交。这样，在毫秒内以亿为单位的检索成为了可能。也就是通常说的倒排索引及求交检索的过程。图7-2所示为建立倒排索引的基本过程。

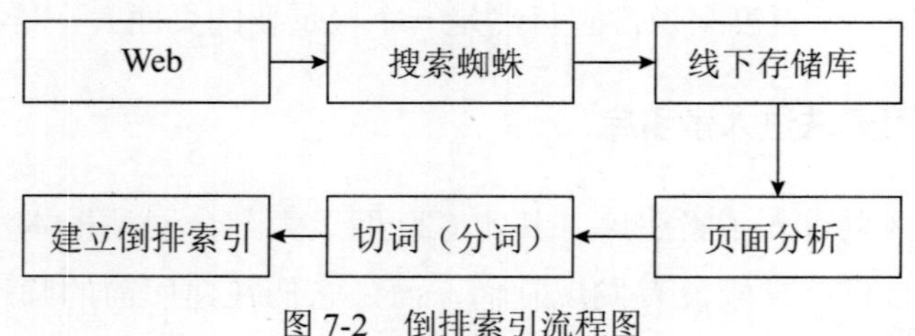

图7-2 倒排索引流程图

（1）页面分析的过程实际上是将原始页面的不同部分进行识别并标记，例如网页标题、关键词、网页描述、链接以及其他非重要区域等。

（2）分词的过程实际上包括了切词分词、同义词转换、同义词替换等。以对某页面标题分词为例，得到的将是这样的数据：搜索词、搜索词 ID、词类、词性等。

（3）前面的准备工作完成后，接下来是建立倒排索引，图 7-3 所示即是索引系统中的倒排索引过程。

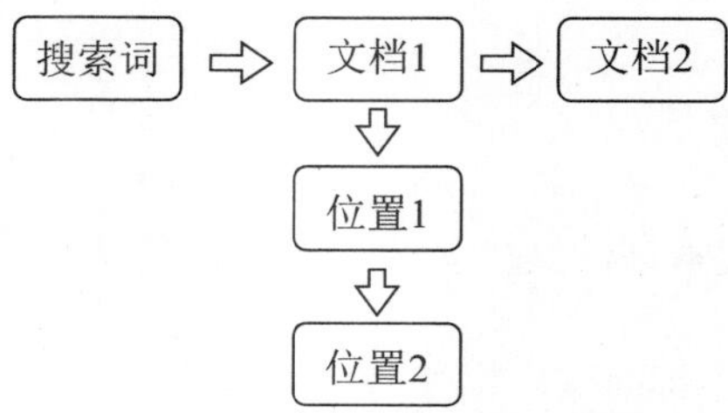

图 7-3　百度倒排索引过程示意图

倒排索引是搜索引擎实现毫秒级检索非常重要的一个环节。

2. 倒排索引的重要过程——入库写库

索引系统在建立倒排索引的最后还需要有一个入库写库的过程，而为了提高效率这个过程还需要将全部 term 以及偏移量保存在文件头部，并且对数据进行压缩，这涉及到的过于技术化在此就不多提了。在此简要介绍一下索引之后的检索系统。

检索系统主要包含五部分，如图 7-4 所示。

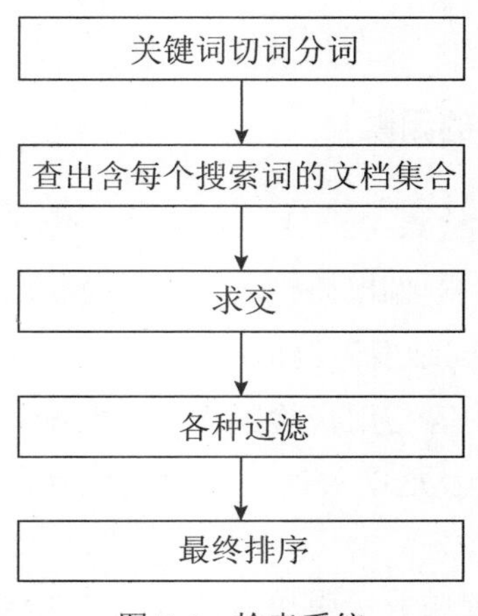

图 7-4　检索系统

（1）关键词切词分词即将用户的查询词进行分词，为之后的查询做准备。以“10 号线地铁故障”为例，可能的分词如下（同义词问题暂时略过）：

```
100x123abc
号0x13445d
线0x234d
地铁0x145cf
故障0x354df
```

（2）查出含每个搜索词的文档集合，即找出待选集合：

```
0x123abc123479…
0x13445d25891011…
……
```

（3）求交。对上述集合求交，文档 2 和文档 9 可能是我们需要找的。整个求交过程实际上关系着整个系统的性能，这里面包含了使用缓存等手段进行性能优化。

（4）各种过滤。例如可能过滤掉死链、重复数据、色情、垃圾结果以及法律法规不允许出现的内容等。

（5）最终排序，即将最能满足用户需求的结果排序在最前。可能包括的有用信息如网站的整体评价、网页质量、内容质量、资源质量、匹配程度、分散度、时效性等。

3. 影响搜索结果排序的因素

用户输入关键词进行检索，百度搜索引擎在排序环节要做两件事：第一是把相关的网页从索引库中提取出来；第二是把提取出来的网页按照不同维度的得分进行综合排序。“不同维度”包括：

（1）相关性：网页内容与用户检索需求的匹配程度。例如，网页包含的用户检查关键词的个数，以及这些关键词出现的位置；外部网页指向该页面所用的锚文本等。

（2）权威性：用户喜欢有一定权威性网站提供的内容，相应地，百度搜索引擎也更相信优质、权威站点提供的内容。

（3）时效性：指新出现的网页，且网页内承载了新鲜的内容。目前时效性结果在搜索引擎中日趋重要。

（4）重要性：网页内容与用户检查需求匹配的重要程度或受欢迎程度。

（5）丰富度：丰富度看似简单却是一个覆盖范围非常广的命题。可以理解为网页内容丰富，可以完全满足用户需求——不仅可以满足用户单一需求，还可以满足用户用搜索结果多样性的需求。

（6）受欢迎程度：指该网页是不是受欢迎。

以上是百度搜索引擎决定搜索结果排序时考虑的六大原则。那么六大原则的侧重点是怎样的呢？哪个原则在实际应用时占比最大呢？其实没有确切的答案。在百度搜索引擎早期，这些阈值的确是相对固定的，例如相关性在整体排序中的权重可以占到七成。但随着互联网的不断发展、检索技术的进步、网页数量的爆发式增长，相关性已经不是关键。于是百度搜索引擎引入了机器学习机制，让程序自动产出计算公式，推进排序策略更加合理。

4. 低质网页狙击策略——石榴算法

百度理解网站生存发展需要资金支持，从来不反对网站添加各种合法广告。但有些站点好不容易在百度有了比较好的排位，却在页面上放置大量有损访问用户体验的广告，已经严重影响到百度搜索引擎用户的使用感受。为此，百度质量团队于 2013 年 5 月 17 日发布公告：针对低质量网页推出石榴算法，旨在打击含有大量妨碍用户正常浏览的恶劣广告的页面，尤其是弹出大量低质广告、存在混淆页面主体内容的垃圾广告的页面。

如图 7-5 所示用户要花很长时间找到真正需要内容的网页，是百度无法接受的。

百度质量团队希望站长能够多从用户角度出发，朝着长远发展方向考虑，在不影响用户体验的前提下合理地放置广告，来赢得用户的长期青睐，这才是一个网站发展壮大的基础。

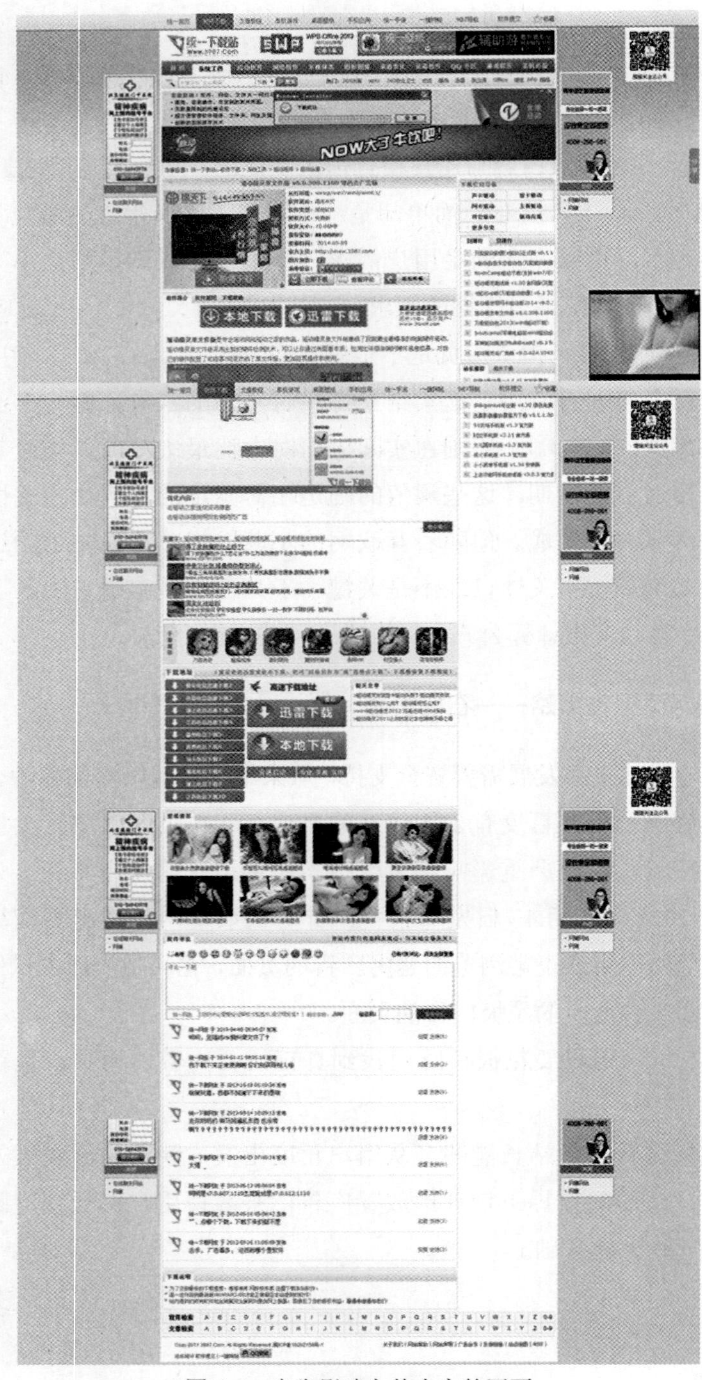

图 7-5　广告影响主体内容的网页

7.1.3 外部投票

1. 外链的作用

曾经，“内容为王超链为皇”的说法流行了很多年。通过超链接计算得分来体现网页的相关性和重要性，的确是搜索引擎用来评估网页的重要参考因素之一，是直接参与搜索结果排序计算的。但随着该技术被越来越多的 SEO 人员了解，超链接已经逐渐失去了这项重要意义，无论是谷歌还是百度，对超链接数据的依赖程度都越来越低。那么，现在超链接在发挥着怎样的作用？

（1）吸引蜘蛛抓取。虽然百度在挖掘新好站点方面下了很大工夫，开放了多个数据提交入口，开辟了社会化发现渠道，但超链依然是发现、收录链接的最重要入口。

（2）向搜索引擎传递相关性信息。百度除了通过 title、页面关键词、h 标签等对网页内容进行判断外，还会通过锚文本进行辅助判断。使用图片作为点击入口的超链，也可以通过 alt 属性和 title 标签向百度传递信息。

（3）提升排名。百度搜索引擎虽然降低了对超链的依赖，但对超链的识别力度从未下降，还制定出更加严格的优质链接、正常链接、垃圾链接和作弊链接标准。对于作弊链接，除了对链接进行过滤清理外，也对链接的受益站进行一定程度的惩罚。相应地，对优质链接，百度依然持欢迎的态度。

（4）内容分享，获取口碑。优质内容被广泛传播，网站借此获得的流量可能并不多，但如果内容做得足够，也可以树立自己的品牌效应。

严格来讲，这并不属于超链的作用，但在百度眼里，网站的品牌比超链要重要得多。

2. 切断买卖超链的利刃——绿萝算法 1.0 & 2.0

百度质量团队于 2013 年 2 月 19 日发布公告推出绿萝算法，针对买卖链接行为再次强调：买卖链接行为一方面影响用户体验，干扰搜索引擎算法；另一方面让投机建站者得利、超链中介者得利，真正勤勤恳恳做好站的站长在这种恶劣的互联网超链环境中无法获得应有的回报。因此针对买卖链接行为在清除外链计算的基础上，让以下三种类型的网站受到不同程度的影响：

（1）超链中介。超链本应是互联网上相对优质的推荐，是普通用户及网站之间对页面内容、网站价值的肯定，但是现在种种超链作弊行为使得真实的肯定变成了一些人谋取利益的垫脚石，用户无法根据链接的推荐找到需要的优质资源，并且严重干扰搜索引擎对网站的评价。超链中介便是这畸形的超链市场下形成的恶之花，我们有义务维护超链的纯净，维护用户利益，也有责任引导站长朋友们不再支出无谓的花销，所以超链中介将在百度惩罚的目标范围内。

（2）出卖链接的网站。一个站点有许多种盈利方式，利用优质的原创内容吸引固定用户，引进优质广告资源，甚至举办线下活动，这些盈利方式都是百度乐于见到的，是一个网站的真正价值所在。但是一些网站内容基本采集自网络，以出卖超链位置为生；另一些机构类网站或被链接中介所租用进行链接位置出售，使得超链市场泡沫越吹越多。这次的调整对该类站点同样有所影响。

（3）购买链接的网站。一直以来，百度对优质站点都会加以保护和扶植，这是从用户需求以及创业站长的角度出发的必然结果。而部分站长不将精力用在提升网站质量上，却选择钻营取巧，以金钱换取超链，欺骗搜索引擎进而欺骗用户。对于没有太多资源和金钱用于此类开销的创业站长来说，也是一种无形的伤害，如果不进行遏制，劣币驱逐良币，势必导致互联网环境愈加恶劣。这次调整该类站点也将受影响。

以上即百度质量团队首次推出绿萝算法时的具体情况，后来被称为绿萝算法 1.0。事隔 5 个月之后，百度质量团队再次推出绿萝算法 2.0，针对明显的推广性软文进行更大范围和更加严格的处理。

惩罚的对象重点是发布软文的新闻站点，同时包括软文交易平台、软文收益站点。惩罚方式包括：

针对软文交易平台，将被直接屏蔽。

针对软文发布站，将视不同程度进行处理。例如，一个新闻网站存在发布软文的现象但情节不严重，该网站在搜索系统中将被降低评价；利用子域大量发布软文的，该子域将被直接屏蔽，并且清理出百度新闻源；更有甚者创建大量子域用于发布软文的，此种情况整个主域将被屏蔽。

针对软文受益站，一个网站的外链中存在少量的软文外链，那么该外链将被过滤清除出权重计算体系，该受益站点将被观察一段时间后视情况进一步处理；一个网站的外链中存在大量的软文外链，那么该受益站点将被降低评价或直接屏蔽。

7.1.4 结果展示

结构化数据可助力站点获得更多的点击。网页经历了抓取建库，参与了排序计算，最终展示在搜索引擎用户面前。目前在百度搜索结果的页左侧展示形式有很多，如凤巢、品牌专区、自然结果等，一条自然结果怎样才能获得更多的点击，是站长要考虑的重要一环。

目前自然结果又分为两类，图 7-6 所示为第一类，即结构化展示，形式比较多样。目前 80% 的搜索需求，即 80% 的关键词下方会出现这种复杂的展示样式；第二类即一段摘要式展示，是最原始的展示方式，只有一个标题、两行摘要、部分链接。

产品原型设计软件(Balsamiq Mockups)下载 v2.0.19(附注册码)_ - ...

下载地址 大小: 21.0M 更新时间: 2012-8-27

简介: Balsamiq Mockups是一种软件工程中快速原型的建立软件，可以做为与用户交互的一个界面草图。Balsamiq Mockups出自加利福...

www.pc6.com/softview/S... 2012-08-27 - 百度快照

推荐两个界面原型设计工具--GUIDesignStudio 和 Mockups For ...

前段时间,有幸参加一次高级软件架构师的培训,授课老师介绍了两个很好玩的界面原型设计工具:GUIDesignStudio 和 Mockups For Desktop,现分享一下,截图说明,洗洗眼球,...

www.cnblogs.com/wuhuac... 2010-01-22 - 百度快照 - 91%好评

图 7-6 百度搜索结果

很明显，搜索结果页的结构化展示能够向用户明确传递信息，直击用户需求痛点，获得更好的点击自然不在话下。目前结构化展示有以下几种样式：

（1）通用问答样式，提取答案，方便搜索用户参考。有些结构化数据还提取出了问题，如图 7-7 所示。

您好:宝宝5个半月了,还没有开始添加辅食。请问什么可不..._百度知道

1个回答 - 提问时间: 2013年01月20日

权威专家: 魏健

最佳答案: 你好！ 一般宝宝添加辅食在4个月左右进行，具体要根据宝宝的情况而定，如果宝宝消化能力不是很好的也可以在5个月左右开始...

zhidao.baidu.com/link?... 2013-01-20 - 87%好评

图 7-7 通用问答样式

（2）下载样式，如图 7-8 所示。

产品原型设计软件(Balsamiq Mockups)下载 v2.0.19(附注册码)_ - ...

下载地址　大小: 21.0M　更新时间: 2012-8-27

简介: Balsamiq Mockups是一种软件工程中快速原型的建立软件，可以做为与用户交互的一个界面草图。Balsamiq Mockups出自加利福...

www.pc6.com/softview/S... 2012-08-27 - 百度快照

图 7-8　下载样式

（3）时间戳样式。对于时效性较强的信息，将时间提取出来，吸引用户点击；还有回复的条目，能够表现这个链接的有效性和热度，如图 7-9 所示。

2014北京高考论坛_北京高考学习网_北京高考复习资料-e度教育论坛 ...

39条回复 - 发帖时间: 2014年7月14日

[家长交流] 【高考汇总贴】2014北京高考重要信息汇总!(已更新分数线) digest 回复:33 查看:29472 最新回复: 都是朋友 5天前 迦南 2014-6-7 18:14 版块...

bbs.eduu.com/forum-96.... 2014-07-14 - 百度快照 - 84%好评

图 7-9　时间戳样式

（4）在线文档样式，会出现文档格式信息，如图 7-10 所示。

W 给宝宝拍奶嗝方法大全_百度文库

★★★★★ 评分:4/5 13页

那么为什么要为何要帮宝宝拍嗝?应该怎么帮 宝宝拍嗝?您会正确地拍打嗝吗?希望你看完本期的育儿百宝箱能正确认识宝宝 拍嗝这件事。 为何要帮宝宝拍嗝? 宝宝在...

wenku.baidu.com/link?u... 2012-04-08 - V3 - 百度快照 - 88%好评

图 7-10　在线文档样式

（5）原创标记样式。原创标记的使用是最严格的，只有通过人工审核的站点才能拥有原创标记，在抓取和排序上有一定优待，所以审核非常严格，严控质量，如图 7-11 所示。

以色列进攻利器包围加沙 200余辆梅卡瓦随时出击_军事_环球网

【原创】作者: 田聿 - 来源: 环球时报 - 发表时间: 2014年07月14日

以色列国防军发起代号为"护刃行动"的军事行动,重点打击加沙武装人员。... 7月7日开始,以色列国防军发起代号为"护刃行动"的军事行动,重点打击加沙武装...

mil.huanqiu.com/world/... 2014-07-14 - V3 - 百度快照 - 74%好评

图 7-11　原创标记样式

（6）配图样式，可扩大条目面积，方便用户了解网页内容，吸引点击，如图 7-12 所示。

绿萝叶子发黄的原因及解决方法-土巴兔装修大学

不少业主在室内绿萝养殖过程中,发现了绿萝叶子发黄的情况,那么,为什么绿萝会出现叶子发黄,绿萝叶子发黄了该怎么办呢?土巴兔小编将在此为大家分析提供最实用的解决方法
www.to8to.com/yezhu/z4... 2012-04-13 - 百度快照

图 7-12 配图样式

站长可以通过以下途径获得网页的结果化展示。

（1）参与原创星火计划。百度站长平台 VIP 俱乐部提供申请入口，需要经过人工审核后进行数据提交。

（2）使用结构化数据提交工具 zhanzhang.baidu.com/wiki/197。

（3）使用结构化数据标注工具 http://zhanzhang.baidu.com/itemannotator/index。

（4）搜索结果配图。配图具体要求为：放在文章主体位置；图片与内容相关；图片上没有文字；图片比例接近 121×91px。

7.2 移动搜索指南

百度移动搜索是全球最大的中文移动搜索引擎，每天导向互联网的流量高达十亿级别，网站移动化势在必行。本节旨在为移动网站站长提供权威、明确的移动搜索优化标准，帮助网站合理、可持续地提升移动流量，获得长久、稳定的发展，从而促进整个移动互联网的良性发展。

7.2.1 技术选型

目前较流行的 PC 站与移动站配置方式有三种，百度站在搜索引擎角度将这三种分别称为跳转适配、代码适配和自适应，以下为这三种配置方式的名词解释。

（1）跳转适配。该方式会利用单独的网址向每种设备提供不同的代码。这种配置会尝试检测用户所使用的设备或 UA，然后使用 HTTP 重定向和 Vary HTTP 标头重定向到相应的页面。

（2）代码适配。该方式使用相同的网址（不考虑用户所使用的设备），但会根据服务器对用户所用浏览器的了解（UA），针对不同设备类型生成不同版本的HTML。

（3）自适应，指通过同一网址提供相同HTML代码的网站设计方法。该方式不考虑用户所使用的设备（PC、平板计算机、移动设备），但可以根据屏幕尺寸以不同方式呈现（即适应）显示屏。

表7-1所示为这三种配置方式的移动适配关系。

表7-1　移动适配关系

适配方式	PC、移动网址是否一致	PC、移动网页代码是否一致
跳转适配	否	否
代码适配	是	否
自适应	是	是

百度仅站在搜索引擎的角度对跳转适配、代码适配、自适应这三种配置方式做了一些对比和分析，希望能够帮助站点选择更适合自己、性价比最优的方式来进行移动化。下面讲解三种配置方式的优化建议。

1. 跳转适配

在此配置中，每个PC版网址都对应一个不同的网址，用于提供针对移动设备进行优化的内容。为了帮助百度算法了解单独的移动版网址，建议站长使用以下注释：

在PC版网页上，添加指向对应移动版网址的特殊链接rel="alternate"标记。这有助于百度发现网站的移动版网页所在的位置。

在移动版网页上，添加指向对应PC版网址的链接rel="canonical"标记。

例如，假设PC版网址为http://www.example.com/page-1，且对应的移动版网址为http://m.example.com/page-1，那么此示例中的注释如下所示。

在PC版网页（http://www.example.com/page-1）上，添加：

```
<linkrel="alternate"media="onlyscreenand(max-width:640px)"
href="http://m.example.com/page-1">
```

而在移动版网页（http://m.example.com/page-1）上，所需的注释应为：

```
<linkrel="canonical"href="http://www.example.com/page-1">
```

也可以使用原有的开放适配提交方法。

```
http://zhanzhang.baidu.com/college/courseinfo?id=267&page=20
```

2. 代码适配

为了使百度能够知道当网站页面发生变化时，要用其他的UA重新抓取一遍，需添加 Vary HTTP 标头。Vary HTTP 标头具有以下两个非常重要且实用的作用：

（1）向 ISP 和其他位置使用的缓存服务器表明：在决定是否通过缓存来提供网页时它们应考虑用户代理。如果没有使用 Vary HTTP 标头，缓存可能会错误地向移动设备用户提供 PC 版 HTML 网页的缓存，反之亦然。

（2）有助于百度蜘蛛更快速地发现针对移动设备进行优化的内容，这是因为蜘蛛在抓取针对移动内容进行过优化的网址时，会将有效的 Vary HTTP 标头作为抓取信号之一。百度蜘蛛会提高用其他 UA 抓取此网页的优先级。

Vary HTTP 标头示例如下：

```
GET/page-1 HTTP/1.1
Host:www.example.com
(...rest of HTTP request headers...)

HTTP/1.1 200 OK
Content-Type:text/html
Vary:User-Agent
Content-Length:5710
(...rest of HTTP response headers...)
```

并且在 PC 端的响应的 head 中添加代码：

```
<metaname="applicable-device"content="pc">
```

在移动端的响应的包头中添加代码：

```
<metaname="applicable-device"content="mobile">
```

3. 自适应

自适应设计有其一般原则，即在 head 中添加以下代码并且使用 picture 元素处理自适应图片：

```
<metaname="viewport"content="width=device-width,initial-scale=1.0">
```

自适应页面还应该在 head 中标识，代码如下：

```
<metaname="applicable-device"content="pc,mobile">
```

该代码表示页面同时适合在移动设备和 PC 上浏览。

关于移动站配置，百度不建议以下几种做法。

（1）单一域名下应使用同一种配置方式（跳转适配、代码适配、自适应），而不要把移动站的页面作为 PC 站网址中的一个子目录来配置。

（2）如果使用跳转适配的方式，不应使用 JS 对 UA 进行适配跳转，因为这种方式存在两个缺点：

对于用户，会加大由重定向的客户端造成的延迟。这是因为客户端需要先下载网页，接着解析并执行 JS，然后才能触发重定向。301 或 302 则不会有这个延迟。

对于搜索，需要使用支持 JS 渲染的蜘蛛，才能发现此重定向。

7.2.2 前期准备

1. 域名

与 PC 网站一样，域名是用户对一个网站的第一印象。一个好的移动站域名，不仅容易记忆、易于输入，还能方便用户向其他人推荐。域名应尽量简短易懂，越短的域名记忆成本越低，越容易理解的域名越能让用户更直观地了解网站主旨。移动站域名建议多采用 m.a.com、3g.a.com、wap.a.com 等形式，避免使用过于复杂或技术性的形式，如 adcbxxx.a.com、html5.a.com 等。

2. 服务器

选择正规网络空间服务商，避免与大量垃圾网站共用 IP 地址，保证网站的访问速度和稳定性。这里不再赘述，默认读者有 PC 网站相关基础。

3. 网站语言

根据终端以及技术的发展，强烈建议使用 HTML5 作为移动站建站语言，并且根据不同终端机型进行自动适配。

7.2.3 良好的收录

良好的收录是获得流量的基础。

搜索引擎作为网站的普通访客，对网站的抓取索引、站点 / 页面的价值判定以及排序，都是从用户体验出发。因此，原则上网站任何针对用户体验的改进，都是对搜索引擎的改进。但是限于当前整体的网络环境以及技术性原因，落实用户体验的具体手段也是需要考虑对搜索引擎的友好性的，使之在满足用户体验的前提下让搜索引擎更易于理解和处理。面向移动搜索引擎的网站建设，主要分为三部分：如何更好地让百度移动搜索收录网站中的内容，如何在移动搜索中获得更好的排名，以及如何让用户从众多的搜索结果中快速地找到并点击你的网站。简单来说，就是收录、排序和展示。

1. 机器可读

与 PC 端的百度蜘蛛一样，百度通过 Baiduspider 2.0 程序抓取移动互联网上的网页，经过处理后建入移动索引中。当前百度蜘蛛只能读懂文本内容，Flash、图片等非文本内容暂时不能很好地处理，放置在 Flash、图片中的文字，百度只能简单识别。建议使用文本而不是 Flash、图片、JavaScript 等来显示重要的内容或链接，搜索引擎暂时无法识别 Flash、图片、复杂 JavaScript 中的内容；同时仅存在于 Flash、JavaScript 中包含链接指向的网页，百度移动搜索同样可能

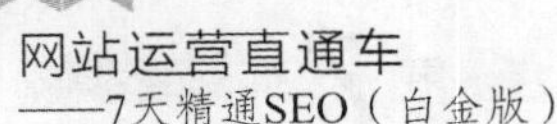

无法收录。不要在希望搜索引擎可读的地方（例如标题、导航、内容等）使用Ajax 技术。

2. 结构扁平

移动站点同样应该有清晰的结构以及更浅的链接深度，这能够使用户快速地获取有用信息，也能使搜索引擎快速理解网站中的每一个页面所处的结构层次。网站结构建议采用树状结构。树状结构通常分为三个层级：首页、频道、详情页。

3. 网状链接

理想的网站结构是扁平的树状，从首页到内容页的层级尽量少，这样更有利于搜索引擎处理。同时，网站内的链接也应该采用网状结构，网站上每个网页都要有指向上、下级网页以及相关内容的链接，避免出现链接孤岛：首页有到频道页的链接，频道页有到首页和普通内容页的链接、普通内容页有到上级频道以及首页的链接、内容相关的网页间互相有链接。网站中每一个网页，都应该是网站结构的一部分，都应该能通过其他网页链接到，这样才能使百度蜘蛛尽可能全地遍历网站内容。同时，重要内容应该距离首页更近，以利于价值传递。

4. 简单易懂的 URL

具有良好描述性、规范、简单的 URL，有利于用户更方便地记忆和直观判断网页内容，也有利于搜索引擎更有效地抓取和理解网页。网站设计之初，就应该有合理的 URL 规划。

（1）对于移动站首页地址一般采用 m.a.com、3g.a.com、wap.a.com 等形式。

（2）频道页地址采用 m.a.com/n1/、m.a.com/n2/（对应于 PC 站点的频道页 n2.a.com）等形式，当然，n1、n2 直接可读更佳。

（3）详情页的 URL 应尽量短，减少无效参数，例如统计参数等，保证同一页面只有一套 URL，使不同形式的 URL 301 跳转到正常 URL 上。

（4）robots 封禁百度蜘蛛抓取网站不想展示给浏览者的 URL 形式以及不愿被百度抓取的私密数据。

1）涵盖主旨的锚文本

锚文本（anchor）是对一个链接的描述性文字，锚文本写得越简洁明确，浏览者越易明白该指向网页的主旨内容。当浏览者发现网页上的其他网页的链接时，锚文本是该网页的唯一介绍。跟普通浏览者相同，搜索引擎蜘蛛在刚发现一个网页时，锚文本也是对该页面理解的唯一因素，同时对于最终的排序起到一定的作用。

2）移动 Sitemap 工具

百度站长平台提供了移动 Sitemap 提交工具，通过提交 Sitemap，可以使百度更快更全地抓取收录网站内容。

3）移动索引量工具

百度站长平台提供了移动索引量工具，可以使站长及时了解到自己的网站在移动端的收录情况。

4）移动死链提交工具

百度站长平台提供了移动死链提交工具，通过提交死链的 Sitemap，可以使百度更快地发现网站死链并进行更新删除。

5）合理的返回码

百度蜘蛛在进行抓取和处理时，是根据 HTTP 规范来设置相应逻辑的。常用的几个返回码如下：

（1）404。百度蜘蛛会认为网页已失效或删除，通常会在索引中删除，短期内百度蜘蛛再次遇到也不会抓取。建议内容删除、网页失效等情况下使用 404 返回码，告知百度蜘蛛该页面已失效。同时网站中尽量减少死链的累计。如果网站临时关闭或抓取压力过大，不要直接返回 404 而使用 503。

（2）301。即永久性重定向，百度蜘蛛会认为当前 URL 永久跳转至新 URL。当网站改版、更换域名时，建议使用 301 返回码，同时配合使用站长平台的网站改版工具。

（3）503。返回该返回码时，百度蜘蛛会认为临时不可访问，不会在索引中直接删除，短期内会再来检查几次。如果网站临时性关闭建议使用返回码 503。

5. 移动网站建设常见问题

问：我的移动站内容和 PC 站是一样的，这样需不需要屏蔽百度的 PC 搜索蜘蛛？

答：由于百度的PC搜索和移动搜索共用同一个蜘蛛，都带有百度标识，所示不要进行屏蔽。蜘蛛在抓取时会对页面进行识别，自动判断是PC页还是移动页，因此建议站长使用规范的HTML5/XHTML来建设移动站。

问：手机站使用XHTML与HTML5开发，对于搜索引擎是否有区别？

答：使用手机搜索时在2G的情况下移动搜索会分配极速版，就是保证用户得到结果的速度足够快，但是结果样式比较简单。一般情况下对于极速版百度会优先给出XHTML的结果，触屏版优先给出HTML5的结果，效果更优秀。

问：一个站点有手机站和PC站，采用完全相同的TDK（页头中的title、description、keywords三个标签缩写），是否有问题？手机站的SEO规则是否跟PC站相同？

答：PC端和移动端搜索结果展示标题和摘要的字数限制等都是不同的，PC端30多个中文汉字才截断，移动端不到20个就折行了，20个以上就省略看不到了。所以，建议移动站使用单独的TDK。

问：如果两个站点的TDK完全相同，搜索每一个页面，会不会导致站点被惩罚？

答：这里说的两个站如果指同一个站点的PC端和移动端，肯定不会导致被惩罚。

问：外链对手机站是否有效果？

答：外链还是有效果的，但不要建立垃圾外链，例如论坛的标签里面或者买卖链接、批量发链接都有可能被惩罚。正常交换链接是有帮助的。

问：百度移动搜索对我的移动站收录较少，该如何解决？

答：①如果同时具有PC站，且PC站与移动站是一一对应的关系，请利用开放适配工具提交，这样既可以帮助移动站被收录又可以将PC站的排名转移至移动搜索；②如果只有移动站，也可以通过移动Sitemap工具向百度提交。

6. 结合实际情况选择链接提交方式

站长平台官方提供的链接提交方式如下，可合理利用这些提交方式，以形成互补。

（1）主动推送（实时）：最为快速的提交方式，站点当天新产生的链接可以通过此方式实时、主动推送给百度，以保证新链接可以及时被百度收录。推荐使用。

（2）自动推送：最为便捷的提交方式，将自动推送的 JS 代码部署在站点的每一个页面源代码中。部署此代码的页面在每次被浏览时，链接将会被自动推送给百度。可以与主动推送配合使用。

（3）Sitemap：可以定期将网站链接放到 Sitemap 中，然后将 Sitemap 提交给百度。百度会周期性抓取检查所提交的 Sitemap，对其中的链接进行处理，但收录速度慢于主动推送。

（4）手动提交：一次性提交链接给百度，对于少量页面的提交可以使用此种方式。

7. 合理使用主动推送工具

合理使用主动推送工具，带来的好处如下：

（1）及时被百度搜索发现，可以缩短百度蜘蛛发现站点新链接的时间，使新发布的页面可以在第一时间被百度收录。经过测试，用这种方式提交页面，基本上可以在几分钟内被百度发现。

（2）保护原创。对于网站的最新原创内容，使用主动推送功能可以快速通知到百度，使内容可以在转发之前被百度发现，这点对于广大中小站长来说比较重要。

（3）节省带宽，减少服务器压力，因为每次提交的页面数量都有限。在瞬息万变的互联网中，1μs 就能决定胜负。

注意：推送的页面必须要能打开。使用这个工具时要注意，旧的、低质量的网页链接就不要推送了。

8. 利用 Sitemap 补全数据

Sitemap 提交方式是定期将网站链接放到 Sitemap 中，然后将 Sitemap 提交给百度。

使用主动推送，可以让百度更快地发现网页，但也要预防因为网络延时、DNS 错误、服务器压力等因素，造成蜘蛛不能顺利抓取页面。这时就可以使用 Sitemap 补全数据，即定期在服务器压力比较小时，生成 Sitemap，再推送一次，这样就万无一失了。

此外还有两种推送方式，自动推送和手动推送。自动推送只要在网站添加站长平台提供的 JS 代码就基本能实现了；而手动推送，只适合新手，只要把 URL 直接复制进表单并提交就可以了。

7.2.4 良好的排序

本节讲述如何在百度移动搜索中获得良好的排序。

同 PC 端的需求一样，收录问题解决后面临的就是排序问题了。在介绍排序原则之前先简单介绍移动搜索结果的构成，移动搜索主要由移动页面、转码页面、PC 页面构成。

整体上，移动搜索的结果是由 PC 搜索结果加入更多的移动端特征后进一步调整而来，优先对移动页面进行排序。其中，移动页面结果包括移动适配提交的与 PC 页面一一对应的移动页面以及单独的移动页面。百度移动搜索引擎为更好地满足用户对信息的需求，会同时提供 PC 网页和移动端网页，但目前大多数 PC 页面在移动终端中直接浏览的体验较差（交互、兼容性差和流量大等）。因此，百度会对搜索结果中缺乏可替代移动端资源的 PC 网页进行格式转换，变为适合手机浏览的移动端网页，使其能在移动终端浏览器有较好的浏览体验，这便是转码页面。其他 PC 页面，是百度经过各种策略识别发现其没有对应的移动页面资源、且转码后体验不佳的情况下保留的一种结果类型。对于后两者强烈建议站长进行移动化处理。

在百度移动搜索中获得良好的排序有如下方法。

1. 使用主旨明确的标题

网页的标题用于告诉用户和搜索引擎这个网页的主题是什么。搜索引擎判断一个页面内容权重时，标题是主要因素之一。每个页面的内容都是不同的，都应该有独一无二的标题。移动站网页的标题应该注意如下几点：

（1）主题明确，涵盖页面主旨内容。

（2）不罗列关键词，使用户能够快速分辨出主题。最好不超过 17 个汉字，否则在搜索结果中会被折行，超过 24 个字会被截断。

（3）重要内容往左边放，保持语义通顺。

（4）使用用户熟知或习惯用语。

百度建议不同层级页面的标题按照如下形式来命名：

- 首页标题：网站名称_核心服务 or 核心产品。
- 频道页标题：频道核心服务_频道名称_网站名称。
- 详情页标题：文章标题_频道名称_网站名称。

2. 优质的原创内容建设、整合系列服务

网站的服务对象是用户，搜索引擎只是网站普通用户中的一员，因此，一切从用户角度出发，提供用户需要的原创内容，整合系列服务非常重要，每天保持一定数量的原创内容更新，同时可以对优质内容、系列服务进行整合形成专题。但是，鉴于技术现状，仍要注意如下几点：

（1）不要使用 Ajax 技术在希望搜索引擎可读的地方。

（2）不将主要内容创建在 iframe 框架中。

（3）移动端很多内容会用到图片，而搜索引擎目前无法理解复杂图片，因此要使用 alt 标签进行标记。

3. 做好终端适配

随着移动互联网的发展，越来越多的用户使用移动设备访问网站，百度移动搜索会对移动站给予优先排序的机会，对于有 PC 站的站长，强烈建议做好以下工作：

（1）做好自适配，将移动终端的访问自主适配跳转至移动版站点。

（2）为了更快地告知百度移动搜索 PC 站与移动站内容的一一对应关系，建议使用站长平台移动适配工具进行适配关系提交。

关于移动适配帮助可以参考 http://zhanzhang.baidu.com/wiki/39。

（3）使用如下 meta 标签协议规范：

- 如果该网页只适合在 PC 上浏览，以 http://www.sina.com.cn/ 为例，在网页中加入如下 meta：

```
<meta name="applicable-device" content="pc">
```

- 如果该网页只适合在移动设备上浏览，以 http://3g.sina.com.cn/ 为例，在

网页中加入如下meta：

```
<meta name="applicable-device" content="mobile">
```

■ 如果网页采用了响应式网页设计，以http://cdc.tencent.com/为例，不需要经过URL自适配跳转就可以根据浏览器的屏幕大小自适应展示合适的效果，同时适合在移动设备和PC上浏览，在网页中加入如下meta：

```
<meta name="applicable-device" content="pc,mobile">
```

（4）地理信息标注有助于获得更精准的流量。为了方便用户根据自身位置查找或使用本地信息与服务，百度移动搜索将根据用户地理位置信息优先将具有地域属性的内容展示给用户。如果是提供地域性信息服务的站点，可以通过为自己网页添加地理位置信息meta标注，让目标用户在百度移动搜索中更快地找到您网站的内容。具体方法参见“为移动站点添加地理位置信息”。

（5）尽量快的加载速度。移动互联网上，网站的打开速度对用户体验的影响更加明显。实验表明一个页面的打开时间超过5s，绝大部分用户会选择关闭。因此，加载速度也是百度移动搜索一个重要的排序因素，站长需要在这方面进行专项优化。

（6）搜索结果转码。在移动端直接浏览PC页面的用户体验较差。为改善搜索用户的浏览体验，百度会对搜索结果中缺乏可替代移动资源的PC页（无移动站）进行格式转换，使之变为适合手机浏览的移动网页。如想了解更多读者可参考转码声明。强烈建议没有移动化网站的站长进行移动化。

4. 为移动站点添加地理位置信息

为方便用户根据自身位置查找和使用本地信息与服务，帮助移动站点健康、稳定地提升流量，百度移动搜索提供了地域优化服务。如果提供的是线下信息服务站点，可以通过为自己的网页添加地理位置信息的方式，让站点所在地的浏览者更快地找到。

为移动站点添加地理位置信息的方法很简单，只需在具有地域性的页面上添加如下标识即可：

1）meta 声明格式

```
<meta name="location" content="province=北京;city=北京;
coord=116.306522891,40.0555055968">
```

name 属性的值是 location；content 的值为 province= 北京；city= 北京；coord= 116.306522891,40.0555055968。

province 为省份简称，city 为城市简称。其具体值参见表 7-2。

注意：province 及 city 属性不可为空。

表7-2　省份与城市列表

省　份	城　　市
安徽	合肥　安庆　蚌埠　亳州　巢湖　池州　滁州　阜阳　淮北　淮南　黄山　六安　马鞍山　宿州　铜陵　芜湖　宣城
福建	福州　龙岩　南平　宁德　莆田　泉州　三明　厦门　漳州
甘肃	兰州　白银　定西　甘南州　嘉峪关　金昌　酒泉　临夏州　陇南　平凉　庆阳　天水　武威　张掖
广东	广州　潮州　东莞　佛山　河源　惠州　江门　揭阳　茂名　梅州　清远　汕头　汕尾　韶关　深圳　阳江　云浮　湛江　肇庆　中山　珠海
广西	南宁　百色　北海　崇左　防城港　桂林　贵港　河池　贺州　来宾　柳州　钦州　梧州　玉林
贵州	贵阳　安顺　毕节地区　六盘水　铜仁地区　遵义　黔西南州　黔东南州　黔南州
海南	海口　白沙　保亭　昌江　儋州　澄迈　东方　定安　琼海　琼中　乐东　临高　陵水　三亚　屯昌　万宁　文昌　五指山
河北	石家庄　保定　沧州　承德　邯郸　衡水　廊坊　秦皇岛　唐山　邢台　张家口
河南	郑州　安阳　鹤壁　焦作　开封　洛阳　漯河　南阳　平顶山　濮阳　三门峡　商丘　新乡　信阳　许昌　周口　驻马店
黑龙江	哈尔滨　大庆　大兴安岭地区　鹤岗　黑河　鸡西　佳木斯　牡丹江　七台河　齐齐哈尔　双鸭山　绥化　伊春
湖北	武汉　鄂州　恩施　黄冈　黄石　荆门　荆州　潜江　神农架林区　十堰　随州　天门　仙桃　咸宁　襄阳　孝感　直昌
湖南	长沙　常德　郴州　衡阳　怀化　娄底　邵阳　湘潭　湘西州　益阳　永州　岳阳　张家界　株洲
江苏	南京　常州　淮安　连云港　南通　苏州　宿迁　泰州　无锡　徐州　盐城　扬州　镇江
江西	南昌　抚州　赣州　吉安　景德镇　九江　萍乡　上饶　新余　直春　鹰潭
吉林	长春　白城　白山　吉林市　辽源　四平　松原　通化　延边

续表

省 份	城 市
辽宁	沈阳　鞍山　本溪　朝阳　大连　丹东　抚顺　阜新　葫芦岛　锦州　辽阳　盘锦　铁岭　营口
内蒙古	呼和浩特　阿拉善盟　包头　巴彦淖尔　赤峰　鄂尔多斯　呼伦贝尔　通辽　乌海　乌兰察布　锡林郭勒盟　兴安盟
宁夏	银川　固原　石嘴山　吴忠　中卫
青海	西宁　果洛州　海东地区　海北州　海南州　海西州　黄南州　玉树州
山东	济南　滨州　东营　德州　菏泽　济宁　莱芜　聊城　临沂　青岛　日照　泰安　威海　潍坊　烟台　枣庄　淄博
山西	太原　长治　大同　晋城　晋中　临汾　吕梁　朔州　忻州　阳泉　运城
陕西	西安　安康　宝鸡　汉中　商洛　铜川　渭南　咸阳　延安　榆林
四川	成都　阿坝州　巴中　达州　德阳　甘孜州　广安　广元　乐山　凉山州　泸州　南充　眉山　绵阳　内江　攀枝花　遂宁　雅安　宜宾　资阳　自贡
西藏	拉萨　阿里地区　昌都地区　林芝地区　那曲地区　日喀则地区　山南地区
新疆	乌鲁木齐　阿拉尔　阿克苏地区　阿勒泰地区　巴音郭楞　博尔塔拉州　昌吉州　哈密地区　和田地区　喀什地区　克拉玛依　克孜勒苏州　石河子　塔城地区　图木舒克　叶鲁番地区　五家渠　伊犁州
云南	昆明　保山　楚雄州　大理州　德宏州　迪庆州　红河州　丽江　临沧　怒江州　普洱　曲靖　昭通　文山　西双版纳　玉溪
浙江	杭州　湖州　嘉兴　金华　丽水　宁波　衢州　绍兴　台州　温州　舟山
北京	北京
上海	上海
天津	天津
重庆	重庆
香港	香港
澳门	澳门
台湾	台北　新北　台中　高雄　台南

coord是页面信息的经纬度坐标，采用的是bd09ll坐标。若页面信息为城市级别，填写城市中心点即可。若页面信息有具体的地址，则经纬度坐标填写该具体地址的坐标（可以通过百度地图的地址解析API获取）。

2）meta位置

站长需要将meta声明放在网页源代码head标签内，如下所示：

```
<head>
```

```
<meta name="location" content="province=北京;city=北京;
coord=116.306522891,40.0555055968">
……
</head>
```

5. 常见问题及解决方法

问：是不是 PC 站和移动站都要标记地理位置信息？

答：首先，地域标签主要应用于移动搜索，而移动搜索检索机制支持用户搜索到 PC 站或移动站，所以 PC 站和移动站都需要标记。

问：标记地理位置信息有什么好处？

答：从百度用户的搜索行为可以看到，大量用户对于本地或者附近的结果更有倾向性。站长配合进行地域信息标注后，百度将根据页面的地域信息和用户所在位置进行匹配，优先展示距离近的结果。也就是说，站点将更有机会被当地用户看到。

问：经纬度可以为空吗？

答：可以为空。如果没有经纬度，可以是如下形式：

```
<meta name="location" content="province=北京;city=北京">
```

问：我们的站点更多是外地用户在搜索，打了标签后会不会有问题？

答：不会出现问题。百度移动搜索会通过精准的需求识别，对“外地搜索”行为采取特殊策略，不会影响到搜索异地结果。同时，站长还是需要注意只对页面内容或服务本身具有较强地域属性的页面进行地域信息标注。

问：移动搜索的地域优化标签做好后，是否需要单独提交？

答：没有标记经纬度时不需要单独提交。如果页面更新了，可以到站长平台提交 Sitemap，加速百度收录的速度。

6. 百度移动搜索移动适配服务

为了提升用户的移动搜索结果浏览体验，百度移动搜索对具有对应手机站的 PC 站提供“移动适配”服务。如果同时拥有 PC 站和手机站，且二者能够在内容上对应，可向百度提交PC页—手机页的对应关系，若对应关系准确，将有助于百度在移动搜索中将原PC页结果替换为对应的手机页结果。积极参与移动适配，将有助于手机站在百度移动搜索中获得更好的展示，同时以更佳的浏览效果赢取用户口碑。

百度移动适配服务提供三种方案——自主适配、标注meta声明、提交对应关系Sitemap，同时向站点提供移动适配进度查询。

1）自主适配

自主适配指站点自己做好PC与手机之间的适配，以及手机站各个版式之间的适配。当手机用户通过百度移动搜索或者其他方式访问站点的PC页时，站点将其自动适配到该PC页面对应的手机页，并为之选择合适的页面版本。

站点若暂不具备自主适配的能力，可以使用百度提供的终端适配服务，简单快捷地实现自主适配，即：站点调用百度终端适配服务API进行简单的开发，就可以获取到访客的终端信息（包含操作系统、浏览器、机型信息）及适配版式建议，根据这些信息在站点服务器上实施跳转进而完成自主适配例如：

（1）频道页：当用户使用手机访问http://sports.sina.com.cn/nba时，站点自行适配到http://nba.sina.cn。

（2）内容页：当用户使用手机访问http://bbs.gfan.com/android-4038549-1-1.html时，站点自行适配到http://bbs.gfan.com/mobile/android-4038549-1-1.html。

自主适配不仅限于百度移动搜索，当用户手动输入网址，或者通过其他移动搜索引擎、导航站等渠道访问站点时，适配同样有效。

2）标注meta声明

站点如果自主适配有困难，可以在PC页面中进行简单改造，由百度协助实现适配效果，即：站长在站点PC页的源代码头部嵌入一行或多行meta信息，由meta信息来指明该PC页对应的手机页的URL，以及该URL对应页面的格式，百度将根据用户终端类型选择最适合展示的页面（无对应关系的PC页面无须添加meta）。

（1）meta声明格式如下：

```
<meta name="mobile-agent" content="format=[wml|xhtml|html5];
URL=URL">
```

[wml|xhtml|html5]——根据手机页的协议语言，选择其中的一种。

URL=URL——后者代表当前 PC 页所对应的手机页 URL，两者必须是一一对应的关系。

meta 声明示例：

```
<meta name="mobile-agent" content="format=html5;URL=http://3g.sina.com.cn/">
<meta name="mobile-agent" content="format=xhtml;URL=http://sina.cn/">
```

其中，加粗字体部分是需要站点自定义的内容。

（2）站长需要将 meta 声明放在 PC 页源代码内部，例如：

```
<head>
<meta name="mobile-agent" content="format=html5;URL=http://3g.sina.com.cn/">
......
</head>
```

标注 meta 声明这一适配方案仅在百度移动搜索中生效，即只有当用户通过百度移动搜索访问站点时，适配才会生效；通过其他渠道则不生效。在标注准确对应关系无误的情况下，大约需要七天左右的时间生效，老旧页面会有所延迟。但百度不保证一定能在移动搜索结果中按照标注的对应关系进行替换。

3）提交对应关系 Sitemap

当站点推动 PC 页标注有困难时，可以选择提交 PC 页 - 手机页对应关系的 Sitemap，帮助百度在移动搜索结果中替换。页面对应关系可以是 URL 级别或者 pattern 级别的；站点也可以根据自身情况，将具备一定规律的 URL 聚合成 pattern，无法聚合的则仍以 URL 对应形式存在，在站长平台分开提交。

URL 级别 Sitemap：通过 XML 文件描述 URL 级别的 PC 页与手机页的对应关系。

pattern 级别 Sitemap：一个 pattern 级别的对应关系，往往可以表示成千上万

的 URL 对应关系。通过 pattern 形式批量提交对应关系，能够大大减少站长提交 URL 对应关系的数据量。

提交方式是使用站长平台对应关系提交工具进行提交。

与 meta 方案相同，提交对应关系 Sitemap 仅限于在百度移动搜索中生效。在提交的对应关系无误的情况下，大约需要七天生效，老旧页面会有所延迟。百度不保证一定能在移动搜索结果中按照提交的对应关系进行替换。

7. 移动适配进度查询

移动适配进度查询提供包括手机站点击量、适配点击量在内的移动适配进度数据，便于站点及时了解移动适配的进度情况，把控自身流量数据。同时提供站点尚未进行适配的页面 / 频道排行榜。建议站点优先进行适配，并持续不断地建设更多新的对应关系。

移动适配进度查询方法：

（1）注册并登录百度站长平台。

（2）提交 PC 网站并验证归属。具体验证网站归属方法参见帮助文档。

（3）点击网站名称下具体需要进行适配的 PC 站，依次选择“站点工具”“移动适配工具”“移动适配进度查询”。

8. 移动适配常见问题

1）百度移动搜索排序常见问答

问：如果发现移动站流量波动，该怎么办？

答：网站流量短时间内的少量波动一般来说是正常现象。当流量波动持续时间较长且幅度较大时，则需要排查原因，建议站长：

（1）自查移动站点运营是否正常，流量统计渠道是否准确。

（2）如果参与了移动适配，可以通过进度查询工具了解移动适配带来的流量情况。

（3）同时确认 PC 站流量在百度网页搜索中的流量变化（移动站的流量波动可能与 PC 站流量波动相关联）。

（4）确认是否自身做了过度优化，如果是，移动搜索的反作弊系统会自动对网站进行一定的处理。

问：百度移动端对经过移动化处理的站点的排名是否有照顾？移动端适配成功后是否可以把很多没经过适配的站点挤下去？

答：经过移动适配的站点与PC站相比，在其他都相同的情况下，百度会优先展示适配移动站点。搜索系统更倾向于将移动站优先展示。

问：用户使用m.baidu.com搜索时不同的终端排名不一致，例如iPhone搜索与安卓手机搜索结果不一致，部分排名也跟PC端访问的百度差很远。

答：在iOS和安卓不同的系统下百度会进行微调，但理论上差别不会特别大。例如搜索同一款App，安卓和iOS系统下是需要给出对应该系统的结果的。第二个问题，从人、设备、使用场景及移动站特征看，PC端和移动端都是存在明显差异的，因此，未来移动端的排序与PC端的差异会更加明显。

2）百度移动搜索移动适配常见问答

问：百度移动搜索上我的移动站点与PC站夹杂，怎么告诉搜索引擎优先展示移动站点？

答：首先，您最好在自己网站上进行自适配，使得不同端的用户访问可以获取到浏览体验最好的页面；其次，如果移动站的内容与PC站能够完全对应，建议通过移动适配进行替换。百度鼓励移动资源，对PC资源在移动端是持排斥态度的，不会优先展示。

问：提交移动适配以后，搜索结果中的PC页面为什么没有跳转到移动端页面，甚至会被转码？

答：移动适配未生效时，百度仍然会认为该结果为PC页，有可能对其进行转码。移动适配未生效有以下几个原因：

（1）数据提交过程有误，包括数据的提交格式、提交入口、正则规则等；对应关系有误，包括PC页与移动端页未一一对应、移动端页死链或发生跳转、移动端页与PC页内容不一致等。

（2）移动端页面协议编写不规范，百度无法正常识别。

（3）自主适配时，使用JavaScript跳转不利于百度蜘蛛抓取。建议采用301跳转。

（4）其他更多适配问题参考http://zhanzhang.baidu.com/wiki/39。

问：手机站有HTML5和XHTML两个版式，但访问的域名均为m.a.com，应该如何进行PC页的meta标注呢？

答：可对同一条URL进行多个版式的标注。例如：meta name="mobile-agent" content="format=xhtml;URL=http://m.a.com/"metaname="mobile-agent"content="format=html5;URL=http://m.a.com/"。

问：PC页还标了除百度要求以外的有其他作用的meta信息，会影响百度移动搜索优化的效果吗？

答：在对应关系上，百度只提取符合百度制定标准的meta信息meta name="mobile-agent" content="format=[wml|xhtml|html5];URL=URL"，其他信息只要不与标准冲突就不会影响。

问：请问meta标注中URL字段可否使用相对路径？例如URL=/3g/这样的格式？

答：不可以，目前meta标注中的URL字段不支持相对路径，只支持绝对路径。

问：为什么我做了meta标注，却在百度移动搜索中没有生效？

答：做了标注却没有在移动搜索中生效，可能由以下原因导致：①仍在meta信息处理期内。在标注准确对应关系无误的情况下，meta信息的处理时间约为7天，老旧页面会有延迟。② meta标注的格式错误，如标注的位置错误、URL拼写错误。③ PC页与手机页对应关系错误，如手机页不可用（无内容/报错）、PC页与手机页主体内容不一致等。

问：使用移动适配服务，还有其他需要注意的事项吗？

答：放开对百度蜘蛛的robots封禁和屏蔽，以方便百度蜘蛛获取PC站与手机站之间的对应关系。同时，做好手机站流量预留工作，提前确认服务器的承载能力。（可至百度统计了解目前自己的PC站在百度移动搜索中的流量，预估适配后手机站可能达到的流量峰值。）

问：如何提升移动适配效果？

答：首先，对已有的对应关系持续进行适配，同时不断建设新的对应关系，增加适配覆盖的范围。其次，要确保已经标注/提交的对应关系对应准确。以下是常见的对应不准确错误，需网站自查，并及时修改。

（1）手机页不可用，例如是死链。

（2）robots封禁。放开对百度蜘蛛的robots封禁和屏蔽，以便百度蜘蛛获取PC站与手机站之间的对应关系。

（3）手机页使用了Ajax等异步加载的方法加载内容主体。

（4）格式错误，包括 meta 标注的位置、格式错误，对应关系 Sitemap 格式错误等。

（5）对应关系错误。

①当 PC 页为内容页时，应该适配到对应的手机页内容页，而实际却适配到手机页的首页 / 列表页。

例如，PC 页为 http://www.qidian.com/Book/2083259.aspx，适配后的手机页为 http://qidian.cn/?from=web。

②手机页本身无主体内容 / 主体内容过少。

③手机页需登录才能浏览主体内容。

④ PC 页内容与手机页内容不存在一一对应关系。

正确的对应关系示例如下：

PC 页：http://sports.sina.com.cn/j/2012-08-13/23516189909.shtml。

手机页：http://sports.sina.cn/?sa=d4634022t24v4&cid=797&pos=10&vt=4。

3）百度移动搜索转码常见问答

问：能否分享下百度转码的场景——对哪类页面会转码？现在我们发现触屏版的 mobile 页也会被转码。

答：由于 PC 页在移动端用户体验较差，因此百度对所有的 PC 页面类型都可能进行转码，但是会根据转码后的页面质量及服务是否正常来决定最终是否转码。如果站长已经做好了自适配但发现仍然被转码，其原因是网站的自主适配暂时未被百度识别。

问：不希望百度转码该怎么办？

答：百度的转码服务中，有一项是加代码强制要求百度不转码。可以把这段代码写在 HTML 中。禁止百度移动搜索对网页进行转码的方法如下：

在百度移动搜索引擎中，为了更好地满足用户需求，会同时为用户提供 PC 网页和移动网页，但目前受交互、兼容和流量等因素影响，PC 页在移动端的直接浏览体验较差。因此，百度移动搜索对缺乏可替代移动资源的 PC 页进行格式转码，将其转换为适合手机浏览的移动页，使其能够在移动端浏览器有较好的浏览体验。为了最大程度改善 PC 页在手机上的浏览体验，转码时会去除 PC 页中不能在手机浏览器上浏览的内容，并改善不适用移动端的交互功能。不仅百度移动搜索提供转码技术，各大搜索引擎均有并提供类似的技术。

如果站长希望自己的站点不被转码，依然希望手机端用户浏览 PC 页该如何操作呢？可以使用 no-transform 协议。no-transform 协议有如下两种形式：

第一种，在 HTTP Response 中显式声明 Cache-control 为 no-transform。

第二种，在 meta 标签中显式声明 Cache-control 为 no-tranform，格式为：

```
<head>
<meta http-equiv="Cache-Control" content="no-transform"/>
</head>
```

如果站点不希望页面被转码，可添加此协议，此时当用户通过百度移动搜索进入该网站时会进入原网页浏览。

还有一种情况，即站点本身有对应的移动页面，所以不希望被转码时，建议站长使用百度移动搜索的移动适配服务，百度会帮助用户直接进入对应的移动页面。

问：如何正确识别百度蜘蛛移动 UA？

答：新版移动端 UA：

```
Mozilla/5.0(Linux;u;Android4.2.2;zh-cn;)AppleWebKit/
534.46(KHTML,likeGecko)Version/5.1MobileSafari/10600.6.3(compati
ble;Baiduspider/2.0;+http://www.baidu.com/search/spider.html)
```

PC 端 UA：

```
Mozilla/5.0(compatible;Baiduspider/2.0;+http://www.baidu.com/
search/spider.html)
```

正确识别百度蜘蛛移动 UA 的方法如下：

（1）通过关键词 Android 或者 Mobile 来进行识别，判断为移动访问或者抓取。

（2）通过关键词 Baiduspider/2.0，判断为百度蜘蛛。

需要强调的是，对于 robots 封禁，如果封禁的代理是百度蜘蛛，会对 PC 端和移动端同时生效。即，无论是 PC 端还是移动端百度蜘蛛，都不会对封禁对象进行抓取。之所以要强调这一点，是发现有些代码适配站点（同一个 URL，PC 端 UA 打开时是 PC 页，移动端 UA 打开时是移动页）想通过设置 robots 的代理封禁达到只让移动百度蜘蛛抓取的目的，但由于PC端和移动端百度蜘蛛的代理都是百度蜘蛛，因此这种方法是非常不可取的。

7.2.5 良好展示

移动站优化和PC站优化在很多方面都是相似甚至相同的，但由于移动搜索结果界面大小受限，移动站在标题和摘要的撰写上有很多有别于PC端的情况。

1. 有吸引力的标题

用户在百度移动搜索中输入关键词搜索到网站页面时，标题作为最重要的内容展示在搜索结果中，主题明确、吸引眼球的标题能够使用户第一时间理解页面的主题是否符合他的需求，进而更快捷地从众多搜索结果中选择并点击它。所以，移动网页的标题应该是：

- 主题明确。
- 简洁扼要，不罗列，尽量不超过17个汉字，否则会折行。
- 如果品牌知名度高，则品牌词最好能够展示出来。
- 在与内容相符的前提下，用更吸引眼球的标题。

2. 唯一的摘要

作为搜索结果摘要（description）的重要选择目标之一，一定不要采用默认形式，而用适当的语言对页面进行进一步描述。对标题的进一步补充，能够使用户更进一步理解页面的内容与其需求是否匹配，让网页的目标用户更快找到并点击它。

- 对标题的进一步补充，应准确描述页面内容，但不是堆砌关键词，否则有作弊嫌疑。
- 每个页面要有不同的摘要，尽量不使用一样的。
- 标题长度适当，超出部分会被截断。

这里特别需要强调的是中文URL的适配方法，以下示例，得到了平台工程师的认可：

PC 端 URL：http://www.example.com/tag/ 南京旅游 /

移动端 URL：http://m.example.com/?tag= 南京旅游

格式：

```
http://www.example.com/tag/((?:%[a-zA-Z0-9]{2,})+)/->
http://m.example.com/?tag=${1}
```

中文 URL 在提交验证 URL 对时，应该填转码后的链接，如：

```
http://www.example.com/tag/%E5%8D%97%E4%BA%AC%E6%97%85%E6%B
8%B8/
```

其他适配示例请参考移动适配正则格式示例，此处不再赘述。

7.2.6 数据提交

数据提交方式有跳转适配、代码适配和自适应三种，7.2.1 节已有介绍，此处不再重复。

百度发现网站内容的方式有以下两种：

（1）通过百度蜘蛛自动抓取，是最传统和原始的方式。采用这种方法时可以使用 robots 协议将百度蜘蛛引导到 Sitemap 文件内，使其加速抓取网站内容。不过归根结底，这种方式还是提示蜘蛛来抓取，具体的抓取情况我们无法判断，而且还要看百度蜘蛛对于该站的抓取频率。

（2）通过百度站长工具，将数据主动提交给百度。这种方式能有效提高百度蜘蛛抓取数据的效率，也是笔者比较推荐的数据提交方式。

其中用百度站长工具提交数据的方式主动推送、自动推送和 Sitemap 提交三种。下面针对移动站的提交，来讲解这三种方式。

1. 主动推送

主动推送是最快速的提交方式，是将站点当天产出链接立即推送给百度，可以保证新链接及时被百度收录。

那么如何使用主动推送功能呢，需要网站制作数据推送接口。进入主动推送工具界面后，会看到接口调用地址的 token，如图 7-13 所示。token 是由 16 个英文数字组合的字符串。

接口调用地址：http://data.zz.baidu.com/urls?site=www.[illegible]n&token=[illegible]&type=original

参数名称	是否必选	参数类型	说明
site	是	string	在站长平台验证的站点，比如www.example.com
token	是	string	在站长平台申请的推送用的准入密钥
type	否	string	原创数据参数：original

图 7-13　百度站长平台的主动推送工具界面

下面介绍一些推送示例。

1）cURL 推送示例

将要提交的 URL 数据写入一个本地文件，例如 URLs.txt，每个 URL 占一行，然后调用 cURL 命令：

```
cURL-H'Content-Type:text/plain'--data-binary@URLs.txt
"http：//data.zz.baidu.com/URLs?site=www.example.com&token=
edk7yc4rEZP9pDQD"
```

使用 PHP、Python、Java 等语言可以参照这个过程推送结构化数据。

2）POST 推送示例

```
POST/URLs?site=www.58.com&token=edk7ychrEZP9pDQDHTTP/1.1
User-Agent:cURL/7.12.1
Host:data.zz.baidu.com
Content-Length:83
http://www.example.com/1.html
http://www.example.com/2.html
```

3）PHP 推送示例

```
$URLs=array(
'http://www.example.com/1.html',
'http://www.example.com/2.html',
```

```
);
$api='http://data.zz.baidu.com/URLssite=www.58.com&token
=edk7ychrEZP9pDQD';
$ch=cURL_init();
$options=array(
CURLOPT_URL=>$api,
CURLOPT_POST=>true,
CURLOPT_RETURNTRANSFER=>true,
CURLOPT_POSTFIELDS=>implode("\n",$URLs),
CURLOPT_HTTPHEADER=>array('Content-Type:text/plain'),
);
cURL_setopt_array($ch,$options);
$result=cURL_exec($ch);
echo$result;
```

4）Ruby 推送示例

```
require'net/http'
URLs=['http://www.example.com/1.html','http://www.example.
com/2.html']
uri=URI.parse('http://data.zz.baidu.com/URLs
site=www.xxx.com&token=eTk7ychrWZP1pDQD')
req=Net::HTTP::Post.new(uri.request_uri)
req.body=URLs.join("\n")
req.content_type='text/plain'
res=Net::HTTP.start(uri.hostname,uri.port){|http|http.
request(req)}
putsres.body
```

2. 自动推送

自动推送是百度站长平台为提高站点新增网页发现速度推出的工具，安装自动推送 JS 代码的网页，在页面被访问时，页面 URL 将立即被推送给百度，如图 7-14 所示。

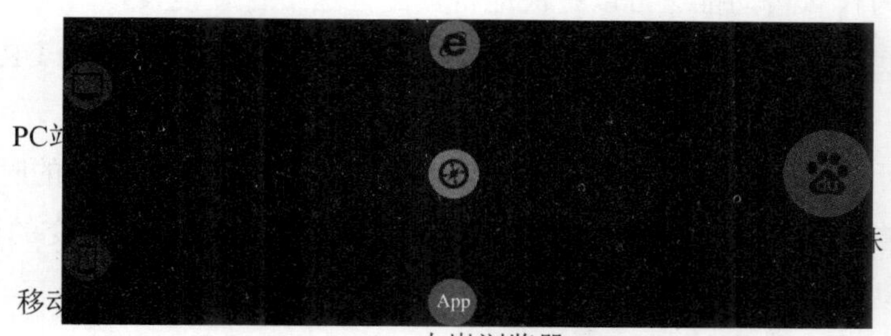

图 7-14　自动推送示意图

JS 链接推送代码以网页为最小对象，服务于全平台多终端，PC 站和移动站均可使用。

安装代码的页面在任意平台（浏览器、微信、微博）被加载时，页面链接会被第一时间推送给百度，从而提高站点新内容被发现的速度。

站长在每个页面的 HTML 代码中包含以下自动推送 JS 代码即可使用自动推送功能：

```
<script>
(function(){
varbp=document.createElement('script');
bp.src='//push.zhanzhang.baidu.com/push.js';
vars=document.getElementsByTagName("script")[0];
s.parentNode.insertBefore(bp,s);
})();
</script>
```

如果站长是使用 PHP 语言开发的网站，可以按以下步骤操作：

（1）创建名为 baidu_js_push.php 的文件，文件内容是上述自动推送的 JS 代码。

（2）在每个 PHP 模板页文件的 body 标签后面添加一行代码：

```
<?phpinclude_once("baidu_js_push.php")?>
```

关于自动推送，有以下一些问题。

问：为什么自动推送可以更快地将页面推送给百度搜索？

答：自动推送的实现原理是，当新页面每次被浏览时，页面 URL 会自动推送给百度，无需站长汇总 URL 再进行主动推送操作。

借助用户的浏览行为来触发推送动作，省去了站长人工操作的时间。

问：自动推送和链接提交有什么区别？已经在使用链接提交的网站还需要再部署自动推送代码吗？

答：二者互不冲突，互为补充。已经使用主动推送的站点，依然可以部署自动推送的 JS 代码，二者一起使用。

问：什么样的网站更适合使用自动推送？

答：自动推送由于实现便捷和后续维护成本低的特点，适合技术能力相对薄弱，无能力支持全天候实时主动推送程序的站长。

站长仅需一次部署自动推送 JS 代码的操作，就可以实现新页面被浏览时即推送的效果，低成本实现链接自动提交。

同时，百度支持主动推送和自动推送代码配合使用，二者互不影响。

3. 移动 Sitemap

百度推出了移动 Sitemap 协议，用于将网址提交给移动搜索收录。百度移动 Sitemap 协议是在标准 Sitemap 协议基础上制定的，增加了 mobile:mobile/ 标签，它有四种取值：

<mobile:mobile/>：移动网页

<mobile:mobiletype="mobile"/>：移动网页

<mobile:mobiletype="pc,mobile"/>：自适应网页

<mobile:mobiletype="htmladapt"/>：代码适配

1）百度移动 Sitemap 的写法

（1）向百度提交移动网页的 Sitemap 写法示例如下：

```
<?xml version="1.0" encoding="UTF-8"?>
<URLset xmlns="http://www.sitemaps.org/schemas/sitemap/0.9"
```

```
xmlns:mobile="http://www.baidu.com/schemas/sitemap-mobile/1/">
<URL>
<loc>http://m.abc.com/index.html</loc>
<mobile:mobiletype="mobile"/>
<lastmod>2009-12-14</lastmod>
<changefreq>daily</changefreq>
<priority>0.8</priority>
</URL>
</URLset>
```

（2）向百度提交自适应网页的 Sitemap 写法示例如下：

```
<?xml version="1.0" encoding="UTF-8"?>
<URLset xmlns="http://www.sitemaps.org/schemas/sitemap/0.9"
xmlns:mobile="http://www.baidu.com/schemas/sitemap-mobile/1/">
<URL>
<loc>http://www.abc.com/autoadapt.html</loc>
<mobile:mobiletype="pc,mobile"/>
<lastmod>2009-12-14</lastmod>
<changefreq>daily</changefreq>
<priority>0.8</priority>
</URL>
</URLset>
```

（3）向百度提交代码适配网页的 Sitemap 写法示例如下：

```
<?xml ersion="1.0" ncoding="UTF-8"?>
<URLset mlns="http://www.sitemaps.org/schemas/sitemap/0.9"
xmlns:mobile="http://www.baidu.com/schemas/sitemap-mobile/1/">
<URL>
```

```
<loc>http://www.abc.com/htmladapt.html</loc>
<mobile:mobiletype="htmladapt"/>
<lastmod>2009-12-14</lastmod>
<changefreq>daily</changefreq>
<priority>0.8</priority>
</URL>
</URLset>
```

按照移动 Sitemap 协议写好 Sitemap 后，在百度站长平台 Sitemap 工具处点击添加新数据并提交，这一步与提交普通 Sitemap 方式一样。

2）Sitemap 提交后百度的处理

Sitemap 数据提交后，一般在 1h 内百度即开始处理。在以后的调度抓取中，如果网站的 Sitemap 支持 ETag，百度会更频繁地抓取 Sitemap 文件，从而及时发现内容更新；否则抓取的周期会比较长。

7.2.7 百度移动友好度标准

百度搜索是全球最大的中文搜索引擎。在移动互联时代，百度每天响应的移动搜索请求高达几十亿次，导向互联网的流量几十亿量级，且快速增长。面对移动用户的迅猛崛起，站长们纷纷涌入移动化建设的浪潮中。百度秉承“用户体验至上”的理念，以移动用户体验为导向，发布移动友好度标准，旨在帮助站长建立适合移动设备应用的网站，为网站移动化建设提供明确的方向。

当用户在手机上点按百度搜索结果时，除了搜索结果对需求的满足程度外，搜索结果的加载时间、页面浏览体验、资源或功能的易用性、页面是否符合移动端适配等，都会影响移动用户体验的满意度。百度致力于帮助移动用户获得更好的移动页浏览体验，移动友好度是一个重要的评价因子。

百度移动友好度标准旨在告诉广大站长：怎样的移动页是受用户欢迎的。这不仅针对搜索引擎，也鼓励站长从用户的角度来建设网页。

1. 面向用户体验的网站建设：页面可读性

不可访问的页面会被直接归入垃圾页面，百度不会浪费资源对垃圾页面进行移动友好度评估。页面可读是衡量移动友好度的基础。这里页面可读主要指用户可读，即用户能够看见、看清并看懂页面。页面可读性包含如下维度：页面加载速度体验、页面结构和页面浏览体验。

1）页面加载速度体验

移动互联网上，网页的加载速度对用户体验的影响日趋明显。百度用户体验部研究表明，用户期望且能够接受的页面加载时间在 3s 以内。若页面的加载时间超过 5s，78% 的用户会失去耐心而选择离开。页面加载速度是百度搜索中一个重要的排序因素，建议站长针对这方面进行专项优化。

2）页面结构

一个结构优质的页面，要让用户第一眼就看到页面的主要内容，获取页面主体信息时没有多余的干扰，快速找到所需。用户能够通过页面布局结构，快速了解页面各模块的主要内容。如图 7-15 ～图 7-18 所示，要构建一个结构优质的移动页需关注两点：

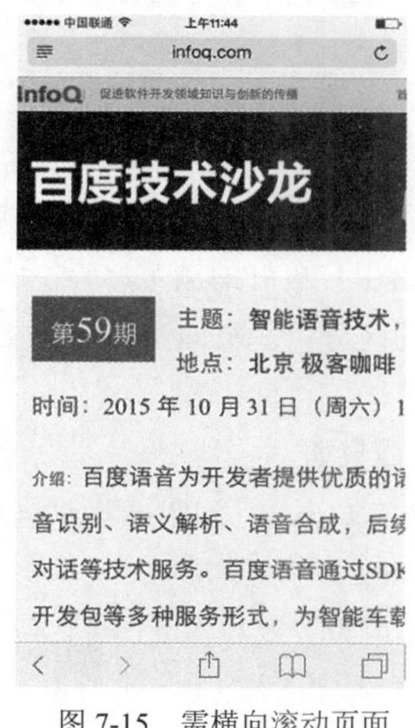

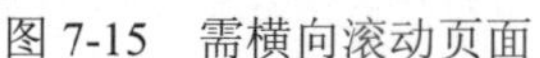
图 7-15　需横向滚动页面

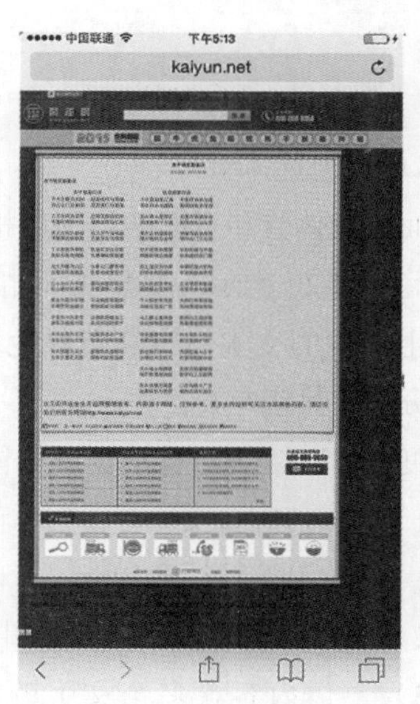

图 7-16　需缩放页面

（1）页面能够根据屏幕调整内容大小，用户不需要左右滚动屏幕，也不需要进行缩放操作就能清晰辨识网页的内容。

（2）页面主体位于首屏且居中心位置，其他相关度低的内容对页面主体无干扰作用。百度会严厉打击应用恶意弹窗 / 浮层的行为。视对用户体验造成伤害程度的大小，在结果排序上会对以下情况减分：广告遮盖主体、广告动态抢夺用户视线、广告穿插主体等。

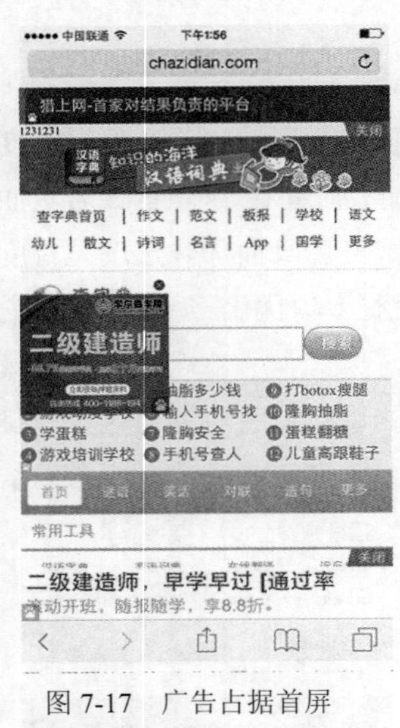

图 7-17　广告占据首屏

图 7-18　广告穿插正文

3）页面浏览体验

页面浏览体验和页面结构密切相关，页面结构差，则浏览体验无从谈起。如图 7-19、图 7-20 所示，要想页面结构优质，给用户更好的浏览体验，应注意：①页面主体中的文本内容和背景色应有明显的区分；②页面主体中的文本内容应段落分明，排版精良。

百度用户体验部对移动页浏览体验的研究成果如下：

（1）主体内容含文本段落时，正文字号推荐 14px，行间距推荐（0.42 ～ 0.6）×字号，正文字号不小于 10px，行间距不小于 0.2×字号。

（2）主体内容含多图时，除图片质量外，应设置图片宽度一致，位置统一。

（3）主体内容含多个文字链时，文字链字号推荐 14px 或 16px；字号为 14px 时，纵向间距推荐 13px；字号为 16px 时，纵向间距推荐 14px；文字链整体可点区域不小于 40px。

（4）主体内容中的其他可点区域，宽度和高度应大于 40px。

（5）需注意交互一致性，同一页面不应使用相同手势完成不同功能。

图 7-19　文本与背景难以区分

图 7-20　字号与行间距偏小

2. 面向用户体验的网站建设：资源易用性

按照页面主体内容载体的不同，资源易用性的标准会有较大的区别。

（1）首页或索引页：页面提供的导航链接应清晰可点，页面推荐的内容应清晰有效。

（2）文本页面：页面提供的内容应清晰完整，有精良的排版。文本页面包括文章页、问答页、论坛页等。

（3）Flash：移动设备上不常用的资源形式，应避免使用（参见图 7-21）。

（4）音 / 视频页：音 / 视频应能够直接播放，且资源清晰优质。百度严厉打击欺诈性下载播放器的行为。

（5）App 下载：应提供直接下载，且下载的为最佳版本。百度严厉打击欺诈性下载手机助手和应用市场的行为。

（6）文档页：应提供可直接阅读的文档，且文档阅读体验好。请注意，将文档资源转化为图片资源的方式，不仅影响用户体验，对搜索引擎也不友好，应避免使用。

（7）服务页 & 功能页：提供的服务或功能应易用好用。下面将详细说明。

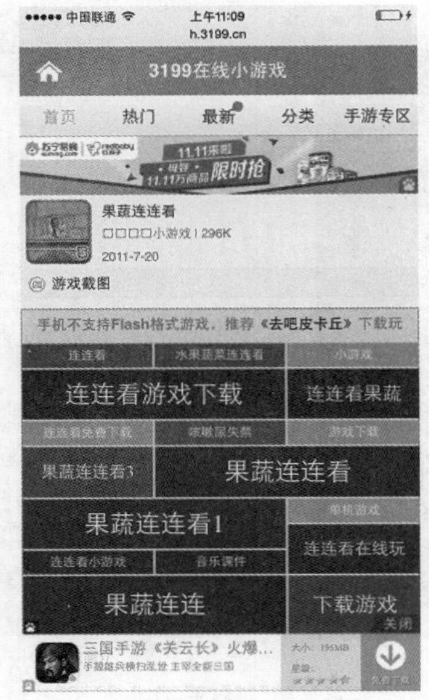

图 7-21　资源易用性——Flash 不可用

3. 面向用户体验的网站建设：功能易用性

按照页面主体功能的不同，对功能易用性方面的考虑如下：

（1）商品页：页面应提供完整的商品信息和有效的购买路径。

（2）搜索结果页：页面罗列出的搜索结果应与搜索词密切相关。

（3）表单页：页面应提供完整有效的功能。表单页主要指注册页、登录页、信息提交页等。

4. 面向用户体验的网站建设：体验增益性

这个维度属于增益项，只有当页面在可读性和资源及功能易用性上表现较好时，百度排序才会考虑体验增益性，并给予额外的优待：

（1）提供访问路径上的增益，例如页面提供有效的导航或面包屑导航，如图 7-22 所示，能够去往上一级或下一级页面。

（2）生活服务类网站，提供效率上的增益，例如电话可拨打、地址可定位等。

（3）查询类网站，提供输入方式上的增益，例如支持语音输入、图像输入、扫码功能等，如图 7-23 所示。

（4）阅读类网站，提供体验增益，如夜间模式等。

图 7-22　有效的面包屑导航

图 7-23　语音图像输入

在移动端，App 自调起未判断用户需求状态即切断搜索流程，破坏了搜索体验的完整性和流畅性，使用户对点击搜索结果后的效果没有预期。建议站长使用 Applink 服务并安装相应的 SDK，保障用户的搜索体验，并实现 HTML5 和 App 内容的无缝打通。近年来服务类 O2O 产品大量涌现，百度建议只有 App 或微信服务号的商户将 HTML5 资源提交给百度，以实现更好的收益。

体验提升，标准先行。百度搜索会依据此标准在移动端推出移动友好度算法，将移动友好度作为移动搜索排名的一项重要参考因素。同时会不定期抽样移动页进行人工评估，评估后的结果会返回技术部门进行机器学习。百度搜索会继续完善标准，优化算法，不遗余力地提升移动端用户体验，并更好地为移动站站长服务。

7.3 百度沟通反馈投诉秘籍

7.3.1 流量异常反馈

在百度的眼中，满足搜索用户的需求是最重要的，只要网页内容质量可以满足搜索用户的需求，流量（指的是自然流量）给哪个网站都是可以的。

站长反馈中心并非由一线工程师直接值守，而是由专门的工作人员对投诉反馈内容进行分类处理，包括把部分非常重要的投诉反馈内容通过后台提交给工程师去追查。因此，要想让投诉有效，首先要让反馈中心工作人员觉得你的投诉非常重要。之后，当工程师也觉得这个反馈非常重要、需要追查时才会激发下一步的动作。那么如何令反馈中心的工作人员和工程师都觉得你投诉反馈的内容非常重要呢，大家需要认真考虑一下。

首先，大家在投诉反馈时要抱着实事求是的态度，不能为了引起关注而夸大其辞或胡编滥造。百度搜索的工作非常忙碌，追查问题的成本又相当高，如果百度发现你在骗他，很有可能把你列入黑名单。

其次，站长和百度的立场和看法不同，所以有些情况可能对站点来说很重要的问题，百度却不这么看。下面跟大家说说最不容易成功的情况：

网站关键词排名下滑得很厉害，前几页内都找不到了。百度关心的是搜索结果是否能满足用户需求，而不关注具体某一网站的排名波动。在投诉、反馈之前，需要先站在百度工程师的角度思考一下。

如果网站内容价值高，但没有排名，例如在结果前面的页面内容都不如你，甚至很垃圾；用户搜你网站名时相关页面却排不上来等，这种情况是百度的损失。向反馈中心投诉时：网站应提供流量下滑的数据截图，尽可能地多提供几个关键词，包括这个关键词对应的URL、URL以前的排名和现在的排名（排名是动态的，这个值可以从流量与关键词工具中获取），来说明该URL的优势。如果是原创或者以合作方式产生的独特内容也可以指出来。同时阐述清楚在这个关键词下，哪些页面排在前面却不如这个URL，或者哪些页面存在舞弊行为等。这样的投诉内容才有可能引起一线工作人员及工程师的重视。

7.3.2 申请官网标识

为了方便用户识别品牌官网，百度推出了官网认证服务，通过官网认证之后，当用户搜索品牌名称时，可在搜索结果页面相应条目给出官网标识，帮助网站获得更高的关注度和点击量，如图 7-24 所示。这也有利于品牌保护和品牌增值。

去哪儿网

【去哪儿网】机票查询预订,酒店预订,旅游团购,度假搜索,... 官网

去哪儿Qunar.com提供机票,飞机票,特价机票,打折机票的查询预订;99元春秋航空特惠折扣机票,百元南航、海航惊喜特价机票任您挑选,国航、深航1折特价机票和折扣机票一...

去哪儿旅行 - 百度快照 - 1513条评价

图 7-24　官网标识

官网认证是免费的，但是实名 / 实地认证是要付费的。百度官网认证是实名 / 实地认证成功之后附赠的，而且百度对官网认证的关键词不是百分百可以通过。如果想认证某个关键词，建议先让信誉加 V 的服务商看一下，让他先帮忙评估这个词的通过率如何。在没有商标的情况下，笔者的个人经验是如果搜索对应关键词（非商标词），只显示你的网站时，通过率会高一些；如果对应的关键词有商标，通过率会高很多。官网认证注意事项有以下七项：

（1）实名 / 实地认证时，就已经产生了费用。实名 / 实地认证通过之后，第一次提交百度官网关键词时，如果发现没有通过，客服会推荐一些好通过的词做官网申请，可能不是你想要的词，但这时已经不可以让客服退钱了。所以做认证之前要慎重，多问多想，不花冤枉钱。

（2）因需要关键词和 URL 精确匹配，官网标识才能正常展示，故申请实名 / 实地认证时，需使用被百度收录的结果的 URL 进行申请，以保证官网认证成功后，URL 可以正常匹配。

（3）实名认证的材料邮寄即可，实地认证在邮寄材料的基础上，还要有专人到公司实地进行审核。

（4）实地认证在实名认证需要的资料基础上，还需要一些实地拍照、办公地点租赁 / 购买合同等材料。

（5）实名认证只能认证一个官网词，实地认证可以认证三个官网词。

（6）通过百度推广的后台，可以给网站进行加V操作。使用百度推广的账号密码登录信誉V平台，此时实名认证处于不可开通状态。官网申请可以进行一个官网词的申请操作，与实名认证的效果差不多。如果只想认证与营业执照一致的官网关键词，且本身有百度推广的情况下，就可以直接通过百度推广的用户密码登录信誉V平台，进行官网申请操作。

（7）百度推广客户只等同于信誉V的实名认证用户，但是通过百度推广客户进行官网认证时，需要满足实名/实地的行业要求（主要是因为有些行业可以做百度推广，但不可以做实名/实地/官网认证）；百度推广客户进行官网认证需要自己操作，信誉V用户的线上操作都由信誉V服务商公司的客服代劳。

7.3.3 右侧内容纠错

百度搜索结果右侧的小图标是错误的，如图7-25所示，如何修改？出现这样的情况网站管理员比较头疼，例如搜“美丽说”，右侧出现了蘑菇街的图标，是错的，怎么改？

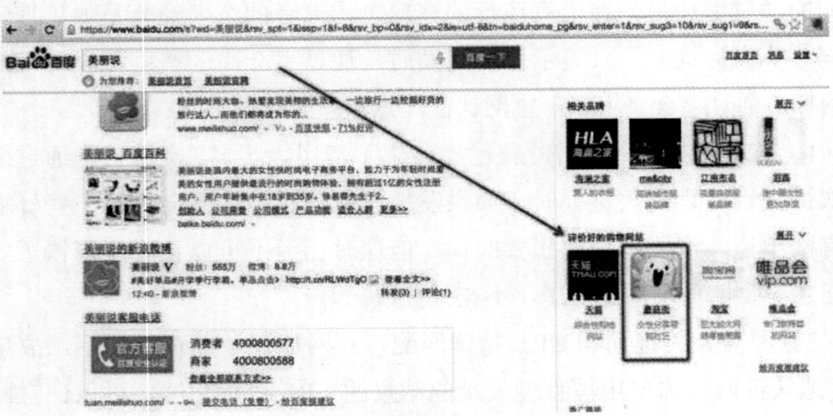

图7-25 右侧错误示意图

原来，百度搜索美丽说但右侧出现的蘑菇街Logo是多年前导购时期用的牙牙，现在电商用了红色的新Logo。这也许对流量影响不是很大，但从品牌战略等高度来看就是不能容忍的。

百度搜索结果页右侧有几个类似于网站猜你喜欢（或者相关推荐）的小模

块。仔细看过就会发现，右侧推荐词与搜索词在某一维度是非常接近的，据了解这是通过算法自动挖掘生成的。搜索京东，右侧肯定会推荐天猫；搜索捉妖记，右侧会出现大圣归来……修改搜索结果页右侧错误的小图标要按如下步骤。

1. 了解右侧小图标如何产生

搜索结果页右侧相关推荐的内容产生于自动挖掘，Logo 尺寸为 75×75px。Logo 取材有 3 个地方：百度站长平台配置、百度百科相册提取、百度算法提取。

2. 右侧相关模块什么情况下可以改

有两种情况可以投诉，修改结果右侧相关信息：第一，右侧出现的内容与搜索关键词不相关，例如搜“携程”，出“蘑菇街”就不相关；第二，配图错误，搜索词与提取的小图片不匹配。

3. 如何修改右侧模块

修改搜索页右侧模块的方法是，进入地址 http://tousu.baidu.com/webmaster/add#2，如图 7-26 所示，再按如下步骤执行。

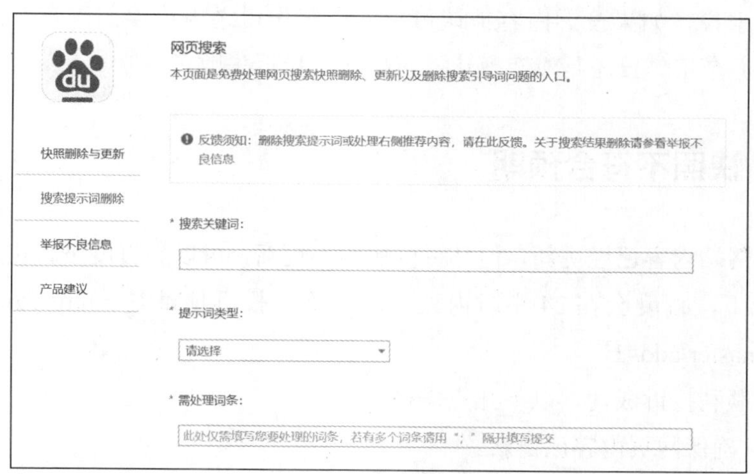

图 7-26　百度投诉界面

（1）填写搜索关键词，即在搜索关键词时，搜索结果右侧出现了用户不愿意看到的内容，每次只能填写一个关键词。为了保证效果，最好在线上尽量齐全地寻找在搜索结果右侧会出现的自己不愿看到的内容的搜索关键词，如将搜索"唯品会""聚美优品""美丽说"等结果情况一一提交。

（2）提示词类型选"下拉……"例如我碰到的情况就是选择右侧推荐内容。

（3）需要处理词条主要是给投诉错误提示用的，投诉右侧小图标基本用不上。

（4）填写正确、能联系到您的邮件信息，方便沟通一些具体的现象和一些难以鉴别的内容等。

（5）填写详细说明。详细填写投诉的具体情况，例如搜索什么词、搜索结果的哪个位置、哪个位置的具体某个信息有问题。最好提供一下搜索网址，截图尽可能包含整个浏览器窗口，在不干扰截图情况下用线框或者箭头指出错误。问题属于个例还是一个类型的情况，或者整个位置的信息都有问题，多换几个关键词或者控制其他可能变量做个对比。

注意事项：一般来说，投诉的内容都是对自己不利的、错误的，除了要详细写明投诉原因外，尽量通过相关资料和图片来为自己佐证，如正确的图片，最好是官网首页截图，大小别超过3MB。

尽量在详细说明中描述清楚问题的类型，上传截图以明确出现的位置，帮助管理员进行判断。

一般来说，如果投诉内容被认可，五个工作日之内错误的图片会改过来。如果超过五个工作日还是没有变化，可以认为投诉失败了。

7.3.4 快照不符合预期

如果网站内容已经更新，但是百度快照不更新，可以到百度平台进行投诉。一般情况下，百度会在24小时内处理。正确的投诉地址是：http://tousu.baidu.com/webmaster/add#1。

要想顺利投诉成功，以下几点需格外注意：

（1）确保网页内容已更新。

（2）正确获取快照地址。快照地址一般比较长，注意不要复制错了。为了避免错误，可以单击百度快照后，在快照页面单击"投诉快照"，如图7-27、图7-28所示。

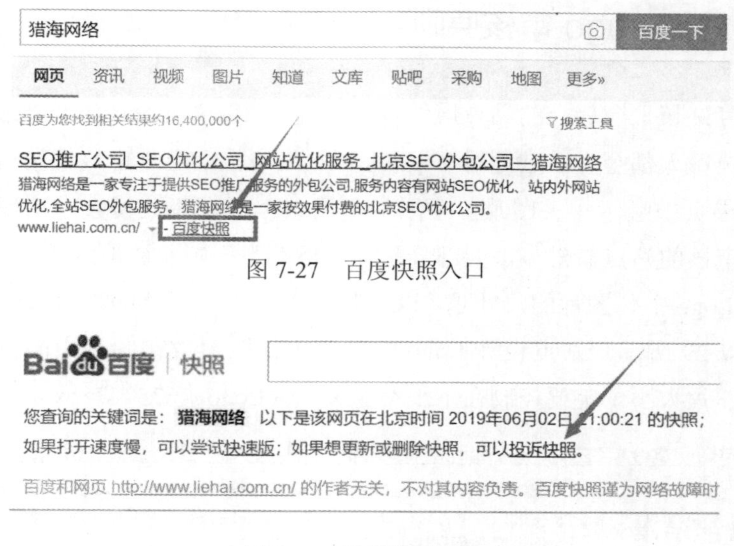

图 7-27　百度快照入口

图 7-28　投诉快照入口

（3）填写正确、能联系到投诉者的邮件信息。这很重要，不仅可以让投诉者及时得到更新信息，也方便百度工程师在有问题时联系投诉者。

（4）一次性最多提交 12 条投诉快照链接。

（5）PC 站快照结果被删除，相应的移动站快照页面也会被删除。

7.3.5 投诉假冒网站

在互联网极速发展的今天，品牌主越来越重视品牌网站以及品牌形象在搜索结果处的展示，而目前很多品牌网站的 SEO 优化能力偏弱，再加上很多山寨网站盘踞在搜索结果第一页，品牌主亟需把那些山寨网站（侵权网站）剔除出品牌词搜索结果页。因此，接下来介绍权利声明的操作方法。

（1）确认官网的检索结果页确实存在侵权的山寨网站，并且保留好截图以及 URL 地址，备用。

（2）准备一系列的文件，这些文件要格式正确，并且条理清晰，证据确凿。文件中至少要包含：营业执照、商标注册证明、搜索截图、URL 地址和联系人信息。

（3）将文件寄往百度司法部，等待结果。

7.3.6　站点 Logo 审核原则

自百度站长平台后台的站点属性设置开通上传网站 Logo 功能以来，平台相关工作人员每天都全力以赴地对 Logo 进行严格审核。通过审核的站点不仅在百度搜索结果页中显示相关图片，还增加了网站在右侧相关搜索中出现的机会。没有通过审核的站点非常多，大部分是因为不熟悉规则而被拒绝通过。

百度 Logo 上传图片的尺寸是，PC 端为 121×75px，移动端为 200×200px。

如图 7-29 所示，站点设计 Logo 时可将主体图案放在图片中间位置，上下留白，但图片大小一定要控制在 121×75px（小 Logo 是 75×75px）。

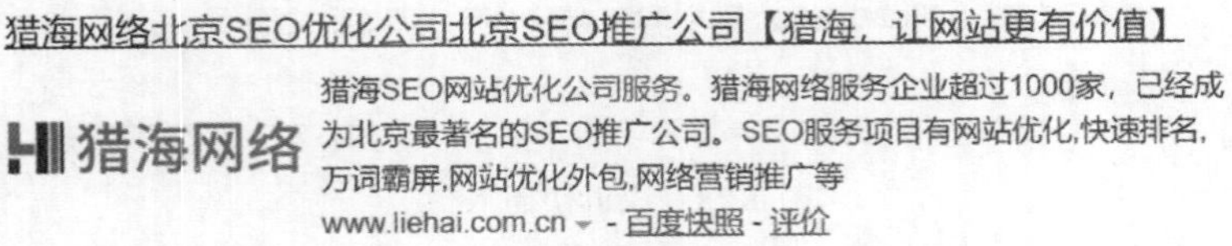

猎海网络北京SEO优化公司北京SEO推广公司【猎海，让网站更有价值】
猎海网络
猎海SEO网站优化公司服务。猎海网络服务企业超过1000家，已经成为北京最著名的SEO推广公司。SEO服务项目有网站优化,快速排名,万词霸屏,网站优化外包,网络营销推广等
www.liehai.com.cn - 百度快照 - 评价

图 7-29　Logo 在搜索结果页中的位置

审核员在审核时将根据以下原则进行判断，如果网站提交的 Logo 命中这些条款，则无法展示在搜索结果中，需要修改后重新提交：

（1）Logo 有广告嫌疑，如图 7-30 所示。

买海南房
上我房网
百年德胜门
中西医结合
为您保胃护肠
NBA视频直播
NBA录像回放
篮球直播录像
www.　　.com
87994.com
学习资料共享网 文档搜索专家

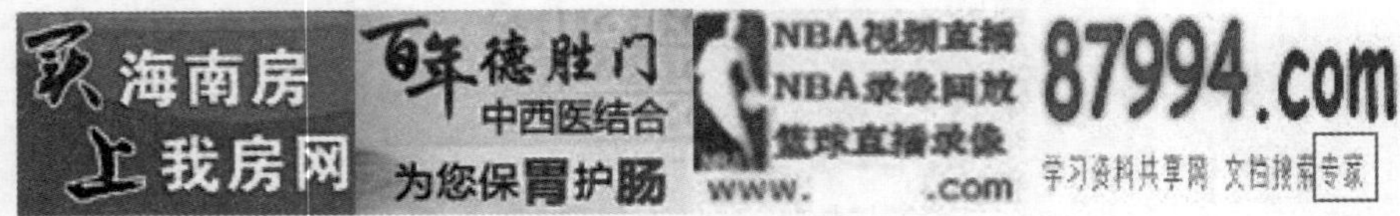

图 7-30　具有广告性质的 Logo

（2）Logo 有诱导用户点击嫌疑，包括语言诱导、大面积深底色等。

（3）Logo 与网站内容无关或文字提取不当。

（4）非网站 Logo，或 Logo 图片包含领域广泛，无法代表单个网站，如图 7-31 所示。

在线打字练习
中
英
中英

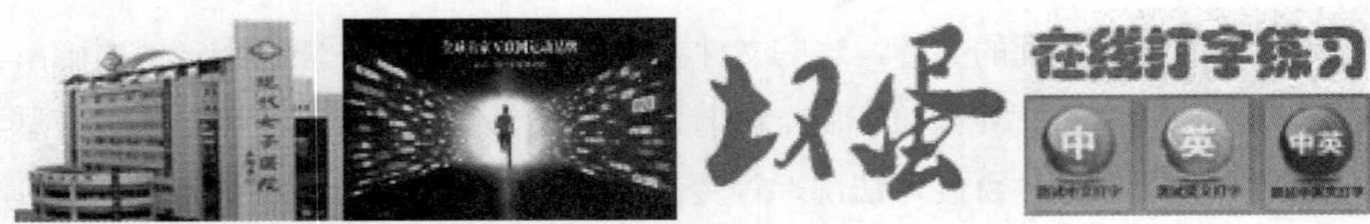

图 7-31　非网站 Logo

（5）Logo 不够美观，如设计粗糙，清晰度不够，有多余的边框和底色网等，如图 7-32 所示。

图 7-32 设计粗糙的 Logo

以上便是百度工作人员审核时遵循的原则，但如果 Logo 是已经获得许可的工商注册商标，则只要出示相关证据，即使与百度的原则稍有冲突也有可能通过审核。

7.3.7 如何删除百度搜索结果

百度搜索时，若发现搜索结果中有涉及个人隐私、企业商业机密或其他不想让网民看到的网页，该如何删除呢？就目前来看，最直接有效的渠道便是向百度投诉服务中心反馈。

如何高效地反馈问题，需要遵循既定的处理流程：

（1）在删除搜索结果前，请确保原网页内容已经删除。也就是说，想彻底删除哪个结果，首先要确认该网页在原网站已经删除了，对于未删除页面，无法顺利进行投诉。例如，删除一个别人网站上的页面，需先联系对方网站管理员，删除该页面，再进行反馈。如果是自己网站上的页面，需删除原网页内容，同时使页面返回状态码为 404。

（2）正确获取索引链接。索引链接就是搜索引擎将网页 URL 抓取并放入索引数据库中，当用户查询信息时，所展示出来的页面地址链接。

（3）填写正确、能联系到反馈者的邮件信息。联系方式是关乎能否保持沟通顺畅的最基本要求，不仅能让反馈者及时了解到处理进度，也便于百度工作人员有问题时与反馈者进一步沟通。

7.3.8 百度子链审核标准

1. 页面内容的审核标准

（1）欺骗或对用户无意义的网站不能通过审核，如低质采集、非法、反动、虚假等内容。

（2）若子链内容为目录页或索引页，则要求其主体内容必须丰富，同时页面内容与页面主题极度相关。

（3）登录页、注册页、客服页、搜索框页、软件下载页可通过，但登录页和注册页只能通过一个时，搜索结果页无法通过审核。

（4）站点子链中不应有移动页面。

（5）会员账号分享类网站存在涉及隐私风险，无法通过审核。

（6）外文网站暂不开放站点子链。

2. 主、子链的审核标准

1）从属关系审核标准

（1）这里的从属关系主要指内容的从属，内容连贯即符合从属关系，而不会单一考虑 URL 的从属关系。例如以下情况，可以通过从属主、子链审核：

主链：http://www.abc.com/z/gta5/（游戏专题页）。

子链：http://www.abc.com/Soft/201309/296115.shtml（游戏下载页）。

（2）子链与主链、子链与子链之间不能重复，不能是相同或内容高度相似的页面。

2）标题摘要的审核标准

（1）相关性。页面内容上，主链和网站主题内容相关，子链和主链相关；标题摘要上，标题摘要和对应的页面内容相关，能精准概括页面主题内容，符合事实。

（2）标题摘要。标题摘要应该语句通顺，不得出现错误、乱码、杂质符号、语意不连贯、关键词堆砌等现象，分句或截断不影响阅读，内容容易引起歧义的无法通过审核。

标题摘要中不能带有具有法律风险或极具诱导性的词语，包括但不仅限于：第一、极至、登峰造极、唯一、前所未有、绝无仅有、无可比拟、一次付费终生使用等用语。

标题摘要带有承诺性时，由于百度不能保证其准确，故无法通过审核。例如，“绿色免安装的游戏，没捆绑，安全”“帮助用户获取安全稳定的收益”等。

如果站点是可以按 IP 地域切换的，如城市分类信息站点首页，标题摘要中不能含有“北京二手车”“上海租房”等地域信息。

子链中标题摘要相同或极度相似时，无法通过审核。如：

子链摘要 1：提供好听的玄幻武侠类有声小说在……

子链摘要 2：提供好听的都市言情类有声小说在……

涉及版权的类别（如图片、影视、小说、漫画、软件等）标题或摘要中带有官网字样的，一定要保证真实才能通过审核。

标题摘要中带有电话号码、QQ、微信号、通讯地址等联系方式的，无法通过审核。

标题摘要带有时效性的无法通过审核，如“中国婚博会（北京）时间：3 月 6—8 日……”

网页内容或标题摘要中含有贬低同类产品，涉及侮辱或者诽谤他人、贬低竞争对手 / 产品，侵害他人合法权益的，无法通过审核。

3. 展示顺序

子链排序要符合用户需求，按照热门程度降序排列，不能将冷门子链排到热门子链前。

7.3.9 百度反馈中心自我排查

百度有很多工具可以处理站长的反馈，出现问题应尽量通过百度提供的工具进行自我排查。

1. 收录

（1）新站未收录，检查是否使用了链接提交工具，如果否，请使用；如果已使用，则处在收录周期中，请耐心等待；如等很久仍未收录，请参考下一步。

（2）已经收录的旧站收录突然消失。产生的原因可能是网站服务器异常、百度抓取失败导致线上结果短暂取消收录，线上恢复后可以在一定周期内恢复。网站错误设置了 robots 因而被封禁或网站对百度封禁后导致抓取异常时，建议使用抓取诊断工具进行检测。如果网站修复可被抓取后，长时间未恢复时，再进行反馈。

2. 流量排名异常

如果品牌词排名异常，请提供品牌词和官网地址。百度无法保证非品牌词的网站排名。

被刷流量不会影响网站的正常收录和展示。

3. 索引量变化

多数情况下，正常的索引量波动不代表网站流量会受到异常影响。

站长可监测百度带来的流量是否会出现不合理波动，如果认为网站在某些关键词下应当取得更好的排名，可向百度提供相应的关键词以及对应的页面 URL。

4. 站点属性中的 Logo 审核和展示

站长可检查是否有提交 Logo 的权限。如果没有，则表示站点尚未达到相应资质，请继续积累优质内容，提高网站质量；否则可进入社区快审通道提交。详情可参考站点属性（Logo）审核原则。

5. 网站被镜像

如果被镜像的是品牌官网，请参考如何在百度网页搜索中维护品牌权益相关内容；如果是其他网站，建议先禁止恶意镜像网站的访问 IP，再根据百度权利声明 https://www.baidu.com/duty/right.html 进行处理。

7.4 百度标准死链官方文档

几乎所有网站都会出现不再需要展示的网页，如何处理这样的网页也就成为站长们经常谈论的话题。百度认为死链包括三种：协议死链、内容死链、跳转死链。尽可能全面地通过百度站长平台死链提交工具提交协议死链、内容死链和跳转死链，网站在百度搜索引擎的可访性和价值得到提升，以获得更高的用户评价。

1. 协议死链

协议死链是指通过 HTTP 协议状态码明确表示网页已无阅读价值。HTTP 协议状态码很多，但百度协议死链首推 404，即未找到文件。请尽量不要用其他状态码来代表死链。

2. 内容死链

内容死链主要是由网站自身变化所引起的，网页可以正常打开未发生跳转，但页面内容对蜘蛛来说没有收录价值，对用户来说也没有参考价值，如帖子被删除、内容已转移、空间被关闭、信息已过期、交易已关闭等。在这样没有价值信息的网页上，网站应该在明显位置直接给予提示文字，如：

页面不存在（网页不存在）；

内容已转移；

帖子已删除；

域名过期或出售；

空间被关闭；

网站要备案；

信息已过期；

交易已关闭。

在给各位站长看标准内容死链的典型范例之前，先介绍一个对百度不友好的做法：现在很多网站追求个性化和用户体验，在页面内容失效后并未做协议死链处理，也就是说返回状态码依然是 200，仅仅是在页面上放置了一个有趣的个性化图片，通过图片告诉用户这个页面没有有价值的内容——百度不会认为这是一个内容死链，因此不提倡大家这样做。

需要着重强调的是：站长在申请取消闭站保护时，百度除了检测站内协议死链外，还会同时检查内容死链的比例和数量。即使不使用闭站保护功能，百度也提倡站长踊跃提交内容死链，以保证站点评级的稳定。

3. 跳转死链

跳转死链是指网站将无阅读价值的页面统一跳转到某一个页面，如前一级目录面、首页等，跳转前后的两个网页主体内容不同，不存在可替代的关系。除了404协议死链和内容死链外，站长还需要向百度提交跳转死链。

7.5 内容建设

网站内容建设是一个超大的命题，从宏观上包括网站产品设计制作和用户运营维护，即同时通过内容和用户两个维度提高其在百度搜索引擎中的评分。内容建设涉及的部门也很多，除了产品部外，还要包括编辑部、运营部，当然也少不了SEO部，总之，优质的网站内容必须是多部门协同合作的产物。本节从内容积累、编辑职责、用户维护角度来介绍如何进行网站内容建设。

7.5.1 内容积累

1. 选择网站关键词的方法

1）海选

（1）圈定能高度概括网站主题或所提供服务的1～3个关键词，如提供二手房产交易的网站可能圈定的关键词是“二手房”“北京二手房”“房产中介”等。

（2）找出所圈定关键词的同义词，如网站的主题是“旅游”，相应的同义词可能有“旅行”“自由行”“自助游”等，需根据网站可提供的服务和内容来确定。

（3）找出网站主题或产品、服务所属领域的上一级类别关键词。并不是所有网站都可以找出上一级类别关键词，不必强求。可以通过行业协会网站，观察他们在讨论类似内容时使用何种关键词，如一些中小企业网站，生产插种机的小企业网站，上一级类别的关键词会是“农业机械”等。

（4）列出网站内的所有产品词、品牌词或服务词。

（5）找出用户在浏览网站时的潜在需求及相关关键词。如境外旅游网站，用户在浏览的同时，很多情况下也需要知道外币汇率信息。

（6）尽可能地寻找与上述关键词有关的长尾关键词。

（7）考虑搜索引擎用户会通过怎样的关键词去查询网站能提供的信息，即从潜在用户的搜索习惯上找到关键词。

2）筛选

海选阶段会产生很多关键词，不可能全部在网站中得到体现，需要筛选出有 SEO 价值的部分。

（1）确保关键词有搜索量，简单地说，就是确保关键词是真的有用户在搜索，且搜索量能达到一定水平。可以通过百度指数来解决这个问题。

（2）确保网站可以产出与关键词相关的内容，用户通过该关键词进入到网站后，会有诸如继续点击阅读、注册、下单等行为，即转化行为——这一点搜索引擎是极为看重的。

（3）考虑内容制作的难易程度是否在自己控制范围内，如上述所说的境外旅游用户的需求，提供外币汇率比较好解决，但对于小型网站来说，还有诸多细节需求，满足起来难度较大。

3）重要注意事项

（1）关键词所属领域应该与网站所属领域相关，如健康网站内可以有一些医学内容，放入娱乐内容就明显不合适。

（2）选择可以获得的有效、安全的关键词。有些网站紧盯百度首页推荐的热词，再通过采集把大量内容填充进自己的网站，不仅对网站自身用户造成伤害，对提升转化率没有任何好处，还容易被搜索引擎当垃圾内容来惩罚。

（3）避免过度重视通用词。在海选中确认了网站内容主题、服务主题的关键词，以及上一级类别关键词，但这些关键词往往过于宽泛，建议网站还是要抓住几个重点进行内容建设。

（4）重视长尾关键词。在海选第6条提到应该寻找一些长尾关键词，但长尾关键词的检索量往往比通用词或非长尾词要低很多，有些网站认为没有价值就放弃了。其实长尾关键词包含了用户更精准的信息，转化效果更好，SEO竞争也更小，值得站长下一番工夫。

4）获得关键词数据的渠道

关键词收集也可以叫关键词拓展，其实就是思路的拓展。这个思路在工作岗位中的表现有所不同：从产品运营的角度，可能是个不断深挖行业用户需求、了解需求、站在用户角度想问题设计产品；而从搜索营销、SEO角度则成为深挖行业用户需求的具体体现。获取关键词数据的主要渠道如下。

（1）公开渠道，包括：

- 几家搜索引擎搜索结果的相关搜索、SUG；
- 几家大的社交、媒体（微博）的相关搜索；
- 各搜索引擎的风云榜；
- 竞价关键词获取工具（搜索引擎一般都提供）；
- 百度司南工具。

（2）通过站内工具，包括：

- 日志关键词数据；
- 站内搜索关键词数据；
- 商务通、商桥等在线咨询工具内的关键词。

（3）观察竞争对手，包括：

- 竞争对手网站上的标签页；
- 竞争对手（尤其是对SEO很重视的）站点的title；
- 竞争对手竞价关键词；
- 竞争对手页面关键词。

（4）购买，如寻找数据公司、工具服务商购买数据。

（5）常识拓展，包括：

- 问答类（百度知道、知乎）相关问题的提问挖掘；
- 内容评论中的需求挖掘，主题下的评论一定是跟这个主题紧密相关的关注点、BBS评论；

■ 通过了解行业用户组合关键词，如地区 + 关键词。

最后，就像大家知道的那样，即便搜索选择关键词工作真的很重要，但在如今碎片需求满足程度和信息内容大爆发的情况下，关注关键词背后的深层需求的分析、内容的差异提供、需求针对的产品细化，比不停地扩大关键词量要重要得多。

2. 网站内容制作的大忌

网站内容制作是一件持续性投入的工作，在人力、技术、财力上都需要较大投入，一些站点急于求成寻找捷径，制作了很多垃圾内容，最终被搜索引擎惩罚，可谓得不偿失。制作网站内容有以下大忌。

（1）站内大量重复内容。很多网站，尤其是商业网站，往往使用同一个模板，不同网页的主体内容高度相似或相同，仅一些 title 等标签进行了改变。例如一些招投标网站，为了让更多地区得到投标内容，制作了大量页面，标题采用地区 + 内容的方式，而页面的主体内容是完全相同的。如图 7-33 所示，仅标题和图片不同，主体内容相同，对于百度搜索引擎来说，都属于站内大量重复内容。

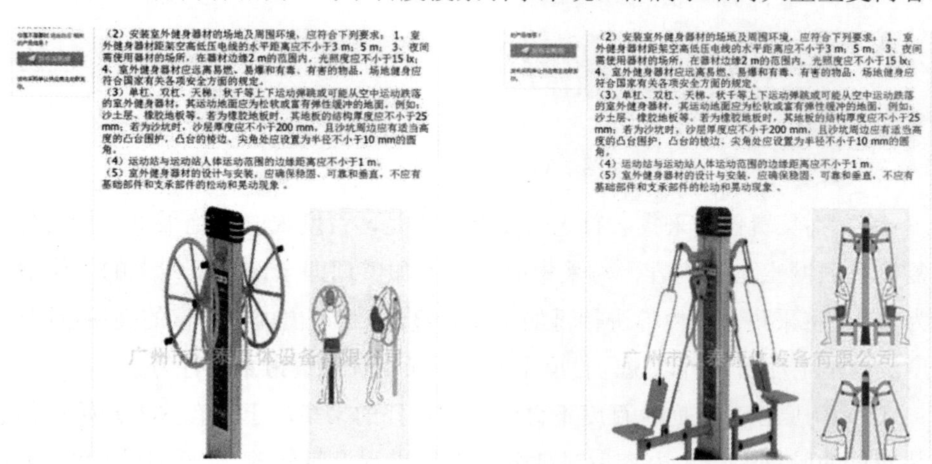

图 7-33　重复页面

（2）利用与站点无关的热词引流。有些网站，尤其是新闻源站点，紧盯百度的时效性热词，与自己网站文章的标题进行整合，其实就是我们常说的标题党，如“李娜退役隐情　体育明星豪宅全揭秘”，用户点击后自然看不到关于李娜退役隐情的内容。即使内容真的是原创，也会因此行为遭受牵连。

（3）制作低质静态搜索结果页或tag标签页。很多网站都采用了将站内搜索结果页转为静态页面的方式，整合站点资源，以期形成相关性得分高的页面。但实际来看，很多站点通过站内搜索或者tag生成的页面相关性并不好，或者说产生了许多对百度搜索结果造成负面影响的页面。如果整个目录都存在这样的现象，那么被惩罚的可能性就非常大了。如图7-34所示，用户搜“列车时刻表”，这样的页面对他来说毫无价值。该页面所在的目录或站点做了很多类似内容的页面，且已经对作用造成恶劣影响时，极容易受到搜索引擎的惩罚。

图7-34　无价值搜索页面

（4）不负责任的采集。首先需要澄清的是，百度说的拒绝采集，指的是大量复制互联网上已有内容，对采集的内容不加整理即全部推至线上的“偷懒”行为。对于将采集来的内容进行再加工高效整合后，产出内容丰富的高质量网页，百度没有拒绝理由。所以说，百度不喜欢不负责任的偷懒采集行为。

（5）伪原创。上面说百度不喜欢不负责任的采集，于是有些人开始动起了伪装原创的脑筋。采集内容后对部分关键词进行批量修改，企图让百度认为这些都是独特内容，然而内容已经是面目全非，甚至无法读通——这也是百度不喜欢的，风险很大。还是上面的观点，百度不排斥站点采集内容，关键是如何应用采集的内容和数据，如何整合成用户和搜索引擎都需要的内容才是站长应该考虑的内容。

样例：页面主题为“在线行书字体转换器”，但该搜索结果页面中为各种商品列表，内容完全不相关，如图 7-35 所示。

图 7-35 不相关结果页

7.5.2 编辑职责

编辑是网页内容制作的重要工作人员，同时也是内容优化团队中必不可少的成员。网络编辑需要的综合素质比传统媒体高很多，其中就包括通过文字与搜索引擎打交道。本节是专门为网站编辑准备的，希望编辑人员能够通过这一部分的学习提高网站的搜索引擎友好度。

1. 编辑人员如何带着 SEO 思维来工作

在比较重视 SEO 的网站里，与 SEO 有关的从业人员岗位往往有 SEO 编辑人员、SEO 分析师、SEO 顾问、SEO 咨询师、SEO 项目经理等，而一些信息网站，尤其是传统媒体转型的信息网站，编辑人员往往还停留在“做好内容就是编辑的本份”的旧思维上。其实 SEO 是一件长期的、需要落地的工作，对编辑在 SEO 方面进行有针对性的培训是十分必要的。

1）选对关键词

（1）根据实际情况选择不同热度的关键词。对于内容相似但不同的关键词，搜索引擎用户的检索次数差别很大。网站在制作内容时通常会选择最热门的关键词，但由于热门关键词的竞争非常激烈，很多网站还是会选择一些检查量稍低的关键词来避免竞争。编辑人员可以结合实际情况进行选择。百度指数（index.baidu.com）是以百度海量网民行为数据为基础的数据分享平台，编辑人员可以通过百度指数研究关键词搜索趋势，把握市场动向；了解搜索背后的真正诉求，洞察网民的兴趣和需求。

（2）选择用户最常用的关键词。关键词对于SEO人员来说应该是最熟悉了，它会出现在标题里、正文中，是向搜索引擎传达网页主题的必要手段。然而同一个物品可能有多个叫法，同一件事可能有多种表现形式。例如单反相机5D Mark II"，大多数用户都喜欢叫它"无敌兔"，而搜索引擎用户通常通过关键词5D2来检索关于它的信息。再如"年龄"，类似的表述方式还有"多大""几岁"等。在这种存在多义词的情况下，编辑在确认文章关键词时，尤其是确认标题中包含的关键词时，应该参考绝大多数用户的使用习惯，向搜索引擎用户做一些倾斜。

2）了解搜索引擎基础知识

（1）了解一些分词基础知识。网页或者文章的标题往往是由N个单个关键词组成的，搜索引擎会自动找到最重要的那个关键词，并认为该关键词为网页的主题内容。如文章标题为"百合的药用价值"，搜索引擎会认为"百合"是该文章的主题内容。那么，既然"百合"是该文章的主题内容了，其他诸如"相关文章"的栏目，可以考虑多放一些与百合有关的文章，一来增加网页的相关性，二来可以吸引用户更多点击。

（2）了解搜索引擎对页面结构的划分。通常来说，一个网页往往由几个模块组成，正文占据重要位置已无需多言，网页的两侧被称为边框（很多网页往往只有右边框）的重要性则远逊于正文。与上一点结合来看，与"百合"有关的"相关内容"最好放在正文下方，而与"百合"有间接关系的，如"山药""苦瓜"等则更适合放在边框位置，既不干扰搜索引擎对网页的判断，同时也能起到吸引用户点击的作用。

（3）了解最基本的源代码。很多网站，尤其是传统企业、媒体网站，所有页面都使用了同一个标题和摘要——这是一种对搜索引擎极为不友好的行为，虽然这往往是由于网站技术人员不懂 SEO 造成的，但如果编辑人员对此稍有了解也可以避免这样的问题。页面中最基本的源代码要包括 title、description、keywords 和 h 标签。

2. 编辑如何撰写对搜索引擎友好的标题

在与大中型网站 SEO 人员沟通的过程中常听到这样的报怨：SEO 地位低，净收拾产品技术编辑的烂摊子了。起初笔者觉得不可思议，但后来发现这种情况非常普遍。相应地，对于那些可以从搜索引擎获得大批流量的站点来说，SEO 思维渗透到了每个岗位，产品人员在提交项目 MRD 时，网页标题的写法是必不可少的一部分；编辑对文章内容负责的同时，要设计出吸引用户和搜索引擎的标题，而不是单纯地把优化工作全部扔给 SEO 人员。所以，下面介绍网页标题该怎么写。

1）标题的结构

（1）标题字数控制在 60 个字节内。从以往的经验看，检索用户比较喜欢 50 个字节左右的标题；对于产品人员和编辑来说，过短的标题有可能无法全面表达网页主题；但对于搜索引擎来说，标题过长意味着“超标”，而只会保留前 60 个字节的内容。

反面示例：福州到北京旅游_北京旅游天气如何_北京旅游景点介绍_北京好玩吗_现在去北京旅游会热吗

（2）重要内容放在标题的最前面。在众多检索结果中，用户的目光往往聚焦在标题前半段，所以重要信息内容放在标题前部非常重要。

正面示例：关之琳否认脑癌发作称洗牙遭误会|关之琳|癌症_凤凰娱乐

（3）放置网站名称，增加曝光机会。有些站点已经在某领域有了一定的知名度和权威性，其站名名称已经成为一种品牌，可以将该品牌词体现在标题中。用户在面对众多结果时，更倾向于选择点击自己熟知的网站提供的信息。即使网站目前的知名度还不够，也不应该放过每个品牌曝光的机会。

正面示例：【单电和微单的区别】- 蜂鸟网

正面示例：法国卢浮宫博物馆藏文物精品在中国国家博物馆展出－新华网

2）标题放什么内容更吸引用户

用户在百度搜索框输入关键词后，百度在对相关网页进行排序时，网页标题内容是其考虑的重要因素。同时，搜索结果页内通常会有10个结果，用户往往通过标题和摘要来决定要点击哪个结果。标题关键词的选择至关重要。

（1）与网页内容最相关的关键词。首先，标题应该和网页内容相对应，即标题上的内容，可以在网页主体部分得到展示。一般来说，如果网页主要部分是一篇文章，网页标题的主要内容往往是文章标题；如果网页是综合信息的集合页，应该找到这些信息的共同点，通过一两个关键词将其表现在网页标题上。

正面示例：婴儿哭闹的原因_婴儿期0-1岁_育儿知识_宝宝树

（2）选择用户更常用的关键词。同一个物品有不同的名称、同一件事情也有不同的描述，选择哪个放在标题中呢？虽然百度有强大的关键词分析算法，但笔者还是推荐使用搜索引擎用户最常用的那个。关键词的热度可以通过百度指数进行查询，目前网络上还有一些其他工具，也可以参考一下。

例如佳能的一款单反相机，标准全称是5D Mark II，简称5D2，广大搜索爱好者亲切地称之为“无敌兔”。从字面上看，“5D Mark II”输入起来比较麻烦，再看一下它们的百度指数：

5D Mark II：257

5D2：875

无敌兔：467

很明显，5D2由于指向清晰、朗朗上口且容易输入，最受搜索引擎用户喜爱。

（3）选择能满足用户明确需求的关键词。能体现用户明确需求的关键词往往字数偏长，SEO人员一般称此为长尾关键词，如“杭州两日游路线”“从上海到西塘怎么走”等。产品人员和编辑应该一方面了解用户需求，另一方面制作可以满足用户需求的网页，通过将含有用户明确需求的关键词写入标题来吸引搜索引擎用户的点击。

正面示例：【宝宝补锌】儿童缺锌怎么办_怎样给孩子补锌－摇篮网

（4）在真实的前提下体现时效性。在标题放时效性关键词最重要的前提是：

网页里真的有时效性内容，否则非常容易被搜索引擎惩罚。

正面示例：2014-10月8万套北京北京二手房价格，真房价没水分!「链家」

（5）直击用户痛点，引发共鸣。还以上例为例，虚假房源和房价一直是二手房买方心中的痛，“2014-10 月 8 万套北京北京二手房价格，真房价没水分！「链家」”直面用户痛点，再配上“链家”的招牌，点击率一直居高不下。当然，这已经超越了 SEO 的范畴，相信编辑人员在这方面有更多经验。

3）设计标题时要避免的事情

（1）欺骗用户和搜索引擎。有些网站在标题上放置过多重复意义的关键词，甚至放置与内容无关的热门关键词以吸引甚至欺骗用户和搜索引擎，这样很容易被搜索引擎判为作弊而受到惩罚，是一件非常危险的事情。所以，千万不要在标题中体现网页内没有的内容。

反面示例：青蛇完整_青蛇完整全集在线观看_青蛇完整版视频

——该网页仅仅提供了片花视频。

反面示例：李小璐不雅视频引撞脸门2万抵3万拒绝"撞楼"

——该网页主要介绍的是楼盘信息。

（2）避免多个网页使用同一个标题。原则上每个网页都应该有自己独特的标题，如果整个网站的标题全部一致，将失去向搜索引擎表达含义的重要机会，如图 7-36 所示。

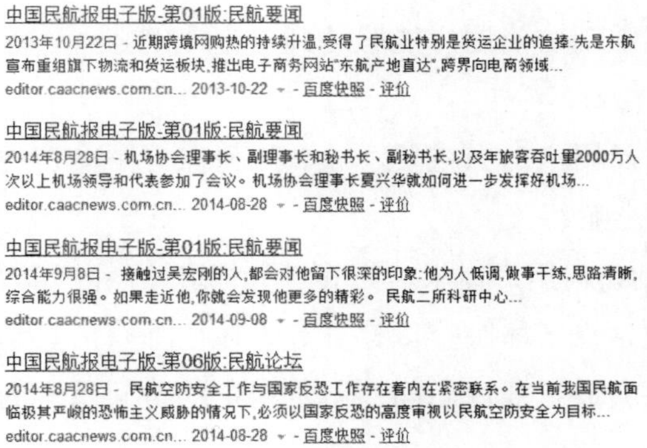

中国民航报电子版-第01版:民航要闻
2013年10月22日 - 近期跨境网购热的持续升温,受得了民航业特别是货运企业的追捧:先是东航宣布重组旗下物流和货运板块,推出电子商务网站"东航产地直达",跨界向电商领域...
editor.caacnews.com.cn... 2013-10-22 - 百度快照 - 评价

中国民航报电子版-第01版:民航要闻
2014年8月28日 - 机场协会理事长、副理事长和秘书长、副秘书长,以及年旅客吞吐量2000万人次以上机场领导和代表参加了会议。机场协会理事长夏兴华就如何进一步发挥好机场...
editor.caacnews.com.cn... 2014-08-28 - 百度快照 - 评价

中国民航报电子版-第01版:民航要闻
2014年9月8日 - 接触过吴宏刚的人,都会对他留下很深的印象:他为人低调,做事干练,思路清晰,综合能力很强。如果走近他,你就会发现他更多的精彩。 民航二所科研中心...
editor.caacnews.com.cn... 2014-09-08 - 百度快照 - 评价

中国民航报电子版-第06版:民航论坛
2014年8月28日 - 民航空防安全工作与国家反恐工作存在着内在紧密联系。在当前我国民航面临极其严峻的恐怖主义威胁的情况下,必须以国家反恐的高度审视以民航空防安全为目标...
editor.caacnews.com.cn... 2014-08-28 - 百度快照 - 评价

图 7-36　相同的页面标题

7.5.3 用户维护

站长容易忽略的数据——主动访问用户数。

主动访问用户也可以称为忠诚用户、自有用户，搜索引擎可以通过多种渠道和手段定位网站的主动访问用户。主动访问用户包括但不限于：需要答案、需要解决问题时，自然而然想到某网站的用户；有内容要分享、有委曲要倾诉时，想立即登录到某论坛的用户；有事儿没事儿都在某网站上逛的用户。

1. 哪类主动访问用户数据更重要

主动访问用户占比最重要。与其他网站进行横向比较，主动访问用户占比越大，搜索引擎给网站排序时胜算越大。同时，主动访问用户数变化趋势也很重要，可以用来与自身进行纵向比较。主动访问用户比例越来越大，是证明网站发展健康的重要论据之一。

例如，A和B两个网站，假设2013年10月1日时主动访问用户占比相差不大，而在今天，A站主动访问用户占比为30%，而B站绝对流量多于A，但主动访问用户占比仅为10%，则搜索引擎可能认为A站价值更高。

2. 主动访问用户数据对搜索引擎的重要意义

搜索引擎在对站点进行评级时会考虑到主动访问用户数据。

主动访问用户数据可以帮助搜索引擎正确认识一个站点。搜索引擎喜欢原创内容占比高的网站，对于站外重复度较高的网站持谨慎观望的态度。有些网站没有原创能力，却可以通过编辑网络上的信息把主题内容做大做全，从而获取大批目标用户，主动访问用户能够达到一定比例。对于这样的非原创站点，搜索引擎也会另眼相看。

知道了主动访问用户这么重要，那么如何保护主动访问用户，或者说如何不伤害主动访问用户呢？

（1）研究主动访问用户需求，为其量身打造站点内容。

例如各种主题站点（如医疗、教育等）往往都有信息频道，重视主动访问用户的站点一般都会放置业内新闻；不重视主动访问用户的站点往往从流量角度出发，放置各种社会新闻和娱乐新闻，希望通过热门关键词从搜索引擎获益。这种情况下，通过热门关键词从搜索引擎获得流量有可能的结果是：绝对流量涨不涨不一定，主动访问用户先流失了。以图 7-37、图 7-38 为例，如果是对健康养生很感兴趣的用户，会更喜欢哪个的内容？

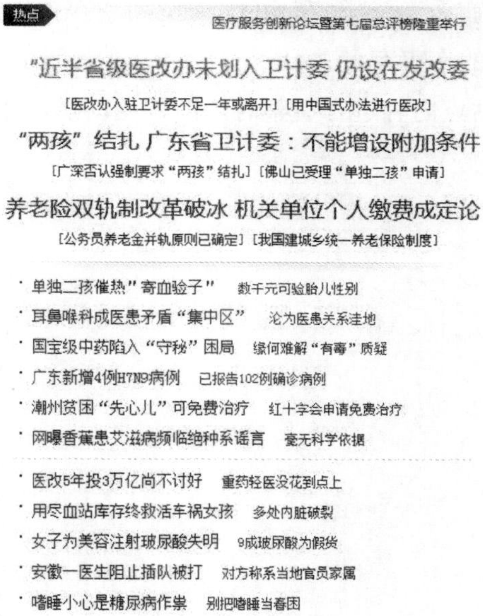

热点　医疗服务创新论坛暨第七届总评榜隆重举行

"近半省级医改办未划入卫计委 仍设在发改委

[医改办入驻卫计委不足一年或离开] [用中国式办法进行医改]

"两孩"结扎 广东省卫计委：不能增设附加条件

[广深否认强制要求"两孩"结扎] [佛山已受理"单独二孩"申请]

养老险双轨制改革破冰 机关单位个人缴费成定论

[公务员养老金并轨原则已确定] [我国建城乡统一养老保险制度]

- 单独二孩催热"寄血验子"　数千元可验胎儿性别
- 耳鼻喉科成医患矛盾"集中区"　沦为医患关系洼地
- 国宝级中药陷入"守秘"困局　缘何难解"有毒"质疑
- 广东新增4例H7N9病例　已报告102例确诊病例
- 潮州贫困"先心儿"可免费治疗　红十字会申请免费治疗
- 网曝香蕉患艾滋病频临绝种系谣言　毫无科学依据

- 医改5年投3万亿尚不讨好　重药轻医没花到点上
- 用尽血站库存终救活车祸女孩　多处内脏破裂
- 女子为美容注射玻尿酸失明　9成玻尿酸为假货
- 安徽一医生阻止插队被打　对方称系当地官员家属
- 嗜睡小心是糖尿病作祟　别把嗜睡当春困

图 7-37　相关信息

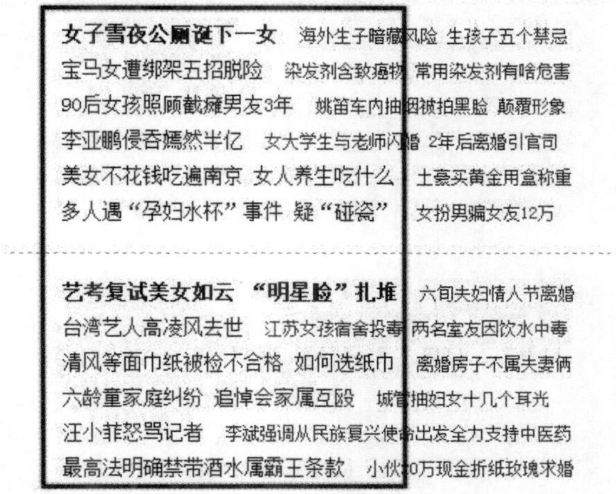

女子雪夜公厕诞下一女　海外生子暗藏风险 生孩子五个禁忌
宝马女遭绑架五招脱险　染发剂含致癌物 常用染发剂有啥危害
90后女孩照顾截瘫男友3年　姚笛车内抽烟被拍黑脸 颠覆形象
李亚鹏侵吞嫣然半亿　女大学生与老师闪婚 2年后离婚引官司
美女不花钱吃遍南京 女人养生吃什么　土豪买黄金用盒称重
多人遇"孕妇水杯"事件 疑"碰瓷"　女扮男骗女友12万

艺考复试美女如云 "明星脸"扎堆　六旬夫妇情人节离婚
台湾艺人高凌风去世　江苏女孩宿舍投毒 两名室友因饮水中毒
清风等面巾纸被检不合格 如何选纸巾　离婚房子不属夫妻俩
六龄童家庭纠纷 追悼会家属互殴　城管抽妇女十几个耳光
汪小菲怒骂记者　李斌强调从民族复兴使命出发全力支持中医药
最高法明确禁带酒水属霸王条款　小伙20万现金折纸玫瑰求婚

图 7-38　不相关信息

后者使用了最近比较流行的利用热门关键词作 SEO 的“关键词爆破法”，短期内可能会有收益，但长远来看不利于主动访问用户的养成，有可能影响到搜索引擎对站点的评级。

（2）保证用户体验，不要让广告对用户造成干扰。

有些网站将“无弹窗”字样写在 title 位置，希望在搜索结果处吸引用户点击，可见“弹窗”对用户的伤害有多大。

（3）改版或对站点内容进行调整时，照顾主动访问用户，尤其是核心用户的使用习惯和需求。

这里说的用户需求，不仅指浏览需求。

第 8 章 案例篇

SEO 在执行的过程中，会遇到各种各样的问题，这些问题如果能提前规避，会减少大量不必要的损失。

本章节选了三个不同类型的案例，这三个案例从 SEO 工作的三个维度来向读者详细阐述，以便于读者对 SEO 理论知识的应用有更深的理解。

8.1 电影网被 K 恢复案例

项目概述：

本案例描述了电影票网站从被 K 之后到恢复，再到每天 5000 独立访客（Unique Visitor，UV）的过程，内容包括三个部分，被 K 分析、被 K 后处理及后续 SEO 策略。

本案例有助于读者在遇到所负责的网站突然被 K 之后，如何分析原因以及如何处理。

8.1.1 项目简述

2015 年的某一天，电影票网站的首页在百度搜不到了，首页被百度 K 掉了，在百度上怎么搜索也搜索不到。

电影票站点在很早之前，有同事做过针对搜索的优化，但那同事已离职，而且 SEO 方面也已经很久没人维护了。

无论是直接搜“xx 电影票”、直接输入首页地址，还是通过输入“site：piao.xx.com”，在百度都找不到首页。网站首页被百度 K 掉了，第一页展示的是各个城市的首页。

首页被 K 掉之后，其他页面的收录都还在，但 SEO 流量只有 400 多 UV，其中，百度的流量一天 200 多 UV。

因为没人维护 SEO，第一反应是很可能技术人员操作不当，或是网站被不法人员利用。

首页排名没有后，搜索“xx 电影票”，百度的搜索结果页面如图 8-1 所示。

图 8-1 搜索“xx 电影票”的结果页面

8.1.2 首页被 K 分析

网站被 K 后，在分析原因时需要使用发散思维，不要限制或否定自己的想法，找出尽可能多的引起网站首页被 K 的影响因素，然后一一排除。

第一步，对全站整体 SEO 状况进行整理分析；第二步，与产品、运营、前端、后台、运维等各部门单独沟通，找出在被 K 的这个时间点前后，各个部门对网站的操作。

之后得到很多可能会导致被 K 的点，逐一排除后，初步得到被 K 的原因有三个：

1. 首页的跳转

电影票网站会根据用户所在地区的不同，给用户展示对应城市的首页。例如，如果你从甘肃来，就展示甘肃的首页，如果你从潍坊来，就展示潍坊的首页。

当用户对城市做了选择之后，用户再次访问会显示用户选择的城市。例如，用户第一次从甘肃来，然后选择的城市是北京，第二次来时，系统会自动展示北京的首页。

原因分析：

如果是城市之间跳转的实现方式有问题，可能会导致首页被 K。例如，用了 JS 跳转，百度可能认为是桥页等。

2. 站内搜索被恶意利用

当在站内的搜索页面搜索一个词时，会自动生成一个动态页面，并且页面的标题上会出现该词。

站内搜索很容易被利用，利用这些页面的黑产行业一般的做法是：先生成这样一个页面，在页面的标题中留下联系方式，如图 8-2 所示，然后给这种页面批量加外链。

经查，电影票网站站内搜索被黑产利用，生成了大量的非法的站内搜索页面，并在近 2 个月内，出现了 300 万个这种页面的外链。

原因分析：

网站整体被黑产利用，出现大量与网站不相关的非法内容，并且有大量非法外链导入。

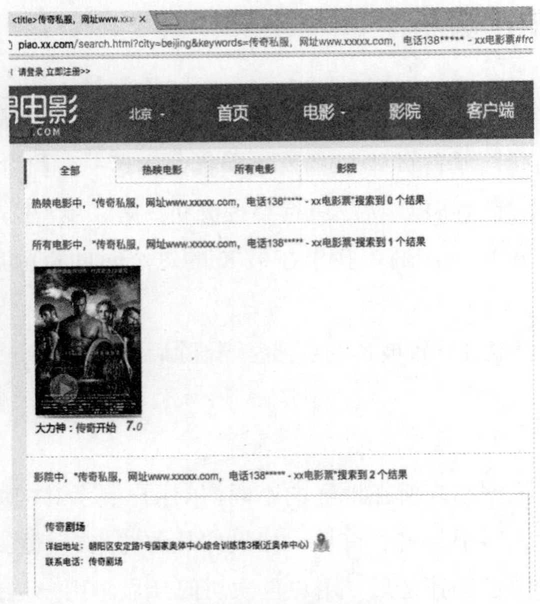

图 8-2　被黑产利用的网页

3. 网站大量页面的标题重复

网站上页面标题大量重复，搜索出来的页面的标题都一样。

原因分析：

大部分标题一样会使权重分散，站内太多页面的标题跟首页重复，可能会引起搜索引擎的降权处理。

8.1.3　被 K 后的处理

确定完可能的原因后，再次与公司各部门、百度相关部门沟通，并观察电影票行业的通用做法，最终确定原因为站内搜索被恶意利用。

1. 原因分析

1）首页的跳转

首页的跳转是基于 IP+Cookie 方式的跳转，这是当时电影票行业普遍的做法，并且实现过程用的是后台跳转，并没有使用 JS 等对百度不友好的跳转方式，因此这个因素最终被排除。

2）站内搜索被恶意利用

站内搜索被黑产利用，站内出现大量非法内容，并且出现了 300 多万针对非法内容的外链，这是最大的引起首页被 K 的因素。

站内的非法内容，加上站外的大量非法外链，对网站的影响非常大，这被确定为原因之一。

3）网站大量页面的标题重复

大量标题重复会使内部页面的权重分散，引起站内页面间的竞争，使得网站获取关键词排名的能力下降，并使网站做的关键词数量大量减少，但不会导致首页被 K，因此这个因素最终也被排除。

2.最终处理方案

确定是站内搜索的原因后，处理方式有以下三种。

第一种：在 robots 文件中对搜索进行屏蔽，不让百度再抓取这些页面。

第二种：将所有页面的标题改为“搜索【xx 电影】”，参见 https://ziyuan.baidu.com/college/articleinfo?id=117。

第三种：设置白名单，只有白名单中的词对百度展示，非白名单中的词，当百度访问时，显示为 404 状态码，百度会认为是死链。这种处理方式的好处是可以利用站内搜索生成大量的优质聚合页面来提交百度获取流量。

外链的处理：在百度站长平台屏蔽外链（注：现在该功能已经取消，取消该功能说明百度对外链的识别越来越精准了）。

最终，站内搜索采取了第一种和第二种两种处理方式，将这些搜索页面彻底对百度屏蔽，外链在站长平台屏蔽。全部处理完后，又与百度内部负责此项业务的工作人员沟通确认。

几天后，首页在百度搜索中出现。

8.1.4 后续 SEO 策略

首页重新出现后，电影票网站的同事希望对网站做一次 SEO 优化，希望获取到更多的 SEO 精准流量。

对电影票整站的 SEO 分析及做法如下。

首先，分类统计站内页面，确定要优化的页面。其次，确定各个页面的关键词，根据关键词制定好各个页面的标题。再次，针对页面进行内部优化。下面详细介绍。

1. 分类统计电影票网站的站内页面

对电影票网站内部的页面进行梳理归类，其中包括：①全国所有电影院的介绍页面（4700 多个页面）；②标有全国所有城市电影院位置的首页；③新上线的电影简介页面（8000 多个页面）；④网站首页。

对电影票行业进行尽可能多的竞品分析，例如格瓦拉生活、Mtime 时光网、蜘蛛网电影票等，分析每个竞品在这三类页面的数量，以及获取到的 SEO 情况。最终确定主要优化全国所有电影院的介绍页面、全国所有城市的首页、网站首页。

主要基于以下考虑。

首页权重最高，肯定要优化；电影院介绍页面和城市介绍的首页，内容都非常全，资料非常充足，能获取到大量关键词的排名，所以可以优化；新上线的电影简介只有 8000 多页面，虽然内容很不错，但整体电影的数量偏少，而且最新电影竞争非常激烈，xx 电影票网权重不够，不容易在这类页面上获取到流量，所以新上线电影这一部分暂时先不做。

各类页面截图如下：

全国所有电影院的介绍页面，如图 8-3 所示。

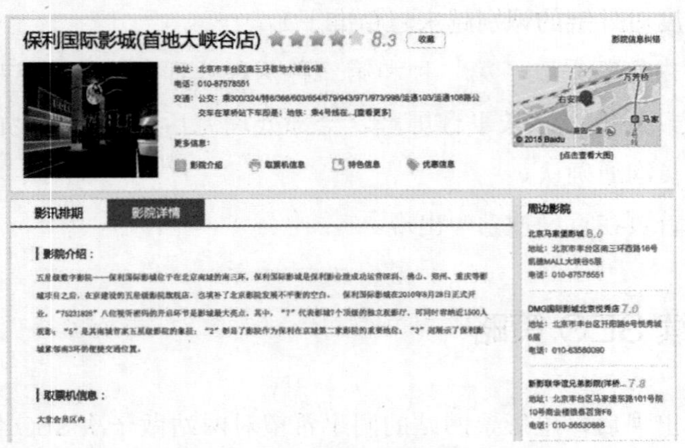

图 8-3　电影院页面介绍示例

全国所有城市电影院位置的首页，如图 8-4 所示。

图 8-4　城市电影院位置首页示例

新上线的电影简介页面，如图 8-5 所示。

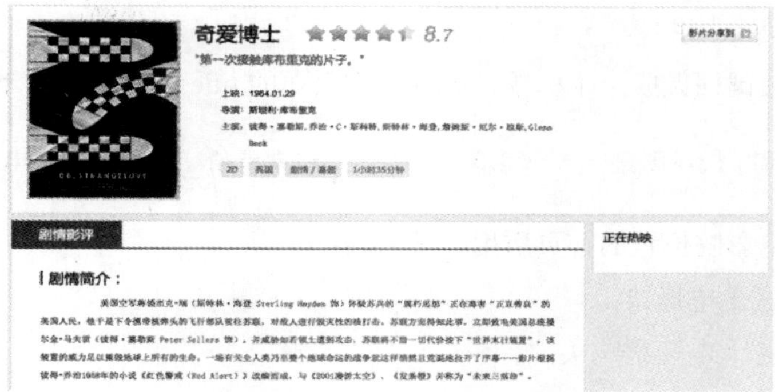

图 8-5　新上线电影简介页面示例

2. 确定各类页面的关键词，根据关键词制定好各个页面的标题

确定关键词是 SEO 最重要的一步，处理主要分三步。

第一步：确定关键词，需要分析网站页面的主要内容是什么。

第二步：确定竞品在这类页面上拿到了哪些词的流量，我们的网站是否可以获取到这些词的流量。

第三步：通过百度竞价后台、百度指数、关键词拓展工具等获取有搜索量的关键词。

网站现在的内页分为两类：全国所有电影院的介绍和标有全国各城市电影院位置的首页。电影院的介绍页面可以用的关键词是电影院所有的词，各城市电影院位置的首页可以用所有城市的电影相关的词。

对竞品进行分析，拿到各个竞品在这两类页面获取到的关键词，并在百度竞价后台、关键词拓展工具中对这些词进行拓展，获取到有流量的词。

最终确定了两类页面和所用的关键词，下面分别介绍。

全国所有电影院介绍页面用的关键词：

{*** 影院}；

{*** 影院}影讯；

{*** 影院}最新影讯；

{*** 影院}排片表；

{*** 影院}订票；

{*** 影院}票价；

{*** 影院}团购。

将以上关键词做成一个标题，放到该类页面的title中，格式如下：

{*** 影院}最新影讯_{*** 影院}排片表_订票票价_团购 - xx电影

各城市电影院位置的首页所用的关键词：

{*** 地区}电影票；

{*** 地区}电影票购买；

{*** 地区}电影院；

{*** 地区}最新电影；

{*** 地区}电影预告片；

{*** 地区}电影排期；

{*** 地区}电影排期大全。

将以上关键词做成一个标题，放到该类页面的title中，格式如下：

{*** 地区}电影票购买_{*** 地区}电影院_{*** 地区}最新电影_预告片|排期大全 - xx电影

3. 针对页面进行内部优化

关键词确定完毕，接下来对网页内部进行优化，以便网站页面能够获取到这些关键词的排名及流量。

以电影院的介绍页面为例。首先分析页面的主要问题。

（1）页面内部互链很少，并且没有对收录做任何处理，百度发现不了网站全部的页面。

（2）页面内部对电影院的信息介绍很全，但文字还是偏少，关键词密度和页面相关性都很差。

（3）注册、登录、公司介绍等页面，入口太多，导致蜘蛛抓取次数太多，影响蜘蛛抓取真正有用的页面的次数。

（4）未对移动端做任何处理。

（5）页面大量标题重复。

接下来是针对问题的思考及处理方法。

（1）页面内部互链很少，并且没有对收录做任何处理，百度发现不了网站全部的页面，如图 8-6 所示。

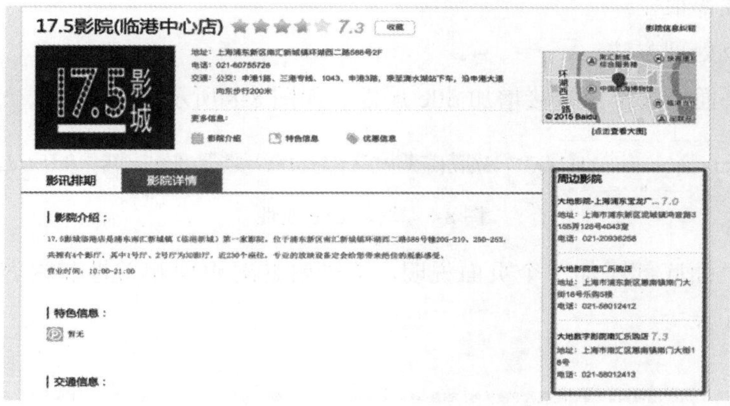

图 8-6 页面示例

思考：

a. 在页面上，增加与页面内容相关的其他页面的内链指向。

b. 使每个电影院至少有一个页面有内链入口。

c. 合理利用网站页尾的权重。

处理：

a. 将周边影院的数量从 3 个增加到 5 个。

b. 在底部增加相关影院模块。

增加相关影院模块，给其他页面输出内链，并自己制定算法，确保链接的相关性。

该处的算法是由 SEO 人员制定的，算法如下：

每个页面放置 20 个内链，如图 8-7 所示。

相关影院：　　收起>>

上海中影红毯国际影城、中影星美国际影城-周祝店、中影星美国际影城(周祝店)、中影国际影城(川沙店)、川沙影剧院、苏宁影城-奉贤店、上海万达影城(周浦店)、南桥海上国际影城、SFC上影-南桥百联店、17.5影城(南桥四季广场店)、上影国际影城(新都汇店)、SFC上影-南桥新都汇店、上海奉贤横店IMAX影城、南桥电影院、华士达影城（浦江店）、上海金球国际影城、海艺数字影城、上海太禾影城、上影河马国际影城、中影国际影城(长泰广场店)

图 8-7　每页相关影院放置 20 个内链

首先取相同县的影院，若数量不够，则取相同市的影院；若数量还不够，则取相同省的；若数量还不够，则全国随机补齐 20 个。

c. 页尾处链接需链接到全部的电影院。

（2）页面内部对电影院的信息介绍很全，但文字还是偏少，关键词密度和页面相关性都很差。

思考及处理方法：

a. 对页面的大部分链接增加 title 属性，如图 8-8 所示。

```
<div class="mv_name" title="17.5影院(临港中心店)"><h1>17.5影院(临港中心店)</h1></div>
```

图 8-8　增加 title 属性

b. 在页面底部添加一个页面说明，方便蜘蛛对页面相关性和内容的理解，如图 8-9 所示。

网易电影是一个能够让您在线购买电影票的在线选座平台，这里有17.5影院(临港中心店)影讯排期、影院详情、特色信息、优惠信息、交通信息等，便捷的购票系统，第一时间更新上海17.5影院(临港中心店)影讯、排期表、团购优惠券信息。

图 8-9　页面说明

（3）注册、登录、公司介绍等页面，入口太多，导致蜘蛛抓取次数太多，影响蜘蛛抓取真正有用页面的次数。

思考及处理：

nofollow 属性可以控制蜘蛛的抓取，但没法完全阻止蜘蛛的抓取。所以，在各个页面的注册、登录、公司介绍、大导航等链接上添加 nofollow 属性，可引导蜘蛛抓取更多能获取 SEO 流量的页面。况且注册、登录、公司介绍等页面，在其他有入口的地方，百度还是可以抓到的。

用这种方法既能有效控制蜘蛛抓取能获得 SEO 流量的页面，又使得被 nofollow 的页面能在百度搜到。

（4）未对移动端做任何处理。

思考：

移动端的 SEO 流量占比已经超过 PC 端，但移动端的排名仍然在继承 PC 端的排名，所以最重要的事是做好 PC 端和移动端的一一对应关系，并让蜘蛛尽可能地抓到更多移动端的页面。

处理：

对移动端的页面 title 进行优化，跟 PC 端的 title 对应。

对移动端和 PC 端进行适配，告诉搜索引擎 PC 端和移动端的对应关系，搜索引擎会将 PC 端的排名继承到移动端上。

将移动端的网站地图提交百度，由于移动端内链很少，所以网站地图能够有效促进百度对移动端的抓取。

（5）页面大量 title 重复。

在确定各个页面关键词时，已对该部分做了处理。

4. 效果

经过优化，上线 6 个月后，电影票网站的 SEO 流量从每天 400 多 UV 提升到 5000 多 UV。

8.2 去哪儿网攻略 SEO 项目

本案例向读者展示了一个完整的网站流量从小变大的 SEO 项目，向许多运营者提供了一套比较系统的流量优化思路。

8.2.1 项目简述

这是作者进入去哪儿网的第一个项目，彼时攻略项目刚起步，网站没有做过任何的 SEO，PC 端和移动端的搜索引擎流量加起来仅 1000UV 左右，对于去哪儿网而言，这点儿流量几乎可以忽略不计。通过对项目的仔细分析，作者制订并执行了一套长达一年的 SEO 流量提升计划，使得在一年半的时间里，SEO 流量提升到了 10 万 UV。

攻略产品线主要是为网友提供一些有用的旅游信息，包括城市的基本状况、旅游景点、交通信息、当地美食、购物攻略等；当然，对于 SEO 而言，内容最多的是客户主动分享旅游经验的游记。

去哪儿网主要是靠提供机票和酒店服务起家，攻略方面发展较晚。所以，与同行相比，SEO 面临的问题是内容匮乏，UGC 内容较少且质量不高。可以达到“优”的游记数量，每天只有 10 篇左右，与竞争对手每日数百甚至上千篇相比，简直是天壤之别。

除了内容匮乏，攻略方面也没有进行过任何的 SEO 行为。这既是缺点，也是能成就流量爆炸式提升的原因之一。

8.2.2 SEO目标

制定项目目标是一个非常关键的任务，确定目标有助于更好地制定相应的策略。在本项目开始之时，经过多次评估，最终确定了流量和索引量目标，分别如下。

流量目标：6 个月内从 1000UV 上升到 5 万 UV。

索引量目标：参考竞争对手的数据，制定了百度索引量从 4000 上升到 50 万的目标。

8.2.3 内容策略

内容为王是 SEO 界一条铁律。攻略产品线新成立不久，内容匮乏，只有几百个经过人工编辑的目的地，共几千个页面，但通过以下方法，迅速补充了内容。

1. 大量拓展目的地页面

在百科和竞对页面抓取不涉及版权问题的公共信息，包括城市概述、历史文化、旅游季节、公共设施、交通信息等。结合去哪儿网平台现有数据，经过半人工半自动化数据处理，生成十几万个目的地、景点、景区页面。

2. 增加 UGC 奖励机制

网友自发游记大多为原创，图片质量较高，深得搜索引擎喜爱。为了提升 UGC 数量，网站制定了一系列积分奖励措施，游记质量越高积分越多。网友可以到积分商城换取实物奖励，如图 8-10 所示。

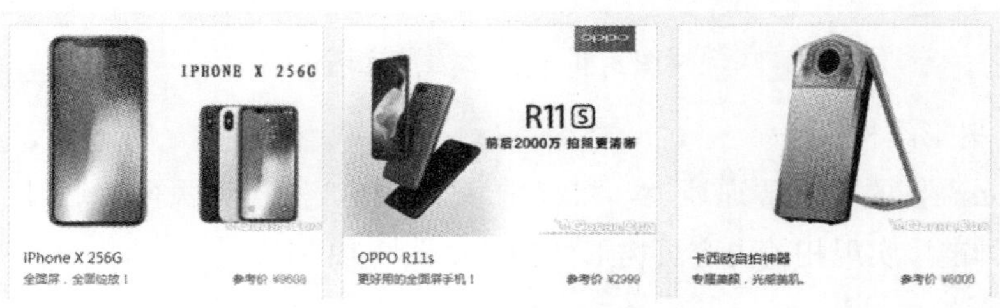

图 8-10 积分兑换物品

3. 抓取竞争对手的终极页

抓取竞争对手的优质游记汇编后上传至去哪儿。为了避免版权问题，每篇游记都得到了作者授权。最后结果证明，此方法非常耗费人工，随着百度对采集内容的打击，效果越来越差。

8.2.4 权重策略

1. 内部链接

1）链轮结构

内部链轮结构有助于内部权重最大化，策略项目通过次级导航很好地实现了二级页面的链轮结构，如图 8-11 所示。

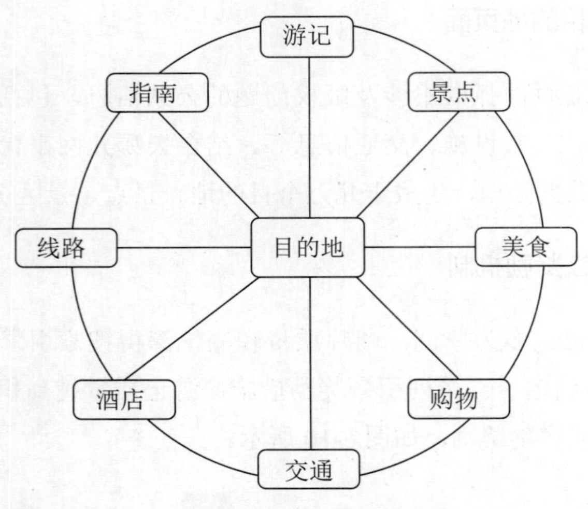

图 8-11　链轮结构示意图

2）树形结构

建立流畅的权重传递通道，将权重聚集在核心关键词页面。通过面包屑导航和页脚链接实现相关内容页树形结构，如图 8-12 所示。

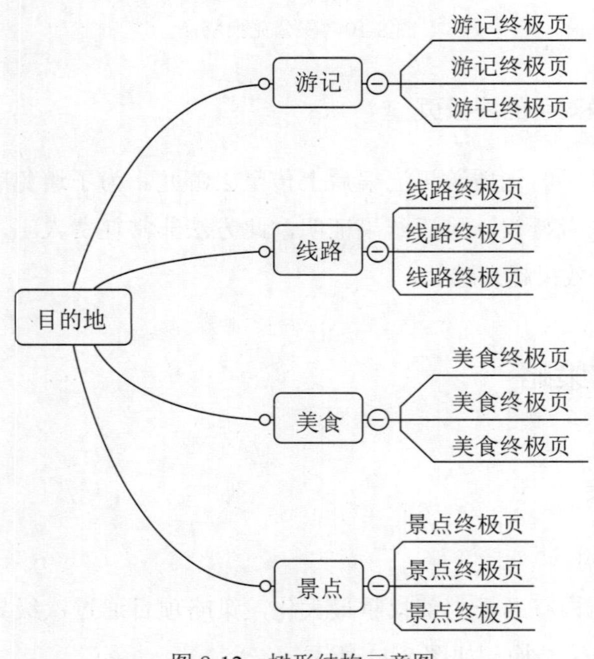

图 8-12　树形结构示意图

3）网状结构

使用网状结构增加网页权重值与定向锚文本数量。在游记正文中添加自动锚文本程序，自动匹配目标关键词指向着陆页。

4）纵向链接

为满足搜索引擎“内容相关”算法，增强权重的传递效果。本案例纵向链接是指在不同目的地下，使用相同二级页面之间的链接，由于内容具有相似性，故对排名具有积极的促进作用。

2. 外部链接

1）同业友链

在内页批量增加友链，提升内页定向锚文本数量。

2）链接诱饵

利用去哪儿网的权威性建立地区性旅行社排行榜，进入榜单需要添加去哪儿网指定链接。

8.2.5 执行策略

确定了内容和权重策略后，就要按照相应的 SEO 策略执行了，包括关键词、URL、权重、页面更新等项。

1. 关键词布局

由于去哪儿网主站权重较高，可利用资源丰富，所以，摈弃了 SEO 理论中常用的先长尾后核心的策略，直接攻取核心词，获取头部流量。经过百度凤巢系统关键词搜索量分析，对核心关键词进行以下分类（以北京为例，参见图 8-13）：

1）拓展核心关键词

攻略核心关键词是客户搜索意图明显，与产品匹配度高且流量相对最高的搜索词。核心关键词布局在权重最高的各目的地首页，如 http://travel.qunar.com/p-cs299914-beijing。

核心关键词的数量决定了流量的宽度。通过上述拓展着陆页的方式，核心关键词数量由几千个拓展到了十几万个。攻略的核心关键词包括：

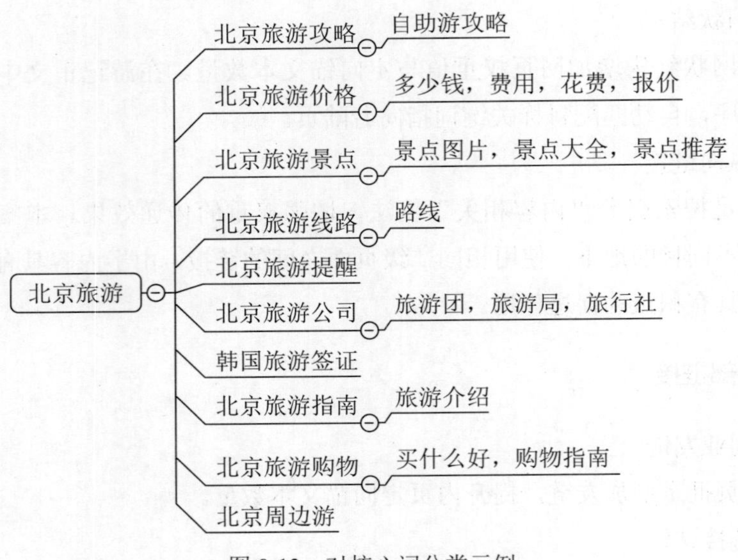

图 8-13　对核心词分类示例

（1）目的地名称，如泰国、北京、香港等，词语较短，竞争激烈，短期内难以实现排名。

（2）目的地旅游，如泰国旅游、北京旅游、香港旅游等，搜索意图明显，竞争激烈，作为中长期可实现目标。

（3）目的地旅游攻略，如泰国旅游攻略、北京旅游攻略、香港旅游攻略等，与产品完美匹配，竞争难度中等，为首要完成目标。

2）精细化运营核心长尾词

核心长尾词是核心关键词的延伸和补充，客户搜索时进一步明确了自己的意图，与攻略产品可以实现完美匹配。核心长尾词有规律可循，能够通过一个目的地拓展到其他目的地。核心长尾词布局在目的地子页面。尽量为每个子页面做出终极页，做到精细化运营。例如：

目的地旅游景点：http://travel.qunar.com/p-cs299914-beijing-jingdian。

目的地旅游线路：http://travel.qunar.com/p-cs299914-beijing-xianlu。

目的地旅游注意事项：http://travel.qunar.com/p-cs299914-beijing-zhinan。

目的地购物：http://travel.qunar.com/p-cs299914-beijing-gouwu。

目的地玩乐：http://travel.qunar.com/p-cs299914-beijing-wanle。

目的地周边游：http://travel.qunar.com/p-cs299914-beijing-zhoubian。

3）普通长尾词

普通长尾是指日均搜索量低，但数量庞大的关键词。攻略为 UGC 内容，普通长尾词由客户创造，不易控制，但通过分析百度来源词可以收集和归纳长尾词。收集的长尾用于为客户创造游记时提供指导，让大家更容易看到他的游记。普通长尾有：成都美食排行榜、北京特色餐厅、北京求婚胜地、黑门市场早饭、海南本地人爱吃的三亚美食等。

2.URL 标准化

优化前，为了便于访问，同一个页面可以通过不同的 URL 进行访问。存在各类 URL 使用不规范的情况。借此 SEO 机会，对 URL 进行了统一梳理，尽量使用简单规范的 URL。例如：

1）减少层级

修改前：

```
http://travel.qunar.com/place/city/beijing-299914
http://travel.qunar.com/place/city/beijing-299914/zhinan
http://travel.qunar.com/place/city/beijing-299914/gouwu-2-1
```

修改后：

```
http://travel.qunar.com/p-cs299914-beijing
http://travel.qunar.com/p-cs299914-beijing-zhinan
http://travel.qunar.com/p-cs299914-beijing-gouwu
```

2）统一入口

在技术规范添加一条：同一个页面，入口 URL 只能使用一个。

3）添加 canonical 属性

在所有页面添加 canonical 属性，如下所示，预防出现外部链接添加统计参数造成的重复页面。

```
<link rel="canonical" href=" ">
```

4）添加 301 跳转

当一个页面可以通过多个URL访问时，选取一个URL当作标准URL，其他非标准URL通过使用301的方式跳转到标准URL。

3. 权重优化

1）权重分发

攻略首页：通过攻略首页左侧的分类导航，对首页的权重进行分发处理，如图8-14所示。

图8-14　权重分发示例

目的地页面：通过次导航，对目的地页面权重进行分发处理，如图8-15所示。

图8-15　权重分发示例

2）权重收集

通过面包屑导航，对子页面权重进行收集。具体方法为将面包屑导航由原来的三级修改为多级，增加目的地首页及子页面入口，如图8-16所示。

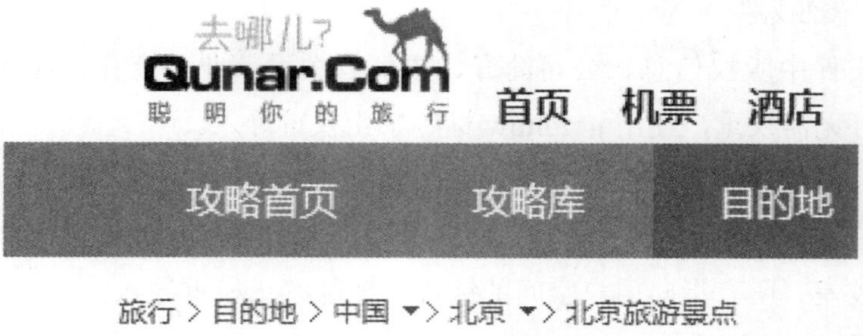

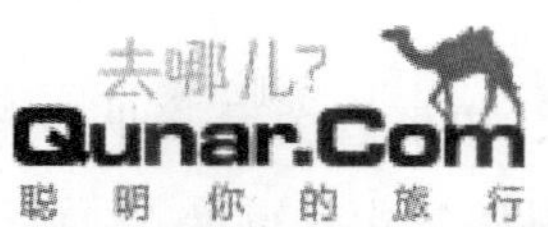

去哪儿?
Qunar.Com
聪 明 你 的 旅 行
首页 机票 酒店
攻略首页 攻略库 目的地
旅行 > 目的地 > 中国 ▾> 北京 ▾> 北京旅游景点

图 8-16　权重收集示例

修改前：

旅行 > 目的地 > 游记正文 / 子页面名称 / 评论详情

修改后：

旅行 > 目的地 > 国家 > 城市 > 游记正文 / 子页面名称 / 评论详情

3）权重流通

通过页脚各内链，实现权重在各目的地之间流通，如图 8-17 所示。总思路：热门目的地得到高权重。内链出现规则：热门稳定，非热门随机。

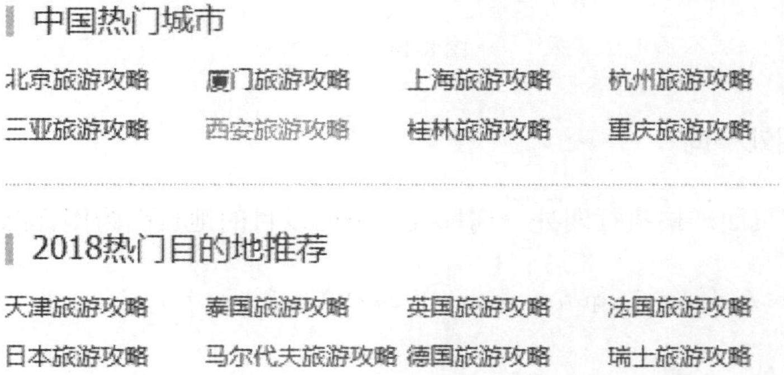

中国热门城市
北京旅游攻略 厦门旅游攻略 上海旅游攻略 杭州旅游攻略
三亚旅游攻略 西安旅游攻略 桂林旅游攻略 重庆旅游攻略
2018热门目的地推荐
天津旅游攻略 泰国旅游攻略 英国旅游攻略 法国旅游攻略
日本旅游攻略 马尔代夫旅游攻略 德国旅游攻略 瑞士旅游攻略

图 8-17　权重流通示例

4）权重节省

（1）头部文件。

头部文件中存在大量无需权重的页面链接，如客户登录、注册、查看订单、联系客服、站内消息等，全部使用 nofollow 标签禁止权重导入。

（2）尾部文件。

尾部文件中版权信息、公司简介、投资者关系、业务合作、加入我们、去哪儿公益等无需权重，使用 nofollow 标签禁止权重导入。

（3）用户空间。

用户注册后，系统会分配一个用户空间。大部分客户的空间无实质内容，页面质量较差。所有指向用户空间的链接，全部禁止权重导入。

（4）筛选列表页。

为了满足客户快速寻找相关游记的需求，产品做了筛选列表，如图 8-18 所示。但对 SEO 而言，这造成了大量的重复页面，影响蜘蛛的抓取行为，且分散权重。此类页面所有入口禁止权重导入。

月份：全部 1-3月 4-6月 7-9月 10-12月

天数：全部 1-3天 4-7天 8-10天 11-15天 15天以上

费用：全部 1-999 1000-2999 3000-4999 5000-9999 10000以上

人物：全部 独自一人 三五好友 亲子 家庭 情侣 闺蜜

玩法：全部 海滨 古镇 自驾 骑行 徒步 游轮 购物 摄影 美食 蜜月

图 8-18　筛选列表

4. 四处一词

所有页面严格执行四处一词标准。下面以目的地页面为例详细说明：

```
http://travel.qunar.com/p-cs299914-beijing
```

第一处：title

2018【北京旅游攻略】北京自助游_周边游攻略，北京旅游吃喝玩乐指南 – 去哪儿攻略社区

第二处：description

去哪儿网攻略社区为自由行、自助游用户提供北京最全面的目的地指南，包括北京

旅游攻略、旅游景点大全、住宿信息、特色美食、交通查询、购物推荐、娱乐活动等，应有尽有。此外还有真实用户发表的实用旅游攻略，最新游记照片。

第三处：h1

h1标签用在了面包屑导航的最后一级，完整包含了目标关键词，如图8-19所示。

旅行 > 目的地 > 中国 ▾ > 北京旅游攻略

图 8-19 目标关键词

第四处：内、外链

1）内链

（1）攻略产品线其他各目的地页面，游记终极页正文内链。

（2）度假对应目的地旅游页面。

（3）门票对应城市页面。

（4）酒店对应城市页面。

（5）首页底部，如图8-20所示。

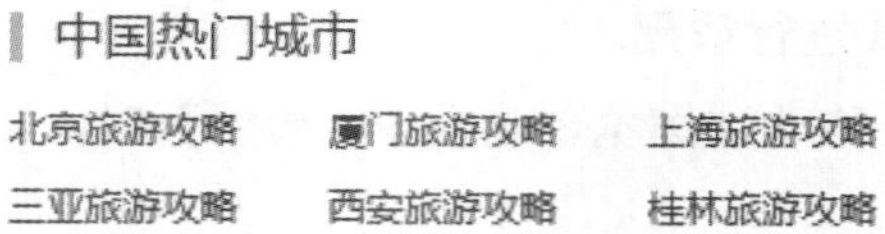

中国热门城市

北京旅游攻略 厦门旅游攻略 上海旅游攻略

三亚旅游攻略 西安旅游攻略 桂林旅游攻略

图 8-20 内链示例

2）外链

同业相关性链接，如图8-21所示。

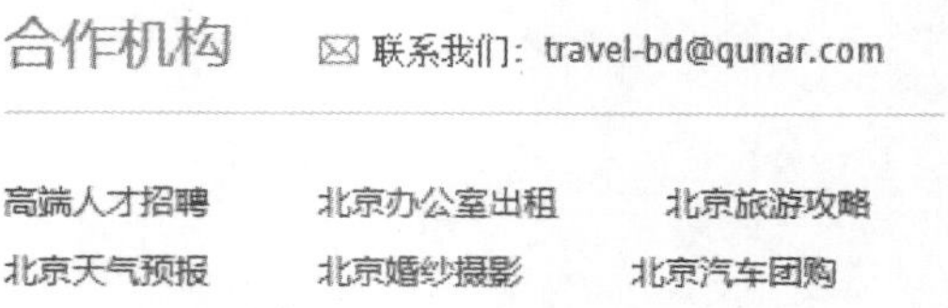

合作机构 ✉ 联系我们：travel-bd@qunar.com

高端人才招聘 北京办公室出租 北京旅游攻略

北京天气预报 北京婚纱摄影 北京汽车团购

图 8-21 外链示例

5. 页面更新策略

（1）目的地页面。各目的地首页主要内容为优质游记的简介，由于优质游

记数量不多，更新缓慢，故采取优质游记交替出现的方法。

（2）游记页面。评论内容放到 HTML 中，供搜索引擎抓取，保证页面更新。

6. HTML 代码优化

1）精简 HTML 代码

删除由于历史原因造成的无用代码。根据与技术人员的沟通，共找出 50 余行废弃代码。

2）JS 代码外置

JS 代码打包外置，减少请求次数。

3）规范使用 h1 ～ h6

制定 h 标签使用规范，供前端设计页面时参考。

4）alt 属性

大部分图片添加有 alt 属性，有客户标注的，使用客户标注名称；无客户标注的，使用目的地或景点名称。

7. 移动适配

通过以下三种方式进行适配。

（1）跳转适配。移动端浏览器访问 PC 端网页时，以 301 跳转方式跳转到对应手机端页面。

（2）规则适配。在百度站长后台提交适配规则。

（3）meta 声明。元标签中添加声明如下：

```
<meta name="mobile-agent" content="format=html5; url=">
```

8. 链接提交

1）历史数据

历史数据较为庞大，采用 sitemap 方式提交，sitemap 每周更新一次。

2）新增数据

每日新增数据，例如新发游记，通过百度站长平台的自动推送功能提交。

9. 外链策略

1）目的地页友链交换

目的地首页底部增加外链入口，与相关行业进行友链交换。图 8-22 所示为北京页面的友链。

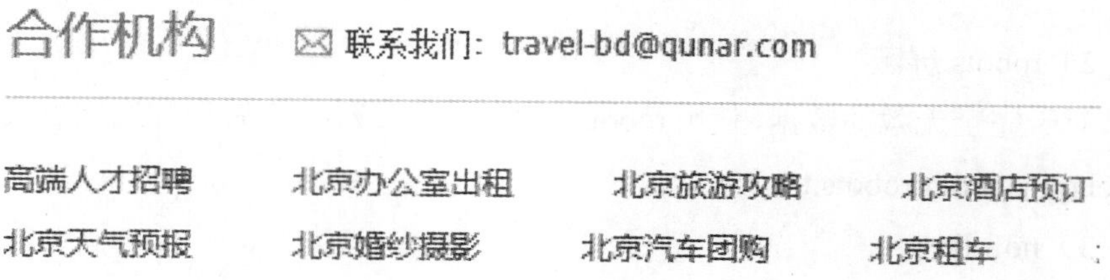

合作机构　✉ 联系我们：travel-bd@qunar.com

高端人才招聘　北京办公室出租　北京旅游攻略　北京酒店预订

北京天气预报　北京婚纱摄影　北京汽车团购　北京租车

图 8-22　友链示例

2）排行榜项目

建立旅行社排行榜项目，在每个目的地选出比较优质的旅行社，入榜条件之一是按照我方要求添加指定页面链接，如图 8-23 所示。

北京旅行社排行榜

图 8-23　排行榜示例

10. 蜘蛛引导

通过对日志的分析，发现无效抓取占总抓取量的 75%，这既浪费抓取配额又浪费服务器资源，因此通过以下几种方式对蜘蛛抓取进行引导。

1）高频随机链接

有些页面每天抓取成千上万次，例如首页和其他核心页面，但底层的十几万的数据抓取量则少得可怜。引导方式是在抓取量高的核心页面底部增加底层数据入口，规则为页面每次刷新随机出现指定数目的链接，如图 8-24 所示。www.qunar.com 页面底部的链接，引导蜘蛛抓取底层数据。

度假 武汉旅游 | 上海旅游 | 杭州旅游 | 北京旅游 | 乌镇旅游 | 鼓浪屿旅游 | 千岛湖旅游 | 南京旅游 | 婺源旅游 | 厦门旅游 | 张家界旅游 | 成都旅游 | 巴

攻略 青岛旅游攻略 | 西安旅游攻略 | 台湾旅游攻略 | 上海旅游攻略 | 巴厘岛 武汉旅游攻略 | 云南旅游攻略 | 西塘旅游攻略 | 乌镇旅游攻略 | 韩国旅游攻略 杭州旅游攻略 | 香港旅游攻略 |

图 8-24　高频随机链接示例

2）robots 屏蔽

对于完全无效的数据，使用robots文件进行屏蔽，例如游记筛选列表页（http://travel.qunar.com/robots.txt）。

3）nofollow

对于不重要的数据，使用 nofollow 标签减少抓取入口。

8.2.6　数据分析

1. 收录比例

优化后页面上线，3 个月后百度收录趋于稳定，但各产品线的收录率相差较大。因此需要分析各类页面的数据量与收录量不成比例的原因，找出收录短板，针对收录较差的页面特殊处理。

下面是三大页面类型的收录比例，如表 8-1 所示，可以看出游记收录比例最差。解决方案有以下两个：

（1）加强内容运营，提升优质游记数量。

（2）设定游记评级，对质量差的游记禁止推送给搜索引擎并取消其页面入口。

表8-1　三大页面类型的收录比例

页面类别	收录比例	页面类别	收录比例
目的地页面	95%	线路	67%
游记	40%	美食	74%
景点	62%		

2. 日志分析

通过对日志分析，我们发现以下问题：

（1）无效抓取占 75%，解决方法是通过引导蜘蛛改善抓取效率。

（2）假蜘蛛抓取量巨大，解决方法是通过黑名单限制假蜘蛛。

3. 排名监控

对排名进行监控。建立关键词排名监控程序，每周自动运行一次，生成排名变化趋势报表，监控每次 SEO 后的几周内的排名变化。

8.2.7 问题分析

1. 项目优先级问题

大型公司技术排期一般按照优先级指向，如果优先级排得比较低，有可能会被无限期延后。项目优先级是按照项目可以带来的效果进行评价的，这就要求 SEO 人员对项目效果进行预估，例如可以新增多少 UV、多少收益等。

2. 跨部门沟通问题

去哪儿网各事业部相对独立，每个事业部都有自己的 KPI，这就造成了跨部门协作问题，如内部链接合作，内容接口调用等。与对方沟通时，不仅要从大局考虑整体利益，更要考虑到对事业部的具体利益。毫无利益的索取很难开展工作，最差的方案是进行利益互换。

1）产品意见不一致

在页面内容方面，SEO 人员经常与产品经理意见不一致。

SEO 人员与产品经理沟通前，要非常详尽地准备好说服对方的依据。这些依据包括 SEO 原理知识、效果预估数据、竞对相同策略等。

准备替代方案。例如，在设计目的地子页面面包屑导航下拉菜单时，产品经理认为 XX 城市旅游攻略的链接必须指向一个筛选列表页，而从产品角度讲，对于站内用户而言，筛选列表页的客户体验会好一些，但这与 SEO 人员设定的着陆页不同。最后只好使用 nofollow 标签屏蔽掉这个链接，如图 8-25 所示。

图 8-25　使用 nofollow 屏蔽掉的链接

2）内容匮乏

虽然采取了一系列措施迅速增加了内容的数量，但与竞对相比仍然不足。所以，SEO 人员与产品经理一起做好内容运营也是非常重要的。

8.2.8　结果反馈

1. 百度索引量

经 SEO 后，网站的百度索引量从优化前的几千上升到现在的 390 万，如图 8-26 所示。

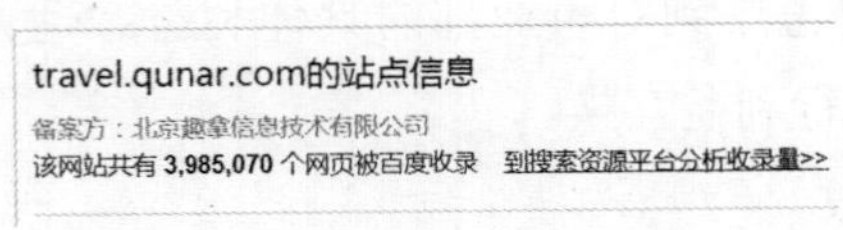

图 8-26　百度索引量提升

2. SEO 流量数据

项目流量提升进展比预估缓慢。一年半以后，SEO 流量从每日 1000UV 上升到 10 万 UV 左右。

3. 小结

SEO 只能锦上添花，不能雪中送炭。只有在产品充分得到用户认可的情况下，SEO 才能发挥作用。如果去哪儿攻略的优质原创游记数量能够和竞对相当，

SEO 流量还会有明显提升。

8.3 环球网校移动适配项目

8.3.1 移动适配概述

移动适配，从当下来看可以这样说："做好了移动适配工作，WAP 站点 85% 甚至以上的工作，都已经完成了"。是的，即使 WAP 站点是一个新站（PC 站是有一定基础的），那么做好移动适配工作，在短暂的 1 ～ 2 周的搜索引擎处理后，就能获得至少 PC 端一半的流量。而今天无论在电商、房产、教育等很多领域，搜索引擎流量来源的占比已经达到了 WAP 端 80%，PC 端 20%。所以，移动适配的工作在今天，不做是绝对不行了。

8.3.2 移动适配流程

下面是笔者针对环球网校的 WAP 站点进行的移动适配工作的全过程。

1. 访问跳转"301 或 302"

第一步就是做好跳转工作，因为在没做移动适配之前，搜索引擎的 WAP 端会有很多 PC 端的页面。这样的页面不仅不能获得一定的排名，还会严重影响用户体验。所以要将使用移动设备访问 PC 页面的用户通过服务器识别出来并使这类用户的访问跳转到 WAP 站对应的页面上。

加入这家公司后，笔者发现环球网校 PC 站到 WAP 站的跳转采用的是 JS 方式，WAP 端流量是几千的日 UV，而 PC 端已经是几万了。两者差距很大，基本上确定移动适配的跳转工作虽然做了，但并没有做好。

所以这里不建议使用 JS 方式跳转，跳转方式一定要采用 301 或者 302 状态码的跳转，否则搜索引擎无法识别。而对于使用 301 或 302，我个人建议使用

301 跳转。这样建议是由于笔者在之前的一次案例感到使用 302 搜索引擎的反应速度并没有 301 的快，但询问官方人员后，并未证实该观点，所以这里只是建议。

还有一点需要额外提醒大家，PC 端页面和 WAP 端页面的对应关系一定要做好。PC 端说的是 1，跳转到 WAP 端也必须是 1。当然除了主体内容外，其他的元素可以不同。例如对于列表页只要主要的列表有就可以，文章页中主要的文章存在就可以，其他的可以略有不同。

2. 帮助搜索引擎识别页面的类型

从本质上搜索引擎是不清楚页面是 PC 端页面，还是 WAP 端页面，那么就需要针对不同的端添加如下两行代码：

PC 端：

```
<meta name="applicable-device" content="pc">
```

WAP 端：

```
<meta name="applicable-device" content="mobile">
```

图 8-27 所示是环球网校的新闻页代码添加示例：

```
<html>
▼<head>
    <meta http-equiv="Content-Type" content="text/html; charset=gb2312">
    <title>【2018年第七批一级建造师注册人员名单的公示】 - 环球网校</title>
    <meta name="keywords" content="2018一级建造师注册人员名单,一级建造师注册,一级建造师注册名单">
    <meta name="description" content="2018年第七批一级建造师注册人员名单的公示信息由环球网校一级建造师考试频道发布，更多2018年第七批一
    师考试频道">
    <meta name="mobile-agent" content="format=html5; url=http://m.hqwx.com/news/2018-3/15199816265369.html">
... <meta name="applicable-device" content="pc">
    <link rel="canonical" href="http://www.hqwx.com/web_news/html/2018-3/15199816265369.html">
    <link href="http://www.hqwx.com/leraning/index2016/css/gedu-header-footer2.css" type="text/css" rel="stylesheet">
    <link href="/leraning/css/show2017.css" type="text/css" rel="stylesheet">
  </head>
 ►<body>…</body>
</html>

<!DOCTYPE html>
<html prefix="og: http://ogp.me/ns#" style="overflow-x: hidden; position: relative;">
▼<head>
    <script type="text/javascript" async src="http://www.google-analytics.com/plugins/ua/linkid.js"></script>
    <meta content="width=device-width; initial-scale=1.0; maximum-scale=1.0; user-scalable=0;" name="viewport">
    <!--[if IE]>
        <meta http-equiv="X-UA-Compatible" content="IE=edge"><![endif]-->
... <meta name="applicable-device" content="mobile">
    <meta name="title" content="一级建造师" data-url="/class_jzs/" data-lid="775" tiku="0">
    <title>【2018年第七批一级建造师注册人员名单的公示】 - 环球网校</title>
    <meta name="description" content="2018年第七批一级建造师注册人员名单的公示信息由环球网校一级建造师考试频道发布，更多2018年第七批一级
    师考试频道">
    <meta name="keywords" content="2018一级建造师注册人员名单,一级建造师注册,一级建造师注册名单">
    <meta property="og:type" content="article">
  </head>
 ►<body style="overflow-x: hidden; position: relative;">…</body>
</html>
```

图 8-27　代码添加示例

这里需要注意的事项只有一个，就是这两行代码要分别添加在 PC 端和 WAP 端的 head 标签内。

3. 在 PC 页面声明对应的 WAP 站页面

搜索引擎在抓取页面的同时，需要在 PC 端的页面中指明对应的 WAP 端页面地址，这同样是为了帮助搜索引擎更好地找到该 PC 页对应的 WAP 端页面，代码如下：

```
<meta name="mobile-agent"content="format=html5;url=http://m.hqwx.com/news/2018-3/15199816265369.html">
```

content 属性对应的值，是声明对应的 WAP 端页面为 HTML5 的页面，URL 地址为 http://m.hqwx.com/news/2018-3/15199816265369.html 即可。图 8-28 是环球网校的代码添加示例。

```
<!DOCTYPE html>
<html>
▼<head>
    <meta http-equiv="Content-Type" content="text/html; charset=gb2312">
    <title>【2018年第七批一级建造师注册人员名单的公示】 - 环球网校</title>
    <meta name="keywords" content="2018一级建造师注册人员名单,一级建造师注册,一级建造师注册名单">
    <meta name="description" content="2018年第七批一级建造师注册人员名单的公示信息由环球网校一级建造师考试频道发布, 更多2018年第七批
    师考试频道">
    <meta name="mobile-agent" content="format=html5; url=http://m.hqwx.com/news/2018-3/15199816265369.html">
    <meta name="applicable-device" content="pc">
    <link rel="canonical" href="http://www.hqwx.com/web_news/html/2018-3/15199816265369.html">
    <link href="http://www.hqwx.com/leraning/index2016/css/gedu-header-footer2.css" type="text/css" rel="stylesheet">
    <link href="/leraning/css/show2017.css" type="text/css" rel="stylesheet">
  </head>
►<body>…</body>
</html>
```

图 8-28　代码添加示例

4. 提交搜索引擎站长工具——移动适配

利用搜索引擎站长工具的移动适配工具，提交我们的适配规则，这也是最后一步，更是最重要的一步。百度、360、搜狗以及谷歌的方式大同小异，这里以百度为例。

百度站长平台（现更名为搜索资源平台）地址为 ziyuan.baidu.com，打开之后在导航栏“网站支持”页面找到“移动适配”项，如图 8-29 所示。

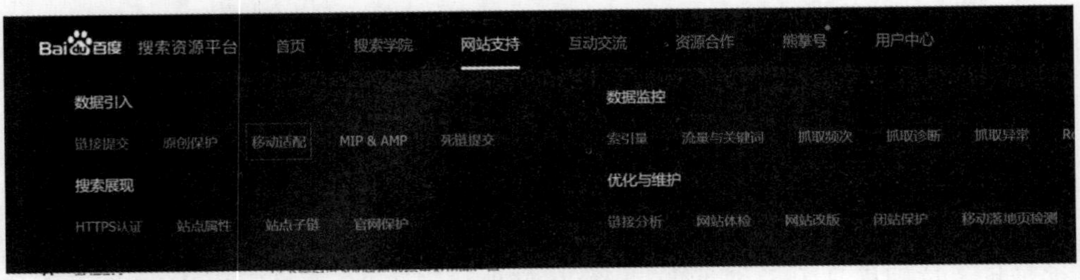

图 8-29 “移动适配”项

点击进入之后，点击“添加适配关系”，这时会看到有两种提交方式：一种是规则适配；另一种是 URL 适配。

这两种都会用到，下面分别进行说明。

5. 规则适配

所谓规则，是指 PC 端与 WAP 端的 URL 是有规律可循的，例如环球网校的新闻页，PC 端和移动端的 URL 分别如下：

PC：http://www.hqwx.com/web_news/html/2018-3/15199816265369.html

WAP：http://m.hqwx.com/news/2018-3/15199816265369.html

可以看到，两者 /2018-3/15199816265369.html 部分是一样的，其他部分有所区别。而对于站点其他页面，则只有这段是变化的，其他的不变。那么规则可以写成如下形式：

```
PC：http://www.hqwx.com/web_news/html/(\d+)-(\d+)/(\d+).html
WAP：http://m.hqwx.com/news/(\d+)-(\d+)/(\d+).html
```

这样就可以了。上述代码中的（\d+）代表数字的意思，如果想了解其他参数可参考百度给出的官方说明文档：

https://ziyuan.baidu.com/college/courseinfo?id=267&page=5#h2_article_title22

规则适配提交分为单条规则和多条规则的提交。这里只举了一个单条规则的例子，多条规则适配的只是需要把这些规则放到 TXT 文件中，然后多个提交即可。

6. URL 适配

URL 适配是指那些没有规则的页面的适配，实际中，每一个站点可能都或多或少存在这样的问题。百度也给出了解决办法，即需要提交 PC 至 WAP 端 URL 对。可以用文件上传方式，也可以在工具中直接填写。这里建议 URL 对少的话就直接在工具中填写，多的话就提交 TXT 文件。图 8-30 所示为两种提交方式的选项。

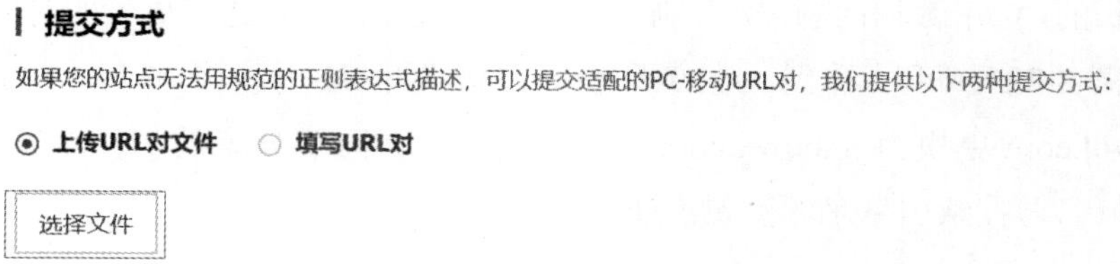

提交方式

如果您的站点无法用规范的正则表达式描述，可以提交适配的PC-移动URL对，我们提供以下两种提交方式：

◉ 上传URL对文件 ○ 填写URL对

选择文件

图 8-30　百度提供的两种 URL 提交方式

选择文件提交时需要注意如下条件（参见图 8-31）：

提交方式

如果您的站点无法用规范的正则表达式描述，可以提交适配的PC-移动URL对，我们提供以下两种提交方式：

○ 上传URL对文件 ◉ 填写URL对

1.每行输入一对URL对，最多输入2000对
2.URL对以两列展现，第一列为PC URL，第二列为移动URL，两列之间以空格键隔开
https://zhanzhang.baidu.com http://m.baidu.com
https://zhanzhang.baidu.com/123.html http://m.baidu.com/123.html

提交

图 8-31　以文件提交时的注意事项

（1）文件类型为 TXT 时，文件大小≤ 10MB，URL 对不超过 50 000 对。

（2）文件要求每行一对 URL。URL 对文件为两列，第一列为 PC URL，第二列为移动 URL，两列之间以空格隔开。

（3）一次最多上传 10 个文件，可以提交多次。

选择 URL 对提交时，直接填写即可。注意图 8-31 中的文字提示要求。

经过如上步骤移动适配工作就全部完成了，搜索引擎提示适配成功后，就可以等待流量上涨了。图 8-32 所示是环球网校在做完移动适配后的流量趋势图。

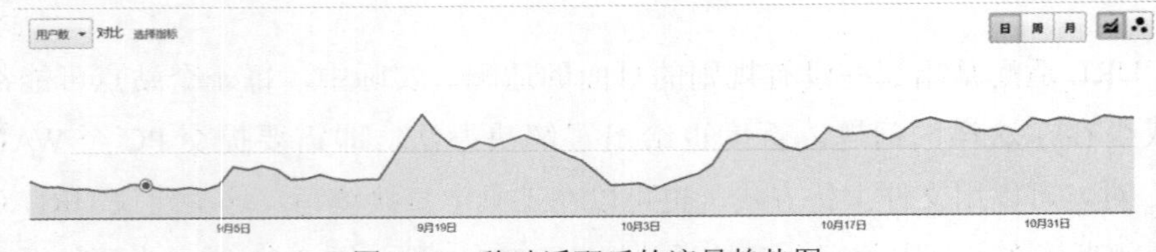

图 8-32　移动适配后的流量趋势图

8 月底做完适配工作之后，短短 2 个月，流量环比增长约 300%。当然之后还是增长的，由于数据问题，笔者删除了具体数值并且没有选择更长的时间维度。

由图 8-32 中可以看到，在 9 月底时环球网校还更换了域名，由原来的 m.edu24ol.com 更换为 m.hqwx.com，这也是笔者下面要分享的另一个案例，网站更换域名，搜索引擎来源流量零影响。

8.3.3　域名更换问题

网站更换域名是大多 SEO 人员头疼的问题，有很多网站换了域名后又立刻换回去；也有很多的网站根本就不敢换；更有换了之后流量大跌的。那么环球网校是怎么做到更换域名而搜索引擎来源流量零影响呢？

其实，换域名不单单是把老域名跳转到新域名这么简单，这中间必须要解决的问题有三个。下面我们分别对这三点进行说明。

1. 老域名以 301 跳转方式跳转到新域名

老域名跳转到新域名，必须使用 301 方式的跳转。301 状态码代表永久重定向，而更换域名搜索引擎也只认该状态码的跳转形式。

图 8-33 所示是环球网校老域名跳转到新域名的状态码识别截图，利用站长工具的状态码监测工具进行查询。

查询工具地址为 http://tool.chinaz.com/pagestatus/。

只要保证全站的查询返回状态码都是 301，且 Location 指向的域名是我们的新域名，这个节点的工作就完成了。

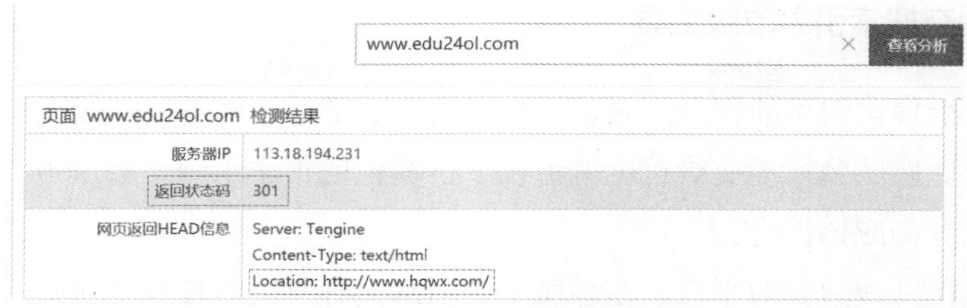

图 8-33 状态码识别示例

2. 批量替换全站老域名的链接

批量替换全站老域名的链接，这项工作会被很多人忽略。如果这个不改变事必会造成两个影响。

（1）后面搜索引擎抓取新域名会造成大量的 301 状态码，因为全站已经都以 301 方式跳转到新域名了，但在新域名的页面下，还存在大量的老域名链接，当搜索引擎抓取这些链接时，全部是 301 状态码的返回。这大大增加了搜索引擎的抓取耗时，也不利于新域名的排名。

（2）每一个链接都相当于一次投票，也就是常说的链接传递权重。如果已经换了域名，但新域名的页面中还有大量指向原来域名的链接，这会大大影响更换的新域名。这也是很多更换域名后一直存在“换了域名，但老域名一直有排名”的主要原因。

所以，必须将全站所有的老域名链接进行批量替换处理。这里需要处理的地方有两处。

（1）很多数据都存在数据库中，需要技术人员对数据库中所有的老域名批量替换成新域名。例如笔者当时要求技术人员在数据库中批量查询 edu24ol.com，并全部更换为 hqwx.com，因为只是域名换了，URL 的规则全部都没有变。所以查询根域并替换就可以了。

（2）每个网站都会有很多的链接、文本是固定的，需要批量处理这些静态文件：将服务器中以站点根目录为源头，批量查询每一个文件的内容，并找到 edu24ol.com，全部替换为 hqwx.com。

这样就可以保证新的站点中，搜索引擎可以识别的文本内容，无论是 HTML、JS、CSS 还是程序文件（PHP、JSP 等）都全部更新了。更换域名不仅仅是跳转，还是让老域名的链接在新站完全消失。

3. 提交搜索引擎改版工具

提交给搜索引擎的官方工具，告知网站改版了。这里还是以百度举例说明，但不代表更换域名只提交给百度就可以了，其他的搜索引擎，如 360、搜狗、谷歌、bing 等都应该提交。

打开百度搜索资源平台，在导航中“网站支持”页面找到“网站改版”项，如图 8-34 所示。

网站支持
数据引入
数据监控
MIP & AMP
搜索展现
优化与维护
网站改版

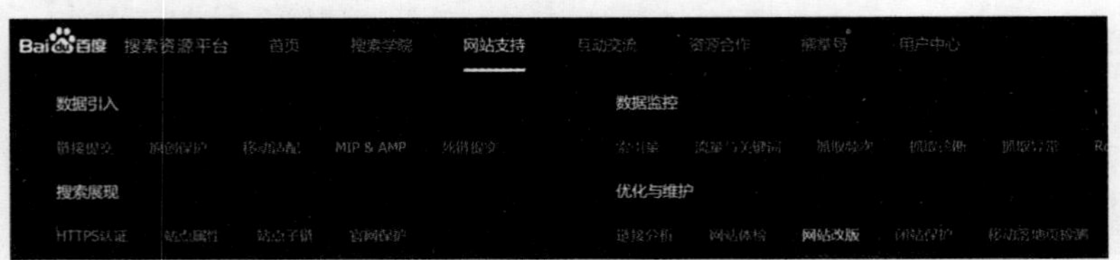

图 8-34　“网站改版”项

单击后出现图 8-35 所示界面。

添加改版规则
改版前
改版后
改版类型
提交时间
处理状态
操作
您还没有添加任何改版规则

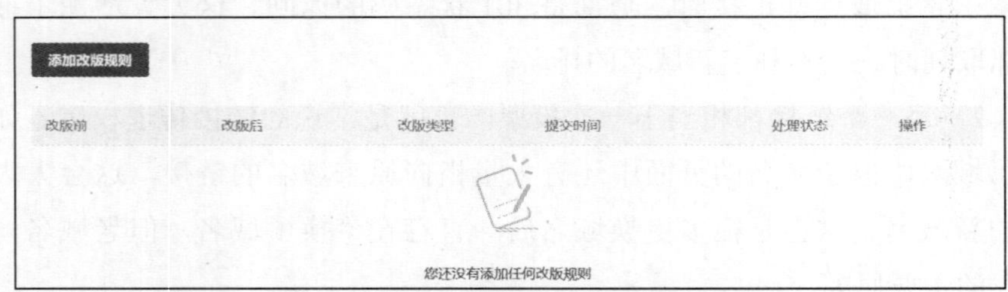

图 8-35　添加改版规则界面

单击“添加改版规则”按钮，出现如图 8-36 所示界面。

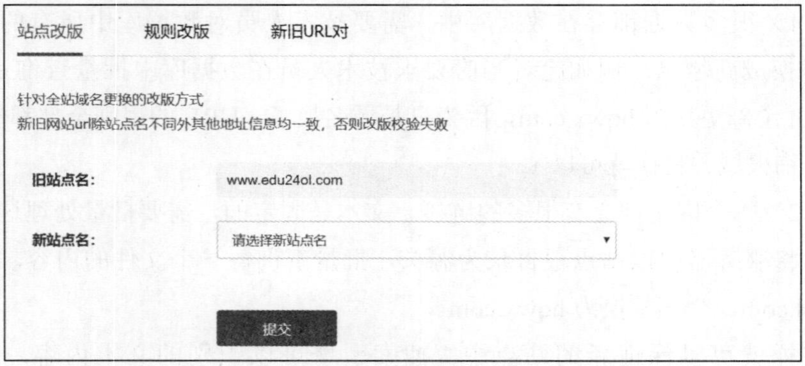

站点改版
规则改版
新旧URL对
针对全站域名更换的改版方式
新旧网站url除站点名不同外其他地址信息均一致，否则改版校验失败
旧站点名：
www.edu24ol.com
新站点名：
请选择新站点名
提交

图 8-36　站点改版界面

从图 8-36 可以看到导航中有三种方式，由于我们的网站是更换域名，所以选择第一种即可。这里需要注意的是，新域名不是手动填写，而是下拉选择。在进行到这个环节前，新域名一定要确保已经验证过，这样下拉列表框里才会出现新域名。

选择好新域名之后，单击“提交”按钮，等待搜索引擎响应，当出现提示改版成功即可。这里的改版成功是指搜索引擎校验成功，并不是真的生效了。是否生效还是要以实际的流量和排名结果为准。

提示改版成功如图 8-37 所示。

添加改版规则

改版前	改版后	改版类型	提交时间	处理状态	操作
www.edu24ol.com	www.hqwx.com	站点改版	2017-09-27 11:54:51	改版完成	删除

图 8-37　改版成功

其他搜索引擎的工具也都按照这个步骤设置即可。需要注意的是，搜狗暂时不支持 WAP 端的网站改版，但实际结果是流量不会变少。

这样网站更换域名就算彻底完成了。有以下几个问题要特别注意。

（1）更换域名和批量替换，最好在同一天内完成，时间越长影响越大。

（2）百度对更换域名确实存在问题，即使完美设置之后还是会出现老域名存在，新域名没权重的问题。笔者经历过 5 次大小站点的域名更换，其中也包括作为乙方为甲方企业提供更换域名的服务，在这些案例中只遇到了一次域名更换后没有响应的问题。最后通过反馈中心将问题反馈后才解决。所以换域名之前一定要让相关责任人或者公司负责人了解可能存在的风险。

下面是环球网校 PC 站和 WAP 站更换域名后的流量数据。

PC 端数据如图 8-38 所示。

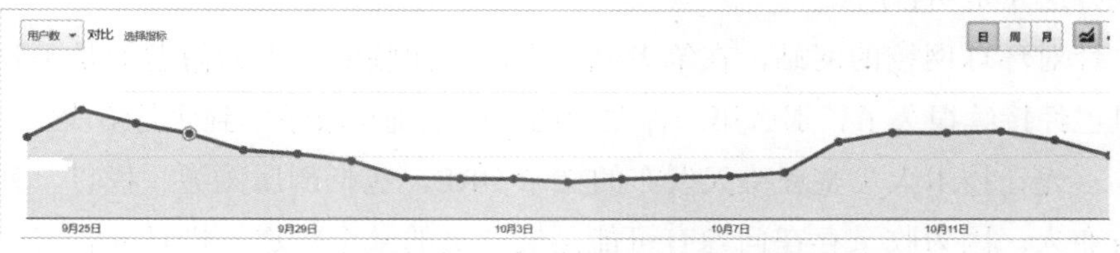

图 8-38　PC 端更换域名后的流量数据

WAP 端数据如图 8-39 所示。

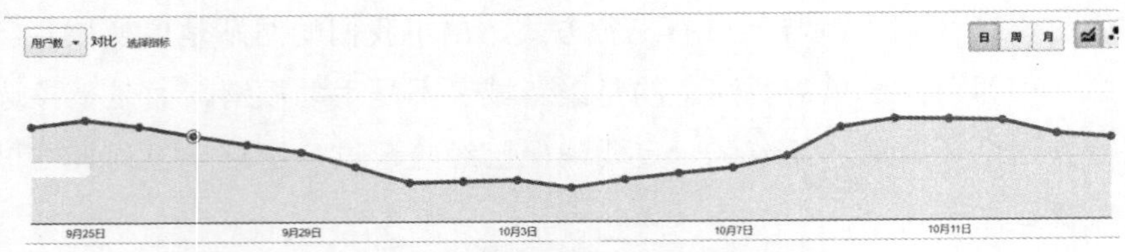

图 8-39 WAP 端更换域名后的流量数据

说明：10 月 1 日～10 月 7 日是国庆假期，流量下降是正常的。

8.3.4 网站收录解决办法

网站收录问题一直让很多人头疼，这里分享一个笔者的经验，专门针对文章页的收录问题。这里有必要提到一个概念，叫隔日收录率，是笔者在 2012 年提出的一个概念，指昨天发布的文章在今天整体的收录率是多少。例如，昨天发布 100 篇，今天查询发现收录了 80 篇，即为 80% 的隔日收录率。每天如此监控，来确保新闻页的收录情况。

1. 追查问题的思路

追查问题的思路。很多人在遇到网站不被收录时，不是冷静下来思考影响收录的原因，而是到处询问解决办法，到头来最终问题一直没有得到解决。出现问题时，一定是有它的原因。问题在哪里，怎么找到问题，找到之后应该怎么解决，这才是正确排查问题的思路。哪怕是找别人寻求帮助也要先找到具体的问题，例如蜘蛛一直不抓取我的站点怎么办？网站不被收录怎么办？

网站不被收录的影响因素有很多，不要指望别人能帮你解决，因为网站只有自己最了解，别人只能提供建议。所以要找到具体的问题，再询问或者思考解决办法才是明智的。

针对环球网校的网站，在笔者刚入职时，面临的最大的问题就是不收录！并且已经持续很久了。那么第一件要做的事就是确认收录率到底是多少。

首先让技术人员整理头天发布的文章 URL，包括所属频道、栏目、列表以及发布人。因为收录存在问题有可能是文章页的某个频道、栏目或者某个人的发布等造成的。技术人员把这些数据存放在了一台服务器上，笔者在这台服务器上写了查询收录情况的小程序，并且生成 Excel 文件，如图 8-40 所示。

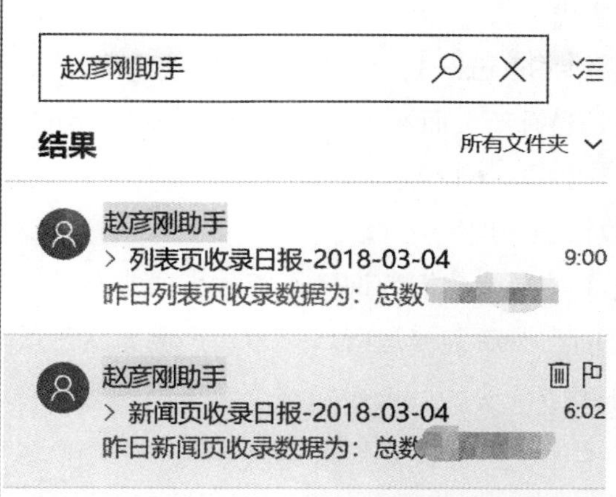

图 8-40 收录报表制作

通过收录的报表，制作如图 8-41 所示的图表。

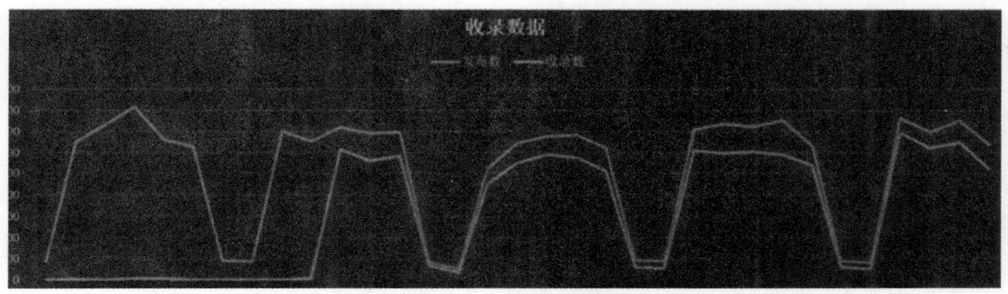

图 8-41 制作图表

图 8-40 所示是百度的收录趋势，可以看出，在第二周的周二收录数据开始回升，周三达到预期效果。此时对站点的收录率目标为 85%+ 了，因为页面的体验、加载速度等还存在一些问题，等优化后才能上调收录率目标到 95%+。此处的收录率是隔日收录率。

2. 实操的解决办法

那么在图 8-41 所示时间段的第一周做了什么呢（实际上在这周之前的 3 周时间，收录率基本都是 1% 以下）？这个阶段笔者做了以下三件事情。

1）添加链接提交工具

百度的链接提交工具，环球网校之前加了自动推送和 Sitemap，但由于没有具体的负责人，导致失效了。所以笔者增加并重新提出 Sitemap、自动推送、主

动推送三个工具的需求。

除了自动推送外，Sitemap是每半小时更新一次文件，以保证蜘蛛抓取的时效性。而主动推送是当有新页面产生后，就直接推送给百度。

但增加链接提交工具，对实际的收录并没有起作用。

2）排查影响收录的问题

添加链接提交工具之前，笔者询问了相关人员是从什么时候开始不收录，以锁定出问题的时间。然后询问运营、技术、产品、运维等相关部门负责人，在这个时间段都有哪些改动。后来得知这个节点网站被攻击了，注入了大量的博彩娱乐城信息，之后虽然删除了但并没有恢复收录，向反馈中心多次反馈也无果。

之后进行了问题分析，分析问题过程中，笔者导出了最近1个月的抓取日志，并批量检索当天产生的文章页URL有没有被抓取，发现只有50%的抓取率，增加完链接提交工具后，抓取率提升到了90%+，但实际收录率并没有变化。

接着又排查文章质量、网页元素、服务器异常/抓取异常、抓取耗时、链接入口等问题。下面讲一下排查这些问题的方法。

文章质量。这个概念很空，因为谁都不能完全确定搜索引擎认为怎样的内容是高质量的。所以需要对比之前收录时文章的内容，以及不收录后的内容，并且询问编辑在收录时和不收录后的一些改变，结论是大家都一如既往地尽心、尽力的写着文章。所以最终排除了文章质量的问题。

网页元素：一些标签确实会影响蜘蛛抓取数据，例如有些代码书写不规范，有开头没结尾，甚至在网页代码中多了一个body标签。

服务器异常/抓取异常。服务器异常可以通过日志进行分析查看，需要具备一些技术能力。最直接的方法是可以利用搜索资源平台（如百度站长工具）的抓取异常工具来排查5**状态码的出现频率。有条件的情况下可以让运维人员导出最近一段时间的服务器数据，来确保服务器稳定性。

抓取耗时。蜘蛛针对大部分站点都有抓取耗时的限制。如果蜘蛛抓取站点时耗时严重，可能会给予减少频率甚至不再抓取的惩罚。这里要从服务器、数据库、程序三端进行排查。

链接入口。网站中，外链没办法排查，但内链可以排查。笔者查询了频道页、栏目页、列表页乃至新闻页的周边元素调取规则。发现最新发布的文章都能在各个页面调取，抓取率自然没问题。同时，对于链接传递权重，被链接得多了也会提升网页的重要性，重要的页面优先收录也是搜索引擎的策略。可这些都做得挺好网页还是不被收录。

但将发现的问题解决后，并未改变不收录的现实。这时尝试了最后一个办法。

3）网页的布局调整

当排查完并采取措施解决所找到的问题然而还没有效果时，就只剩下最后一个办法，即有针对性的对网页布局进行调整，甚至是对网页进行改版。

接下来对网页进行了改版，因为问题比较严重。根据多年的经验判断，环球网校的站点文章页并没有问题，但仍不收录，应该是百度没有刷新对这个网页的判断。需要通过对网页的改版来促使搜索引擎重新计算这类页面。

改版的大概思路如下：

（1）代码绝对精简。

（2）尽可能地缩小网页的体积。

（3）去除无效的加载元素，如 JS、CSS、图片文件等。

（4）增加发布时间，精确到秒。

（5）按照 HTML 代码本身的标签语意进行书写。

（6）针对页面的布局模块，包括导航、面包屑导航、正文（标题、发布时间、点击量、作者、来源、上下篇文章）、推荐模块（最新文章、热门文章、相关文章以及其他板块的最新推荐）。

（7）底部内链推荐、广告中的一些问题，但并不涉及解决文章页的隔日收录率。

将如上需求提交给技术人员，在上线第三天收录率达到了 42%，第四天达到了 87%，之后一直维持在 85%+ 的水平，算是彻底解决了不收录问题。